Paola Vassalli

ABC DELLE FIGURE
NEI LIBRI PER RAGAZZI

Postfazione di
Lorenzo Cantatore

DONZELLI EDITORE

Per le immagini di cui non sia stato possibile reperire la fonte,
l'editore si dichiara disponibile a riconoscere eventuali diritti
a chi ne facesse legittimamente richiesta.

© 2023 Donzelli editore
Roma, via Mentana 2b
www.donzelli.it

ISBN 978-88-5522-519-9

Indice

p. VII   Introduzione
           Per crescere è necessario restare bambini

5   Alice e le altre

19   Brema dei suoi musicanti

29   Cenerentola e Cappuccetto, per esempio

39   Don Chisciotte e i mulini a vento

49   Elmer e il leone: animali come noi?

61   Federico il poeta

73   Gorilla, fedele guardia del corpo

85   Huckleberry Finn e la frontiera del colore

99   Ionesco e Yok-Yok, l'omino dal grande cappello

111 Julie, l'ombra e le grandi domande

121 Kika e Kamillo Kromo, ovvero l'arte di mimetizzarsi

129 Little Nemo, Little Lou e la musica dei grandi

137 Max e i bambini smarriti di Maurice

149 Non fiction, per vedere l'invisibile

161 Otto, un orso nella storia

177 Pinocchio e la sua immagine

189 Quadragono di libri e figure

199 Rose Blanche e le prigioni della storia

211 Silentbook: la voce dei libri senza parole
225 Teatro, che passione!
239 Ursula, gli amici e i racconti d'infanzia
249 Valentina Mela Verde, Trollina e Perla
257 Wendy e Peter, o della leggerezza
269 X è l'ora di Mister Munari
283 Yellow Submarine, una rivoluzione in musica
293 Zz, la zanzara senza zeta

303 L'abecedario di Paola Vassalli
di Lorenzo Cantatore

307 Indice delle illustrazioni

317 Indice dei nomi

Introduzione
Per crescere è necessario restare bambini

Alcuni artisti sanno «che la situazione bambina è preziosa, insostituibile, magica [...] e non di rado accade che per questo diventano scrittori per bambini». Lo sa per esempio Donatella Ziliotto, che ha rivoluzionato la letteratura per l'infanzia portando in Italia personaggi come Pippi Calzelunghe. Una scrittrice che è stata una bambina libera e autonoma. Un'intellettuale «che ha creato un vero e proprio spartiacque tra la letteratura per l'infanzia del dopoguerra, basata per lo più su testi educativi e moraleggianti, e quella venuta dopo, quando l'attenzione ai bambini e ai loro sentimenti sarebbe diventata prioritaria»[1]. Lo sanno bene i protagonisti di questa storia che inizia negli anni sessanta del Novecento, anni in cui tutto cambia nell'editoria per ragazzi, in Italia e nel mondo, una rivoluzione di cui si sentono gli effetti ancora oggi.

In un gioco con le lettere dell'alfabeto, dove segno e parola si incontrano, questo libro intreccia le vite, i personaggi, le ricerche e gli scambi degli artisti che hanno rivoluzionato la letteratura per ragazzi a partire da quel decennio, a cavallo tra Europa e America.

Non a caso sono gli anni del boom economico che porta con sé un significativo aumento del tasso di natalità e una particolare attenzione alla qualità dell'educazione dei più giovani «che sono il futuro». Un futuro che si immagina finalmente di pace, ricco di promesse e aspettative. Così nel 1967 abbiamo il primo trapianto di cuore e nel 1969 il primo uomo passeggia sulla Luna. Mentre il '68 resta nella storia per le proteste degli studenti affiancati dal movimento operaio e i primi anni settanta sono caratterizzati dalle lotte per i diritti civili e per l'emancipazione delle donne. Sono anni di una particolare effervescenza culturale e creativa che vedono assottigliarsi sempre più i confini fra arte e vita e ci regalano una nuova modalità politica di vivere il quotidiano.

Nel frattempo, nell'ambito che qui ci interessa, vale la pena segnalare un primo evento cardine: nel 1951 nasce a Monaco la Biblioteca internazionale della letteratura per l'infanzia, la Jugendbibliothek, per volere e cura di Jella Lepman. Giornalista ebrea tedesca, rifugiata in Gran Bretagna, le era stato affidato nel 1945 dal governo degli Stati Uniti il compito di coordinare un programma di assistenza alle donne e ai bambini tedeschi. Jella accetta l'incarico con questa motivazione: «Fateci cominciare dai bambini per rimettere pian piano in sesto questo mondo completamente sottosopra. Saranno i bambini ad indicare agli adulti la via da percorrere»[2]. E scrive agli editori di tutto il mondo per chiedere libri, non cibo per la pancia ma «cibo per la mente».

Non meno importante nell'aprile del 1964 un altro evento epocale: l'esordio a Bologna, nel Palazzo Re Enzo, della Fiera internazionale del libro per l'infanzia e la gioventù che, creata per lo scambio dei diritti commerciali, si caratterizzerà presto come spazio di condivisione e idee. Contribuirà a formare generazioni di operatori, finendo con l'essere termometro e motore di un settore che registra il maggior numero di lettori, influenzando il mercato editoriale e la formazione culturale dei nostri giovani. Sarà del 1967 la prima Mostra degli Illustratori voluta, fra gli altri, da Paola Pallottino, autrice di una preziosa storia delle illustratrici italiane[3]. Mentre già nel 1972 viene pubblicato per Einaudi *Guardare le figure* di Antonio Faeti che «indaga quella letteratura Cenerentola alla quale lui darà la dignità degli "alti studi accademici"»[4]. Nel libro ci sono, infatti, «gli elementi per un percorso pedagogico e di ricerca che mette il visivo al centro. Un percorso imprescindibile per chi studia la letteratura per ragazzi»[5]. Il 1973 sarà invece l'anno di un'altra pietra miliare della letteratura italiana: Gianni Rodari dà alle stampe la sua *Grammatica della fantasia. Introduzione all'arte di inventare storie*, ancora una volta per volontà di Giulio Einaudi.

Sono anni, come ben sappiamo, in cui tutto cambia. Anche in America, dove, in un'epoca di provocazioni estetiche e di contenuto, si consolida il picturebook, il nostro albo illustrato, con antenati illustri non solo in ambito anglosassone, se pensiamo ai primi libri di un autore italiano come Bruno Munari. Un albo dove le figure non sono più al servizio del testo ma dialogano con le parole per trovare insieme il ritmo del racconto, la sua musica. E il bambino, apprendista lettore, perde lo status di minore per acquisire pari dignità del lettore adulto. Non è più una creatura fragile e indifesa da proteggere, ma gli viene riconosciuta un'identità da rispettare. Le storie poi sono le stesse che mamma e papà leggono nei loro libri e sulle pagine dei quotidiani: storie ecologiche, storie di «guerra e pasta»[6], diversità e solidarietà, amicizia e ricerca dell'identità. Storie di vita insomma.

Sempre in America il mercato del libro per bambini è invaso in quegli anni da artisti che, provenendo dal mondo della comunicazione e mescolando supporti e stili diversi, cercano nel libro per ragazzi un nuovo campo di espressione in cui tutto è messo in discussione: dalla scrittura al visivo, dalla grafica alla tipografia. E contribuiscono a «sottrarre la letteratura per l'infanzia alla separatezza di un genere considerato a torto minore»[7]. In quegli anni dalla vecchia Europa si affacciano negli States, superando ponti diversi, artisti come Leo Lionni e Tomi Ungerer, Etienne Delessert e Maurice Sendak, tutti specialisti della comunicazione visiva le cui storie – insieme a quelle di tanti altri – vivono in questo libro. Artisti che portano nel nuovo continente una cultura che ha saputo far tesoro della lezione del Bauhaus, e pensa a «un'arte totale» in grado di mettere le arti tutte sullo stesso piano.

Leo Lionni sbarca a New York nel 1939, emigrato da Milano in seguito all'emanazione delle leggi razziali, con appena pochi dollari in tasca. Diviene presto assistente di Leon Karp nell'agenzia pubblicitaria Ayer & Son e come prima cosa impara a fare la punta a una 6b, una grande matita piatta da falegname. Dopo – racconta – tutto il resto fu più facile. Fra i primi successi, crea lo slogan «Never underestimate the Power of a Women» che entra poi nel lessico quotidiano degli americani. Nel 1945 Lionni, insieme alla moglie Nora, diventa cittadino americano e racconta «di considerarsi al cento percento italiano e al cento percento americano, pensando alla creatività imparata in Italia e alla concretezza professionale appresa negli Stati Uniti»[8]. Nell'estate del 1946 Leo è chiamato a insegnare al Black Mountain College, la scuola americana che accoglie fra i suoi docenti molti esuli del Bauhaus.

Anche l'alsaziano Tomi Ungerer parte per gli Stati Uniti con soli sessanta dollari in tasca e una cartella piena di disegni e manoscritti. Siamo nel febbraio del 1956 ed è ben preparato: a Strasburgo ha frequentato il centro culturale americano dove ha scoperto Thurber, Steinberg, Charles Addams insieme alle riviste americane e agli studenti Fulbright. L'anno successivo Tomi debutta nel mondo del libro, da Harper, dove lo attendevano due buone fate: Susan Carr e Ursula Nordstrom. Presto si rende conto che lavorare per la pubblicità, illustrare riviste è per lui effimero, mentre un libro resta, non si butta via[9]. Pur tuttavia resteranno nella storia i suoi manifesti contro la guerra in Vietnam e le sue feroci vignette contro la società borghese americana di quegli anni.

Dieci anni più tardi, esattamente nel 1965, a lasciare Parigi per New York sarà Etienne Delessert che oggi confessa di essere partito senza sapere una sola parola d'inglese. Era alla ricerca del suo editore d'elezione e nella capitale francese nessuno salvo Robert Delpire gli sembrava davvero interessante. Aveva poi scoperto, quasi per caso, presso la libreria americana Brentano's, in rue de Rivoli, i libri di Maurice Sendak e Tomi Ungerer, non ancora tradotti in Francia. Si era convinto che bisognava partire per gli Stati Uniti[10].

Infine, il *viaggio* di Maurice Sendak verso la Grande Mela consiste più semplicemente nell'attraversare il ponte di Brooklyn verso Manhattan, per andare a cena e poi al cinema a vedere un film di Walt Disney. Ebreo, figlio di genitori recentemente immigrati dalla Polonia, Maurice viveva infatti un'infanzia ancora immersa nella vita dello *shtetl* europeo. Così confessa: «Era una delle cose più eccitanti della mia infanzia: attraversare il ponte vedendo avvicinarsi la città, [...] la città che tanto ho amato e che amo tutt'ora»[11].

Con questi artisti si scopre che i libri per bambini sono in realtà libri per tutti, bambini e adulti. Lo è *Little Nemo* ma anche *Alice nel Paese delle Meraviglie*, e lo sono le fiabe dei Grimm, come scrive Maurice Sendak[12]. Lo sono i picturebook, i nostri albi illustrati, perché, oltre a essere la prima galleria d'arte che un bambino e un adulto possono visitare insieme, sono arte e letteratura anche quando le figure vivono da sole, uniche protagoniste del racconto[13]. Del resto, questi libri sono preziosi oggetti di relazione tra l'adulto e il bambino ma anche termometro dello stato dell'arte e della civiltà di un'epoca e di un paese. Perché indagare il ruolo che una società affida ai propri bambini è importante per testarne la qualità della vita. L'albo illustrato è un oggetto d'arte in sé, opera d'arte totale che ha bisogno di storie, parole, immagini, poesia, movimento e musica per parlare a tutti.

Con questi libri è possibile scoprire che «il bambino e l'artista abitano lo stesso paese. Una contrada senza frontiere. Un luogo di trasformazioni e metamorfosi»[14]. Con questi autori è possibile imparare a prendere sul serio i bambini, e scoprire che l'arte è sempre una pratica della profondità e del movimento, anche quando abita le pagine di un libro, anche e soprattutto quando parla ai più giovani.

Un ringraziamento va a Sara Verdone, che per prima ha dato forma a questo libro. Un grazie a Bianca Lazzaro, Simona Santarelli e in particolare a Livia De Paoli e Luigi Ricca, per essersi presi cura del progetto. Per l'attenzione e la generosità, ringrazio Lorenzo Cantatore e Guido Scarabottolo. E grazie, per l'incoraggiamento e il sostegno, a Birgit Schönau, Elena Pasoli e Leopoldo Franco. Ancora uno speciale ringraziamento a Vanna Vinci: suo il ritratto dell'autrice.

---

[1] M. Forti, *La rivoluzione di Donatella*, in «Topipittori», 12 giugno 2023, https://www.topipittori.it/it/topipittori/la-rivoluzione-di-donatella.

[2] J. Lepmann, *Die Kinderbuchbrücke*, S. Fischer, Frankfurt a.M. 1964; *Jella Lepman. Un ponte di libri*, trad. dal tedesco e cura di A. Patrucco Becchi, con una introduzione di S. Sola presidente Ibby Italia dal 2013 al 2020, Sinnos, Roma 2018.

[3] P. Pallottino, *Caste dive nella vampa stridente. Sessanta illustrici in Italia dalla fine dell'Ottocento agli anni Quaranta*, Graficoop, Bologna 1982. Si veda anche Ead., *Storia dell'illustrazione italiana*, Zanichelli, Bologna 1988.

[4] S. Sola, *Figure, parole, educazione e conoscenza*, in *I nostri anni '70. Libri per ragazzi in Italia*, a cura di S. Sola e P. Vassalli, Corraini, Mantova 2014, p. 111. Si veda anche A. Faeti, *Guardare le figure*, Donzelli, Roma 2021, ultima edizione con una nuova prefazione dell'autore.

[5] *Ibid.*

[6] M. Foreman, *Guerra e pasta*, Emme Edizioni, Milano 1975.

[7] E. Beseghi, *Rosellina Archinto: pioniera e archeologa*, in *Alla lettera Emme. Rosellina Archinto editrice*, Giannino Stoppani, Bologna 2005.

[8] A. Rauch, *Leo Lionni: nota biografica*, in *Leo Lionni. Art as a Celebration*, catalogo della mostra al Complesso museale di Santa Maria della Scala (Siena, 12 settembre-31 ottobre 1997), a cura di P. Vassalli e A. Rauch, Protagon, Siena 1997, pp. 108-9.

[9] T. Ungerer, *Il perché dei miei libri*, in *Tomi Ungerer*, catalogo della mostra al Palazzo delle Esposizioni (Roma, 10 luglio-2 settembre 1991), a cura di P. Vassalli, Carte Segrete, Roma 1991, pp. 26-31.

[10] E. Delessert, *L'Ours bleu. Mémoires d'un créateur d'images*, Slatkine, Ginevra 2015, pp. 66-7. Si veda anche L. Boyer, *Les images libres. Dessiner pour l'enfant entre 1966 e 1986*, éditions Me-Mo, Nantes 2021.

[11] M. Sendak. *Raccontare le immagini tra fantasia e sogno*, a cura di M. Cochet e P. Vassalli, Comic Art, Roma 1988, p. 71.

[12] M. Sendak, *Winsor McCay*, in *Caldecott & Co. Note su libri e immagini*, Edizioni Junior, Reggio Emilia 2021, p. 101.

[13] Per i lettori anglofoni *wordless book*, letteralmente «libro senza parole».

[14] Elzbieta, *L'enfance de l'Art*, Éditions du Rouergue, Rodez 1997.

ABC delle figure
nei libri per ragazzi

A Giordano

Lewis Carroll e Chiara Carrer | Alice racontée aux petits enfants (2006)

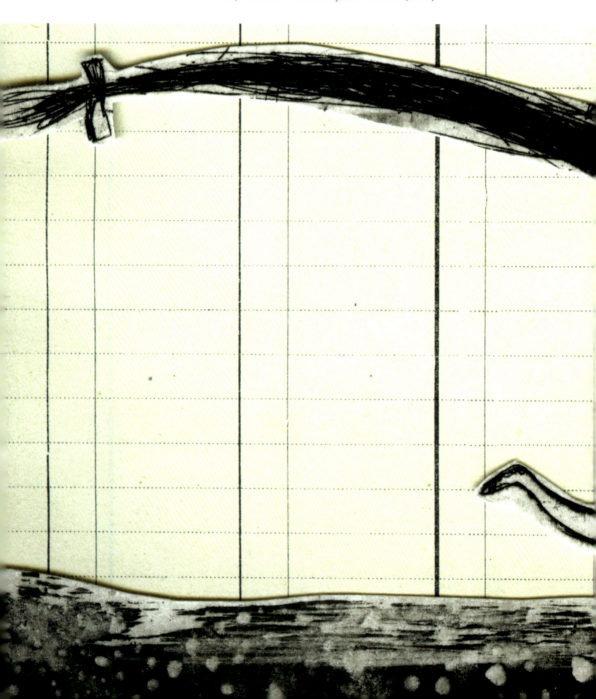

Che me ne faccio di un libro senza figure e senza dialoghi?

Lewis Carroll | Alice's Adventures in Wonderland (1865)
illustrato da John Tenniel

Alice e le altre

Nicole Claveloux
Chiara Carrer

Alice nel Paese delle Meraviglie[1] nasce come omaggio all'infanzia, come gesto di interesse e affetto per rispondere alla domanda di rito: «Mi racconti una storia?». Protagonista è Alice, una bambina speciale che «rivendica, in pieno Ottocento, il diritto di pensare con la propria testa»[2].

Ma Alice è esistita davvero. All'epoca dei fatti ha quasi dieci anni e il suo nome completo è Alice Pleasance, la seconda delle sorelle Liddell, Lorina detta Ina la prima, Edith la più piccola. Le tre sorelle vivono nel Christ Church, un grande collegio dell'Università di Oxford dove il padre è il decano della cattedrale. Anche il diacono Dodgson, un tipo alto, magro e impacciato, vive nel collegio dove insegna matematica e, appassionato di fotografia, ama ritrarre le sue giovani amiche. Alice è la sua preferita.

In un caldo pomeriggio di luglio del 1862, durante una gita in barca sul Tamigi, il reverendo, su invito di Alice, racconta la storia alle tre sorelle Liddell[3]. Ed è così che la vicenda ha inizio.

Illustrata dall'autore, Charles Lutwidge Dodgson, noto con lo pseudonimo di Lewis Carroll, la storia viene donata ad Alice e alla sua famiglia il Natale del 1863 con la dedica «A Christmas Gift to a Dear Child in Memory of a Summer Day» e con il titolo *Alice's Adventures under Ground*[4]. Il manoscritto rimane di proprietà della famiglia Liddell fino al 1928, quando viene venduto dalla casa d'asta Sotheby's a un antiquario di Filadelfia, A. S. W. Rosenbach.

Molti anni dopo, quasi ottantenne, Alice si recherà negli Stati Uniti per festeggiare il centesimo anniversario della nascita di Lewis Carroll e riceverà la laurea *ad honorem* in Lettere dalla Columbia University. Donato nel 1948 alla biblioteca del British Museum di Londra, il manoscritto diventa un prezioso oggetto di culto. Nel 1865 l'editore MacMillan, su proposta dell'autore, decide di pubblicare il testo ampliato con il titolo di *Alice's Adventures in Wonderland* e lo fa illustrare da una delle star del momento, Sir John Tenniel, pittore, illustratore e caricaturista, all'epoca acclamato disegnatore del «Punch», la rivista umoristica più prestigiosa dell'Inghilterra vittoriana, con cui collabora fra il 1850 e il 1901[5].

Ha inizio qui l'avventura editoriale di un'icona che attraversa la storia dell'illustrazione e dell'editoria per ragazzi e, grazie a stili, poetiche e tecniche differenti, ne segna le diverse epoche regalando al personaggio ogni volta una nuova vita.

Lewis Carroll se non una doppia vita ha certamente una personalità doppia. Il serio reverendo Dodgson, autore di complicati studi matematici, si trasforma nell'uomo più divertente del suo tempo che predilige di gran lunga la compagnia dei bambini, meglio delle bambine[6]. Prendendosi gioco delle regole ferree con le quali la società dell'epoca educava i propri figli, Carroll costruisce per loro un mondo alla rovescia, un universo sotterraneo dove spazio e tempo non sono più gli stessi e si può diventare grandi per poi tornare piccoli: un mondo senza scopo e apparentemente senza senso come si può avere solo nel sogno e nell'immaginazione. Fuori dalle regole e dalle convenzioni con le quali si vuole controllare un'infanzia, se non proprio negata certo relegata nei suoi rigidi confini.

Lewis Carroll, autore di un'Alice tratteggiata in bianco e nero, ingenua, nervosa, incerta, che sembra letteralmente uscire dalla pagina, non può certo amare le figure eleganti ma decisamente composte e definite come quelle di Tenniel. E poi, non è più la sua Alice! In ogni caso, anche se le illustrazioni di Tenniel rappresenteranno un modello difficile da cui liberarsi, saranno in molti a tradirle preferendo dialogare con le figure *naïves* di Carroll, cogliendone la vitalità insieme alla natura psichedelica e fuori dal tempo.

Così è per Nicole Claveloux. Considerata fra i migliori artisti francesi contemporanei: pittrice, illustratrice, fumettista e graphic designer capace di rivaleggiare con i maestri degli anni settanta. Siamo a cavallo fra l'Europa e l'America e parliamo di maestri quali Seymour Chwast e i Push Pin Studios, fino al grande Heinz Edelmann, direttore artistico di *Yellow Submarine*[7], l'indimenticabile film dei Beatles che segna un'epoca e una generazione.

Nicole trova le illustrazioni di Tenniel sagge e fredde, dove Alice somiglia troppo a una sapiente adulta in miniatura. André François, illustratore e grafico francese, anche lui fra i collaboratori del «Punch», scrive: «Le migliori

Lewis Carroll | Alice's Adventures under Ground (1862)
illustrato da Lewis Carroll

illustrazioni sono quelle realizzate dall'autore, come per *Alice nel Paese delle Meraviglie* da Carroll, perché sono fuori dal tempo e dalle mode e perché, senza essere le più belle, sono senz'altro le più appropriate»[8]. Mentre lavora alle illustrazioni della sua Alice, Nicole aggiunge: «Per me un libro non è un oggetto, è un'atmosfera. Non è creare immagini piatte, è soprattutto entrare in un universo […]. Ogni immagine deve essere un mondo, non separato dalla storia, nondimeno un mondo indipendente. Sono molto attratta dai testi che permettono l'irruzione del fantastico nell'illustrazione»[9].

Alice's Adventures in Wonderland è da sempre il libro preferito di Nicole che lo riceve in regalo a Natale del 1952 in un'edizione a suo dire orribile. «Aveva gli occhi come piattini e i capelli di stoppa: un orrore»[10]. Ma Nicole si innamora dell'anticonformismo della protagonista e ne ama il coraggio e l'intraprendenza. E poi ci sono gli animali, soggetti già molto amati dall'artista.

Les aventures d'Alice au Pays des Merveilles[11] di Nicole Claveloux nasce grazie all'incontro con l'editore François Ruy-Vidal ed è un libro imprescindibile. Termometro di un'epoca felice e particolarmente ricca dell'editoria

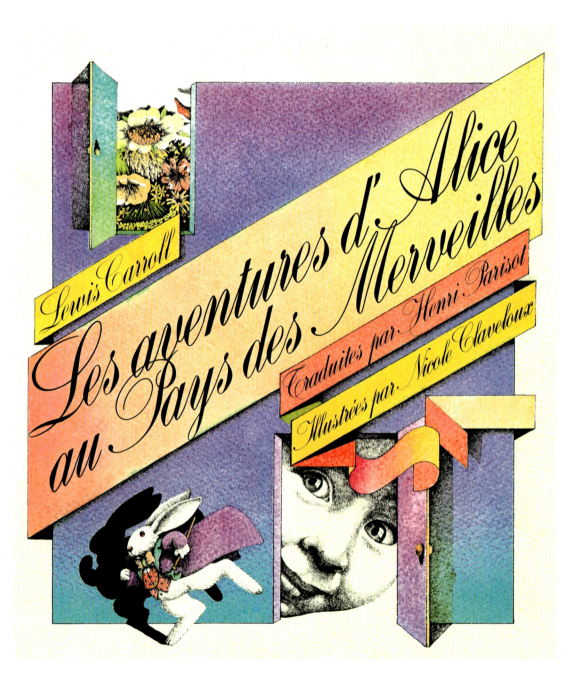

Lewis Carroll | Les aventures d'Alice au Pays des Merveilles (1974)
illustrato da Nicole Claveloux

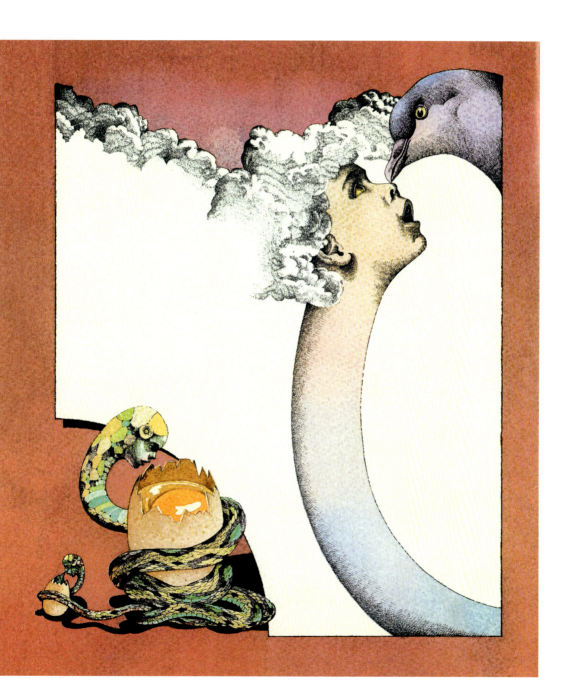

per ragazzi, certamente in Francia ma non solo, che vede i grandi del visivo contemporaneo, pittori, illustratori e fumettisti, ma anche grafici e pubblicitari, lavorare per una nuova editoria al servizio del lettore, giovane o adulto che sia. Nasce così un libro importante, oggetto di significativi studi e analisi, nel quale l'artista mixa un insieme di tecniche (inchiostro, acquarello, tempera) e di stili (barocco, fantastico, onirico) ispirati al fumetto e all'illustrazione. Lo studioso Jean Perrot trova che sia espressione dell'essenza stessa del barocco[12] e Janine Despinette scrive: «La sua edizione di Alice [...] è un libro fondamentale della storia dell'illustrazione per l'infanzia in Francia. Questa Alice, insieme a quella di Rackham, non cancella le altre ma segna la storia di un'opera. Se il testo di Carroll è fuori dal tempo, la stessa cosa vale per un'edizione illustrata il cui visivo è in totale sintonia con lo sguardo dei suoi nuovi lettori»[13].

Con questo libro Nicole riceve il prestigioso Premio Golden Apple alla Biennale di illustrazione di Bratislava[14] nel 1976 e la Posta cecoslovacca emette un timbro con l'immagine dei fenicotteri, una delle più celebri dell'artista. Tornerà a visitare Alice molti anni più tardi, illustrando *De l'autre côté du Miroir et ce qu'Alice y trouva*[15].

Ma chi è François Ruy-Vidal? Francese, anno di nascita 1931, prima insegnante e poi commediante, appassionato di teatro per ragazzi e letteratura contemporanea. Con l'americano Harlin Quist, anch'egli già attore e produttore di teatro, dà vita per sette anni, fra il 1966 e il 1972, a una casa editrice franco-americana, una delle avventure editoriali più innovative dell'epoca, in particolare nel settore dell'albo illustrato. Trasferisce poi questa esperienza in Francia dove fonda e dirige, fino al 1976, il dipartimento «Jeunesse» della casa editrice Grasset. Grande progettista, Ruy-Vidal teorizzava con fermezza: «Non esistono i colori per bambini, esistono i colori. Non esiste la grafica per bambini, esiste la grafica che è il linguaggio internazionale delle immagini. Non esiste la letteratura per bambini, esiste la letteratura. Un libro per bambini è un buon libro quando è un buon libro per tutti»[16].

Il successo della Alice di Claveloux è uguagliato in Italia solo da *Progetto Alice* di Chiara Carrer, che nasce come laboratorio di sperimentazione teatrale, percorso iniziatico per entrare nell'universo dei due libri di Carroll dedicati ad Alice, *Alice nel Paese delle Meraviglie* e *Alice attraverso lo specchio*. Solo in un secondo momento diventa un libro per i tipi di La Joie de lire, casa editrice fondata a Ginevra nel 1987 da Francine Bouchet[17].

> Alice? Per me pone una domanda sull'identità, mai adeguata, mai compiuta, senza risposta. Il libro è stato un pretesto per giocare con l'aspetto simbolico della deformazione, con lo smarrimento sensoriale, con lo straniamento spazio-temporale,

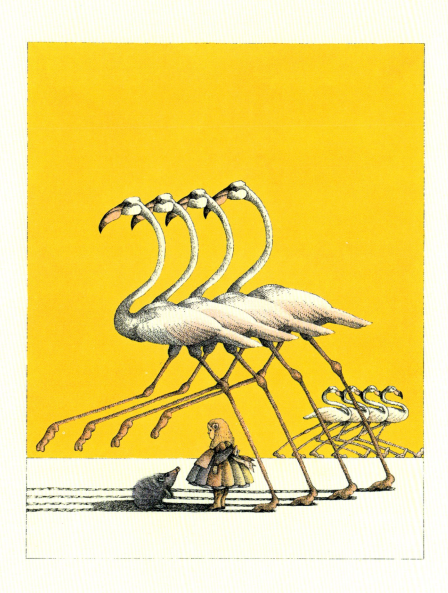

Lewis Carroll | Les aventures d'Alice au Pays des Merveilles (1974)
illustrato da Nicole Claveloux

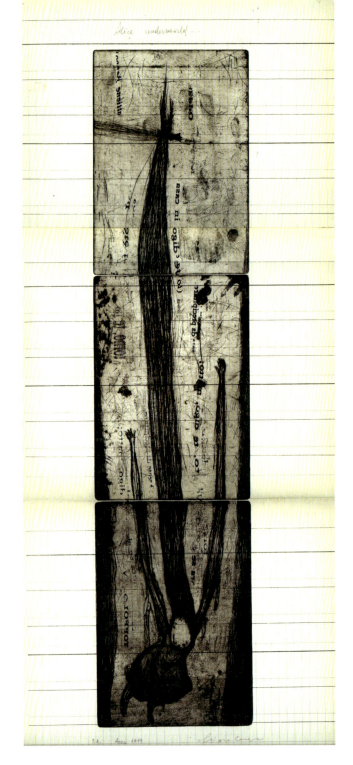

Lewis Carroll e Chiara Carrer | Alice racontée aux petits enfants (2006)

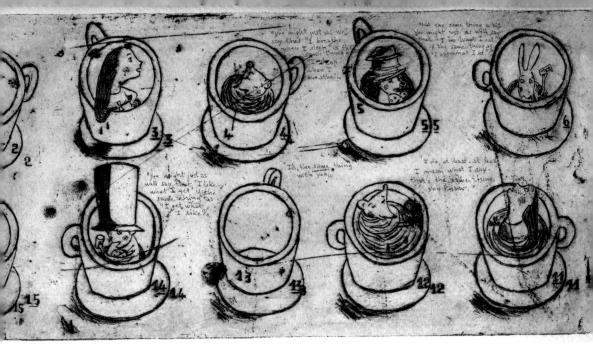

con il nonsense. Mi sono soffermata sull'elemento surreale, sulla logica fantastica, sulla precipitazione nel mondo sottostante dove tutto è capovolto e stravolto dall'immaginazione. La sollecitazione visiva viene dalla perdita costante dei punti di riferimento: sopra-sotto, vero-falso, piccolo-grande, essere qui o lì, superare la soglia, trovare la chiave giusta per entrare. Il giardino è la Meta, il percorso un Viaggio.

Progetto Alice diventa anche una mostra, meglio un'installazione *site-specific* che cattura e accompagna il visitatore già in occasione della sua prima edizione curata dall'associazione Hamelin nel 2004 a Bologna. In un vecchio appartamento che si affaccia su un giardino segreto, l'artista guida il suo pubblico in un percorso immersivo, materico, straniante, onirico. Non meno sorprendente è l'edizione romana del 2008, curata dal laboratorio d'arte del Palazzo delle Esposizioni, dove i visitatori – anche i più giovani – sono invitati a essere protagonisti del viaggio. Così Alice ritrova l'originaria teatralità del racconto orale e il rapporto diretto con i suoi primi destinatari.

Chiara Carrer, con un segno sospeso tra le profondità del nero e la leggerezza delle sue carte colorate, resta una delle voci più alte e originali del pur ricco panorama dell'illustrazione italiana. Emersa negli anni novanta, riceve importanti riconoscimenti; anche lei come Claveloux è insignita della Golden Apple, nel 2000, e nel 2011 vince il Bologna Ragazzi Award[18] categoria New Horizons. Ha insegnato illustrazione all'Isia di Urbino e all'Accademia di belle arti di Bologna. Con *Progetto Alice*, Chiara attraversa la soglia: dopo *Alice*, i suoi libri saranno sempre più spesso straordinarie opere d'arte per bambini e adulti. Ma questa è probabilmente un'altra storia.

Note

[1] L. Carroll, *Alice's Adventures in Wonderland*, MacMillan, London 1865.

[2] T. Buongiorno, *Dizionario della letteratura per ragazzi*, Fabbri, Milano 2001, p. 20.

[3] Si veda C. Björk - I. K. Eriksson, *Sagan om Alice i verkligheten*, Raben & Sjögren, Stockholm 1993; *La storia di Alice nel meraviglioso mondo di Oxford*, Giannino Stoppani edizioni, Bologna 1995.

[4] L. Carroll, *Alice's Adventures under Ground*, Pavilion Books, London 1985 (manoscritto pubblicato in anastatica).

[5] Cfr. A. Rauch, *Il racconto dell'illustrazione. Grandi illustratori e personaggi dell'immaginario tra la metà dell'Ottocento e la fine del Novecento*, La Casa Usher, Firenze 2019, pp. 33-6.

[6] E. Varrà, *Carroll, Lewis*, in «Treccani», 2005, https://www.treccani.it/enciclopedia/lewis-carroll_(Enciclopedia-dei-ragazzi).

[7] *Yellow Submarine*, di George Dunning, Regno Unito-Canada 1968. Si veda *infra*, pp. 283-91.

[8] Si veda C. Clerc, *De l'idée à l'image*, in *Images à la page. Une histoire de l'image dans les livres pour enfants*, Gallimard, Paris 1984, p. 83. Qui e a seguire, la traduzione dei testi, se non diversamente indicato, è di chi scrive.

[9] *Ibid.*, p. 83.

[10] C. Bruel, *Alice et ses sœurs*, in *Nicole Claveloux & Compagnie*, design de B. Bonhomme, Le sourire qui mord, Paris 1995, p. 72.

[11] L. Carroll, *Les aventures d'Alice au Pays des Merveilles*, ill. de N. Claveloux, Grasset-Jeunesse, Paris 1974.

[12] Si veda J. Perrot, *Art baroque, art d'enfance*, in «Revue française de pédagogie», 1992, 100, pp. 108-11.

[13] Bruel, *Alice et ses sœurs* cit., pp. 70-81. Si veda anche J. Despinette, *Visages d'Alice: les illustrateurs*, in *Visages d'Alice*, Gallimard, Paris 1983, pp. 78-81.

[14] La Biennale di illustrazione di Bratislava (Bib), insieme all'Hans Christian Andersen Award, è considerato il più prestigioso Premio internazionale nel settore dei libri illustrati per ragazzi. Istituito nel 1967, con cadenza biennale, è organizzato da Bibiana, museo e istituzione culturale del ministero della Cultura della Repubblica Slovacca, con il patrocinio dell'Unesco. In collaborazione con le sezioni nazionali di Ibby (International Board on Books for Young People), che selezionano i candidati valutati da una giuria internazionale, ha assolto anche il compito di mettere in collegamento, nel mondo della letteratura per ragazzi, l'Europa dell'Est e dell'Ovest, creando ponti fra culture a lungo separate dalla cortina di ferro.

[15] L. Carroll, *De l'autre côté du Miroir et ce qu'Alice y trouva*, ill. de N. Claveloux, trad. fr. de H. Parisot, Grasset Jeunesse, Paris 2019.

[16] F. Ruy-Vidal, catalogue des Livres d'Harlin Quist, 1970.

[17] L. Carroll - C. Carrer, *Alice racontée aux petits enfants*, La Joie de lire, Genève 2006.

[18] Il Bologna Ragazzi Award (Braw) è il premio assegnato dalla Bologna Children's Book Fair ai libri più belli e innovativi nel panorama internazionale. Nato nel 1995, sostituisce gli storici premi creati nel 1966, il Premio Grafico Fiera di Bologna e il Premio Critici in erba. Si veda *Bologna Ragazzi Award. Quarant'anni di premi della Fiera del libro per Ragazzi in Biblioteca Sala Borsa*, a cura di E. Massi e V. Patregnani, Clueb, Bologna 2007.

Lewis Carroll e Chiara Carrer | Alice racontée aux petits enfants (2006)

Chiara Carrer | Progetto Alice (2008)
Palazzo delle Esposizioni, Roma

Gerhard Marcks | Die Bremer Stadtmusikanten (Brema 1953)

Brema dei suoi musicanti

Klaus Ensikat
Lisbeth Zwerger

Nel cuore della città di Brema, sulle rive del Weser, nel Nord della Germania, si trova la statua dedicata a una delle fiabe più amate dei fratelli Grimm, *Die Bremer Stadtmusikanten*, che narra una storia esemplare di riscatto, coraggio, altruismo. Un asino, un cane, un gatto e un gallo, maltrattati e sul punto di essere eliminati dai rispettivi padroni perché ormai vecchi, decidono di andare a Brema per diventare musicisti nella banda della città. Sulla strada, insieme, mettono in fuga un manipolo di briganti e, conquistata la libertà e una nuova casa, rinunciano al progetto per fermarsi a vivere in pace quel che resta della vita. *I musicanti di Brema* è una storia universale che suggerisce di trovare alleanze per combattere i soprusi ed esaudire il sogno di una esistenza condivisa, pacifica e serena. Una fiaba classica divenuta di successo alla quale Disney nel 1922 dedicava un cortometraggio in animazione[1], Vinicio Capossela un brano dell'album *Ballata per uomini e bestie*[2]: «Un cantico – dice – per tutte le creature, per la molteplicità, per la frattura tra le specie e tra uomo e natura». Mentre Caparezza la cita nella canzone «Il mondo dopo Lewis Carroll»[3]. Ed è certo merito di questa fiaba se la città di Brema è conosciuta oltre i confini della Germania.

Fuori dal tempo, le fiabe hanno origini popolari e arrivano a noi grazie alle voci delle donne che le narravano mentre filavano o degli anziani che le raccontavano davanti al focolare. Sono narrazioni arcaiche e fanno dialogare le diverse generazioni non sui miti e le leggende di dei ed eroi e nemmeno sulle gesta dei supereroi, semplicemente sulle vicende degli uomini e delle donne di ieri, come di oggi e di domani. Sono storie preziose che mettono in relazione i bambini con le paure, i sentimenti, i desideri più profondi e li accompagnano nel sonno; perché le fiabe, si sa, dialogano con i sogni.

Peter Hacks | Jules Ratte (1981)
illustrato da Klaus Ensikat

Brüder Grimm | Die Bremer Stadtmusikanten (1994)
illustrato da Klaus Ensikat

Per leggere questa fiaba, magistralmente illustrata dai grandi maestri della tradizione nordica che bene ne hanno rappresentato lo spirito romantico, si può partire dall'interpretazione di Klaus Ensikat[4]. E insieme indagare il lavoro di questo maestro della linea e dell'inchiostro premiato nel 1996 con l'Hans Christian Andersen Award[5]. Un'atmosfera sospesa, a volte surreale, e una forte tensione espressiva sottolineata dai colori saturi, caratterizzano il lavoro dell'artista che illustra un *corpus* di opere sorprendente: classici della letteratura, fiabe e albi. E da lettore attento, Ensikat mette al primo posto il testo mentre cerca di «prolungare visivamente la storia mostrando le immagini che lo ispirano»[6] con un sapore caricaturale e uno straordinario gusto per l'assurdo e il grottesco. «La realtà in ogni caso è assurda – confessa l'artista – e l'immagine non potrà mai essere assurda quanto la realtà»[7]. A proposito del suo sguardo o meglio del punto di vista da cui sceglie di inquadrare la storia, Ensikat chiarisce:

> Naturalmente dipende dalla storia. Il punto di vista è diverso per ciascuna di esse. Alcune storie sono raccontate dall'alto. Altre invece dal basso e in quel caso il narratore è lui stesso sorpreso da ciò che vede, osserva e narra. Io ovviamente cerco di adottare il suo punto di vista anche se possiamo, per certe storie, sceglierne uno diverso. Prendiamo per esempio *Jules Ratte*[8]: è un poema didattico. Il narratore vede le cose dall'alto, vede tutto, ha una visione d'insieme, può e cerca di spiegare tutto e insegnare a tutti una morale, ecco perché i miei disegni presentano sempre una visione dall'alto tranne alcuni per ragioni molto particolari[9].

Come in questa fiaba dei Grimm dove l'artista guarda all'insù mentre, nel restituire i momenti chiave della storia, si lascia catturare da ciò che vede e partecipa agli eventi. Sono forse gli occhi della sua infanzia quelli con cui inquadra la scena. A svelarlo ci sono gli abiti degli animali antropomorfizzati e dei briganti, balordi e manigoldi intenti a gozzovigliare, unici a meritare una condanna, personaggi perfetti per insegnare a tutti la morale della storia: chi fa del male si aspetti di riceverlo.

Brüder Grimm | Die Bremer Stadtmusikanten (1994)
illustrato da Klaus Ensikat

Brüder Grimm | Die Bremer Stadtmusikanten (2007)
illustrato da Lisbeth Zwerger

Ed è possibile rileggere *Die Bremer Stadtmusikanten*[10] per riflettere quasi in parallelo sull'interpretazione che della fiaba dà Lisbeth Zwerger, illustratrice raffinata, anche lei premiata con l'Andersen Award nel 1990. L'artista confessa che da sempre ama illustrare le grandi storie della tradizione, mentre trova noiose le fiabe moderne; del resto pensa che un buon illustratore lavori soprattutto per sé stesso e che da questo coinvolgimento dipenda il segreto del successo di un'opera. Lettrice appassionata, Lisbeth è alla ricerca dell'equilibrio perfetto fra arte e letteratura e mette i suoi acquarelli al servizio della grande tradizione del romanticismo tedesco, meglio della fiaba romantica tedesca.

Il punto di vista dell'artista viennese, il suo sguardo sulla storia, è «a volo d'uccello», come nell'inquadratura iniziale del povero ciuchino che sogna di riposare finalmente in pace. Una visione dall'alto non perché l'artista non partecipi alla vicenda o ne prenda le distanze, piuttosto per quella sua scelta di lasciar vivere i protagonisti rispettandone a pieno la natura non umana. Una raffinata interpretazione per una signora dell'illustrazione che non sembra lasciarsi contagiare da «quell'orrore del vuoto – proprio di certo Occidente – che, nei secoli, aveva spinto a gremire ogni superficie e ad accumulare esseri e cose su tavoli o su muri»[11]. Nella versione di Zwerger la fiaba vibra attraverso la luce e i colori delicati delle calde e pastose tinte all'acquarello e cattura lo sguardo, mentre il segno e il disegno lasciano sempre più spazio al pennello.

Questi artisti sono riconosciuti fra i massimi interpreti del visivo fiabesco e fantastico nel cuore della vecchia Europa. Ma come sono diventati quello che sono? Quale percorso personale e professionale li ha portati a essere dei maestri dell'illustrazione?

Klaus Ensikat[12] si forma presso l'Università di Arti applicate dell'allora Berlino Est dove vive e lavora. Illustratore e grafico, dopo aver insegnato alla Hochschule für Gestaltung, prestigiosa università di design ad Amburgo, dal 1995 lavora in maniera indipendente e collabora con diversi giornali tedeschi. Non ancora pubblicato in Italia, ha ottenuto premi importanti, fra cui il Grand Prix della Biennale di Bratislava nel 1979 per le illustrazioni delle fiabe di Perrault e per *Taipi*[13] di Melville, una raccolta di appunti di viaggio nei mari del Sud. Nel 1992 riceve il Premio Grafico Fiera di Bologna per la gioventù con *Jeder nach seiner Art*[14] (*A ciascuno il suo*), una raccolta di *Lieder*, antiche canzoni per bambini che ben esprimono lo spirito romantico di un popolo e di un'epoca, dove l'artista dà prova di grande maestria anche come calligrafo. Ensikat ha illustrato autori quali Twain, Verne, Stevenson, Dickens, Doyle, Sand, solo per citarne alcuni. Tra i suoi successi più recenti, un libro per ragazzi sulla vita e le tesi di Martin Lutero[15].

Lisbeth Zwerger studia anche lei presso l'Università di Arti applicate, non a Berlino bensì a Vienna. Nel 1976 un brillante editore in cerca di talenti, Friedrich Neugebauer, pubblica il suo primo albo illustrato: *Das fremde Kind*[16] di Hoffmann. Lisbeth ha soli ventidue anni e, a proposito degli esordi, racconta:

> Tutti criticavano la mia scelta che trovavano così poco moderna ma, dopo aver visto un libro illustrato da Arthur Rackham, i miei dubbi svanirono, provai di nuovo il desiderio di dedicarmi all'illustrazione e fui sempre più interessata ad artisti inglesi quali Heath Robinson, Dulac, Beatrix Potter e Shepard, che hanno per me un incantevole fascino[17].

Da quel momento la strada è tracciata, i suoi libri hanno successo e la casa editrice d'elezione resta Neugebauer Press, che oggi pubblica come minedition, diretta da Michael, figlio di Friedrich. Da sempre interessata alle fiabe e ai grandi classici, Lisbeth ha ricevuto i riconoscimenti più ambiti e il «New York Times» ha più volte segnalato un suo libro come migliore albo illustrato dell'anno, fra cui un indimenticabile *The Wizard of Oz*[18] del 1996. Così è possibile leggere Andersen e i Grimm, Brentano e Hoffmann, Wilde e Dickens, Nesbit e persino Esopo con le figure di questa grandissima interprete del fiabesco, pubblicata in Italia negli anni novanta da Alfredo Stoppa per la casa editrice C'era una volta…

In ogni caso, fuori dal tempo e dalle mode, questi autori continueranno a parlarci oggi, domani e dopodomani perché, con le parole di Italo Calvino, certamente ancora non «hanno finito di dire quel che hanno da dire»[19].

Brüder Grimm | Die Bremer Stadtmusikanten (2007)
illustrato da Lisbeth Zwerger

Oscar Wilde | The Canterville Ghost (1986)
illustrato da Lisbeth Zwerger

Note

[1] *The Four Musicians of Bremen* di Walt Disney è un film liberamente ispirato alla fiaba dei fratelli Grimm. Prodotto dalla Laugh-O-Gram Studio, sceneggiatura di W. Pfeiffer (Usa 1922).

[2] V. Capossela, «I musicanti di Brema», traccia n. 10 dell'album *Ballate per uomini e bestie,* 17 maggio 2019, Targa Tenco 2019 come miglior album.

[3] Caparezza, «Il mondo dopo Lewis Carroll», brano n. 15 dell'album *Exuvia*, 2021.

[4] Brüder Grimm, *Die Bremer Stadtmusikanten,* ill. von K. Ensikat, Altberliner Verlag, Berlin-München 1994.

[5] L'Hans Christian Andersen Award è un premio letterario assegnato con cadenza biennale da Ibby (International Board on Books for Young People), organizzazione non-profit e non governativa fondata in Svizzera da Jella Lepman e presente oggi in ottanta paesi con lo scopo di garantire a tutti i bambini l'accesso ai buoni libri. Conosciuto anche come il Premio Nobel per la Letteratura dell'infanzia, rappresenta un riconoscimento a un autore (prima edizione 1956) e a un illustratore (prima edizione 1966) viventi per il «contributo duraturo alla letteratura per bambini».

[6] K. Ensikat, *Interview* (par J. Perrot e H. Zoughebi), in *Imaginaires, illustrateurs en Seine Saint-Denis: Klaus Ensikat*, Centre de promotion du livre de jeunesse-Seine-Saint-Denis, coprod. par la Ville de Bagnolet (Bibliothèque municipale de Bagnolet), Montreuil 1993, p. 10.

[7] *Ibid.*, p. 10.

[8] P. Hacks, *Jules Ratte*, ill. von K. Ensikat, Der Kinderbuchverlag, Berlin 1981.

[9] Ensikat, *Interview* cit., pp. 11-2.

[10] Brüder Grimm, *Die Bremer Stadtmusikanten*, ill. von L. Zwerger, minedition, Kiel 2007.

[11] A. Faeti, *Sussurri acquerellati*, in *C'era una volta. Gli acquerelli di Lisbeth Zwerger*, Giannino Stoppani edizioni, Bologna 1990, p. XXXIII.

[12] Sull'opera di Ensikat si veda anche P. Michel, *Buchbilder. Klaus Ensikat und seine Illustrationen*, Der Kinderbuchverlag, Berlin 1989.

[13] H. Melville, *Taipi*, ill. von K. Ensikat, Neues Leben, Berlin 1978; Benzinger, Zürich 1978.

[14] H. Hoffmann von Fallersleben, *Jeder nach seiner Art*, ill. von K. Ensikat, Beltz & Gelberg, Weinheim, Basel 1991.

[15] M. Roth-Beck, *Von Martin Luthers Wittenberger Thesen*, ill. von K. Ensikat, Kindermann, Berlin 2015.

[16] E. T. A. Hoffmann, *Das fremde Kind*, ill. von L. Zwerger, Neugebauer im Hermann Schroedel Verlag, Basel 1977; *Il bimbo misterioso*, trad. it. di F. Pierini, C'era una volta…, Pordenone 1994.

[17] L. Zwerger, in *Annual 1991. Bologna Illustrators of Children's Books*, BolognaFiere, Bologna 1991, p. 4.

[18] L. F. Baum, *The Wizard of Oz*, ill. by L. Zwerger, North-South Books, Usa 1996.

[19] I. Calvino, *Perché leggere i classici*, Mondadori, Milano 1991, p. 13.

Bruno Munari | Cappuccetto Giallo (1981)

Cenerentola e Cappuccetto, per esempio

Warja Lavater
Steven Guarnaccia
Sarah Moon
Fabian Negrin

Chi non conosce la fiaba di Cenerentola, del principe e della scarpetta di cristallo? Chi non ha mai sentito parlare di Cappuccetto Rosso, del lupo e della nonna? Tramandate di bocca in bocca, per entrambe le fiabe si fa riferimento alla versione letteraria raccolta da Charles Perrault[1] nel 1697 e alla stesura definitiva dei fratelli Grimm[2] del 1857. In quest'ultima, una più intraprendente Cenerentola riuscirà a riscattarsi dalla matrigna e dalle sorellastre e a conquistare il principe perché, almeno nelle fiabe, la bontà e la gentilezza vincono sempre sulla cattiveria e l'arroganza. Mentre in tutte le versioni di Cappuccetto Rosso, la più conosciuta e amata delle fiabe, si vogliono mettere in guardia le brave bambine dall'assalto dei lupi rapaci.

E molte sono le variazioni sul tema che nascono a seconda dell'epoca e del territorio perché, sia pur universale e fuori dal tempo, la fiaba acquisisce in ogni sua trascrizione caratteri diversi e nuove sfumature. Così nella versione di Perrault, tradotta in italiano da Carlo Collodi[3], la merenda che la bambina porta alla nonna diventa una toscanissima stiacciata. Mentre si parte dalle prime versioni della tradizione orale, nelle quali la bambina non ha ancora il cappuccio rosso[4], per arrivare al *Cappuccetto Rosso Verde Giallo Blu e Bianco*[5] di Bruno Munari e Maria Enrica Agostinelli nato in casa Einaudi nel 1981. Criticata da quanti rivendicano l'importanza della fiaba esclusivamente nella sua forma tradizionale, questa riscrittura lascia tuttavia il segno e, in linea con i tempi, assume valori ecologisti, metropolitani o, in Cappuc-

Charles Perrault e Warja Lavater | Le Petit Chaperon rouge (1965)

Steven Guarnaccia | Cenerentola, una favola alla moda (2013)

cetto Bianco, semplicemente poetici. Perché, come insegna Gianni Rodari: «La fiaba è il luogo di tutte le ipotesi: essa ci può dare delle chiavi per entrare nella realtà per strade nuove, può aiutare il bambino a conoscere il mondo»[6].

Ed è così per Warja Lavater che la rielabora in tutte le forme, non solo narrative, anche grafiche, iconografiche e stilistiche. L'artista utilizza una grafica simbolica per reinterpretare le fiabe classiche, in questo modo *Le Petit Chaperon rouge* e *Cendrillon*[7] prendono forma partendo da una legenda di simboli che permette di ricostruirne la struttura narrativa. Dopo gli studi d'arte, Lavater apre il suo atelier di grafica a Zurigo nel 1937 con Gottfried Honegger, suo futuro marito. Trasferitasi a New York nel 1958, e influenzata dal linguaggio della pubblicità che invade le strade della città, inizia a progettare pittogrammi come rappresentazioni grafiche di elementi linguistici. Nel 1962 il MoMA pubblica la sua versione dell'opera di Schiller, *William Tell*, su foglio unico piegato a fisarmonica, in formato leporello. Seguirà la collana «Imageries» di cui fanno parte i due titoli citati sopra: libri piccoli ma preziosi con una selezione di fiabe classiche, spesso custoditi in raffinate scatole di plexiglass, pubblicati da Adrien Maeght editore. Così la fiaba diventa codice da decifrare e oggetto d'arte che abita gli spazi inconsueti di una delle più suggestive sedi espositive europee dedicata all'arte moderna e contemporanea, la Fondazione Maeght. Creata dai due coniugi, fra i più stimati editori d'arte e galleristi del secondo dopoguerra, la Fondazione Maeght nel Sud della Francia a Saint-Paul-de-Vence sarà luogo d'elezione per diverse generazioni di artisti e intellettuali.

Per Steven Guarnaccia, americano di origini italiane, le fiabe sono invece occasione preziosa per raccontare ai bambini l'arte nelle sue espressioni più contemporanee: dalla moda all'architettura, al design. *Cenerentola*[8] diventa quindi una storia della moda e Guarnaccia, nei risguardi del libro, invita i lettori a documentarsi sulle grandi firme scelte dal mago padrino per rifare il guardaroba alla povera fanciulla. Si va dall'abito di David Bowie, firmato nel 1973 dal sarto giapponese Kansai Yamamoto, alla scarpina da ballo in Pvc di

Miuccia Prada del 2010. Tra i maestri dell'illustrazione, Guarnaccia è stato art director della pagina Op-Ed del «New York Times» e tutt'oggi insegna alla Parsons-The New School, l'Università di arte e design. Artista sofisticato e sperimentatore consapevole, annoda fili per tenere insieme la cultura pop americana e le avanguardie artistiche europee. Steven confessa che da quando ha memoria non fa altro che disegnare, continuamente, e riconosce come suoi indiscussi maestri: Maurice Sendak e Crockett Johnson, Tomi Ungerer e Shel Silverstein.

Nella preziosa collana passata alla storia come «Grasset Monsieur Chat»[9], Sarah Moon propone *Le Petit Chaperon rouge*[10], premiato a Bologna nel 1984 «per il coraggioso intento di riproporre un racconto tradizionale in veste formalmente ed emotivamente innovativa, nonché pedagogicamente provocatoria». Una fotografia in bianco e nero per un Cappuccetto ambientato in una città notturna dove a incalzare la bambina è un lupo metropolitano che si nasconde dentro una limousine lucida e nera da immediato dopoguerra. Con le parole dell'artista: «Per me il bianco e nero è più vicino all'introspezione, ai ricordi, alla solitudine e alla perdita, non vedo lo stesso a colori – è un'altra lingua, una lingua viva»[11]. Sarah, all'anagrafe Marielle Varin, inizia la sua carriera come modella ma quando nel 1968 scatta la prima foto non può più smettere. Fra le più importanti fotografe di moda – celebre la campagna realizzata per lo stilista Issey Miyake – è la prima donna a fotografare il calenda-

Charles Perrault | Le Petit Chaperon rouge (1983)
fotografie di Sarah Moon

rio Pirelli mentre lavora per «Vogue», «Harper's Bazar» e «Marie Claire». Sposa Robert Delpire, l'editore d'arte che nel 1958 aveva pubblicato *Les Américains* di Robert Frank. Dal 1985 la sua ricerca artistica diventa più personale e la sua fotografia raggiunge una straordinaria qualità pittorica dal gusto espressionista e dalle atmosfere oniriche.

Questa breve carrellata di riscritture trasgressive, o contemporanee, si chiude con una originale versione della fiaba di Perrault, *In bocca al lupo*[12] dell'illustratore argentino, italiano d'adozione, Fabian Negrin.

Qui la voce narrante è il lupo Adolfo che si innamora della bambina «perché – dice – è la cosa più bella che abbia mai visto» e la mangia per distrazione. Mentre il cacciatore sembra uscire da un dipinto di Botero, in un'opera dalla forte dimensione pittorica. La storia suggerisce che è importante capire il punto di vista altrui e sfatare i luoghi comuni. Un libro destinato a diventare un long seller della Orecchio Acerbo, casa editrice romana che nasce nel 2001 prendendo in prestito il nome da un testo di Gianni Rodari. La fonda una affermata graphic designer, Fausta Orecchio, che dichiara di pubblicare solo i libri che ama, come recita il manifesto programmatico della casa editrice, perché i suoi sono «libri per ragazzi che non recano danni agli adulti, libri per adulti che non recano danni ai ragazzi». Fra gli illustratori più interessanti che lavorano oggi in Italia, Fabian Negrin è uno degli artisti di punta del suo catalogo. Da notare in Negrin la capacità di sperimentare, sempre in equilibrio fra innovazione e tradizione, insieme alla vocazione a reinterpretare i personaggi delle fiabe partendo da un ricco inventario dei modi e degli stili per riscrivere i classici[13].

E a proposito di trasgressione e di fiabe, vengono ancora una volta in aiuto le parole di Gianni Rodari pubblicate sul «Giornale dei genitori»:

> Da questo punto di vista la fiaba […] mi sembra invece uno strumento prezioso: nutrendo la capacità di immaginare, nobilitando le risorse della fantasia infantile, essa non distoglie il bambino dall'osservazione e dalla riflessione sul reale, dall'azione sulle cose, ma fornisce all'osservazione, alla riflessione, all'azione una base più ampia e disinteressata; crea spazio per altre cose che «non servono a niente» come la poesia, la musica, l'arte, il gioco, cose che riguardano direttamente la felicità dell'uomo e non la utilizzazione di una qualsivoglia macchina produttiva. […] Ed ecco la fiaba pronta per darci una mano a immaginare il futuro che altri vorrebbero soltanto farci subire[14].

Fabian Negrin | In bocca al lupo (2003)

Note

[1] C. Perrault, *Contes de Perrault: histoires ou contes du temps passé, avec des moralités*, La Martinière Jeunesse, Paris 1998.

[2] Brüder Grimm, *Kinder und Hausmärchen*, 1812-57.

[3] Nel 1875 molte fiabe di Charles Perrault vennero tradotte dal francese in italiano grazie al lavoro di Collodi. Si veda C. Collodi, *I racconti delle fate*, ill. da G. Doré, prefazione di G. Pontiggia, Adelphi, Milano 1976.

[4] Si veda *La finta nonna*, in I. Calvino, *Fiabe italiane*, Mondadori, Milano 2023 (I ed. 1956), p. 116; la fiaba rappresenta l'Abruzzo. Cfr. *C'era una volta una bambina. Veritiera e tribolata storia di Cappuccetto Rosso*, catalogo della mostra itinerante (Zona bibliotecaria dei comuni di Terre d'acqua, 3 dicembre 2003-30 novembre 2004), a cura di T. Roversi, Poligrafici Alma, San Giovanni in Persiceto (BO) 2003.

[5] M. E. Agostinelli - B. Munari, *Cappuccetto Rosso Verde Giallo Blu e Bianco*, Einaudi, Torino 1981. Si veda *infra*, pp. 269-81.

[6] Si veda S. Barsotti, *Letteratura per l'infanzia, fiabe e nuove forme del fiabesco*, in *Letteratura per l'infanzia. Forme, temi e simboli del contemporaneo*, a cura di S. Barsotti e L. Cantatore, Carocci, Roma 2019. Si veda anche S. Barsotti, *Bambine nel bosco*, Ets, Pisa 2016.

[7] C. Perrault, *Le Petit Chaperon rouge*, ill. de W. Lavater, Adrien Maeght («Imageries», 3), Paris 1965. Id., *Cendrillon*, Adrien Maeght («Imageries», 6), Paris 1976.

[8] *Cinderella. A Fashionable Tale*, retold and ill. by S. Guarnaccia, Corraini, Mantova 2013; *Cenerentola, una favola alla moda*, trad. it. di N. Locatelli, Corraini, Mantova 2013. Della stessa serie si vedano anche *Riccioli d'oro e i tre orsi* (1999), *I tre porcellini* (2008), *I vestiti nuovi dell'Imperatore* (2019).

[9] Si veda *infra*, pp. 105.

[10] C. Perrault, *Le Petit Chaperon rouge*, ill. de S. Moon, Grasset «Monsieur Chat», Paris 1983; *Little Red Riding Hood*, The Creative Company, Mankato (MN) 1983 (coprod.).

[11] Si veda *Sarah Moon. Biography* in «Michael Hoppen Gallery», https://www.michaelhoppengallery.com/artists/29-sarah-moon/.

[12] F. Negrin, *In bocca al lupo*, Orecchio Acerbo, Roma 2003.

[13] Id., *Alfabetiere delle Fiabe*, Giunti, Firenze 2020. Per Donzelli di H. C. Andersen, *Fiabe e storie*, a cura di B. Berni, 2001; di J. e W. Grimm, *Principessa Pel di Topo e altre 41 fiabe da scoprire*, a cura di J. Zipes, 2012; sempre J. e W. Grimm, *Tutte le fiabe* (prima edizione integrale 1812-15) a cura di C. Miglio, 2015; di G. Pitrè, *Il pozzo delle meraviglie. 300 fiabe, novelle e racconti popolari siciliani*, a cura di B. Lazzaro, 2013.

[14] G. Rodari, in «il Giornale dei genitori», 11 dicembre 1968.

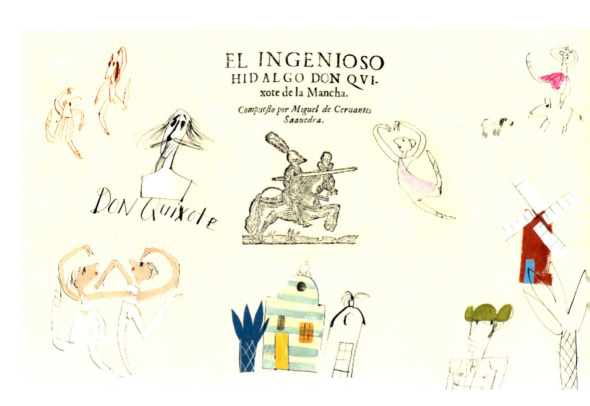

Vladimir Radunsky | Don Chisciotte (2017)
sipario per il Teatro dell'Opera di Roma

Vladimir Radunsky | Don Chisciotte (2017)
bozzetto per il personaggio

Don Chisciotte e i mulini a vento

Vladimir Radunsky
Chris Raschka

Con un vero colpo di teatro, la stagione 2017-18 dell'Opera di Roma si apriva con lo spettacolo del *Don Chisciotte*[1] ispirato alla mitica coreografia che Michail Baryšnikov aveva realizzato per l'American Ballet Theatre negli anni settanta. L'opera, nella famosa versione del coreografo francese Marius Petipa sulle musiche dell'austriaco Minkus, debuttò a Mosca con il balletto del teatro imperiale Bol'šoj il 26 dicembre 1869.

Ed è l'illustratore russo, naturalizzato americano, Vladimir Radunsky che Baryšnikov, sempre alla direzione artistica del progetto, chiama a realizzare i costumi e le scene per questa produzione.

È la mia unica esperienza come scenografo e costumista per il teatro – confessa Radunsky –. Nel libretto classico del *Don Chisciotte*, al quale mi sono ispirato, ho riconosciuto le atmosfere familiari di un libro per bambini e ho immaginato il set come un gigantesco pop up. Mi sono divertito a realizzare un teatro di carta a grandezza naturale che invade la scena come un giocattolo dove i costumi, grotteschi, esagerati, sono però storicamente corretti. Alla ricerca del punto di incontro fra elementi classici e di fantasia[2].

Quel punto di incontro dove i mulini a vento si trasformano in giganti. Del resto, se è vero che nell'opera di Miguel de Cervantes la

Vladimir Radunsky | The Mighty Asparagus (2004)

follia del protagonista è un espediente per accettare le volgarità e le ambiguità del reale, allora Radunsky altri non è se non lui stesso un Don Chisciotte che cammina sul confine fra reale e fantastico e trasforma la realtà seguendo i suoi sogni e la sua grande passione per il gioco. Un gioco colto, raffinato, elegante, con solo un tocco di romantica malinconia, per una poetica dell'assurdo declinata con grande humour in libri originali e diversi gli uni dagli altri anche nella testata editoriale, dove il segno è però sempre coerente.

All'inizio del nuovo millennio, infatti, insieme al formarsi dei grandi gruppi fioriscono nell'editoria per ragazzi esperienze di piccoli editori dediti all'illustrazione di qualità, un'editoria di ricerca e di progetto che riscuote un buon successo sul mercato internazionale anche perché sa ascoltare e dar voce agli artisti. In un mondo sempre più globale gli illustratori si spostano, da una nazione all'altra, da un continente all'altro, alla ricerca dei luoghi e delle culture che meglio rappresentano il loro fare artistico e progettano i propri libri, sia pur produzioni seriali, sempre però libri d'artista.

Vladimir Radunsky studia architettura a Mosca, città che lascia nel 1982 per vivere a New York dove lavora come book designer per il MoMA mentre progetta libri per bambini. Nel 2001 con la moglie Eugenia e le due figlie gemelle approda a Roma – dividendosi fra la città eterna e la Grande Mela – perché dice di voler essere circondato e di volere che le sue figlie crescano circondate da cose belle. Racconta l'illustratrice americana Maira Kalman: «Elegante come un dandy, era lui stesso un oggetto d'arte e aveva una casa bel-

lissima». E l'amico Chris Raschka aggiunge: «Una casa dove rivestiva le copertine dei libri di cucina con carta marrone, perché ne trovava brutta la grafica e non voleva imbruttissero la cucina di Eugenia»[3].

Nel 2004 Radunsky, designer, autore e illustratore, è premiato per il miglior libro illustrato dell'anno dalla sezione culturale del «New York Times» con *The Mighty Asparagus*[4], un'opera per avvicinare i più giovani all'arte e alla bellezza. Partendo da un racconto della tradizione popolare russa *The Turnip* (*La rapa*), l'artista combina, grazie a un sapiente collage, i suoi dipinti con le opere dei pittori rinascimentali suoi maestri: Piero della Francesca, Beato Angelico, Pietro Perugino. E non può fare a meno di giocare con la grafica e la tipografia, il segno e la calligrafia, elementi tutti che nei suoi libri partecipano sempre da protagonisti alla narrazione visiva.

> Questo libro trae ispirazione dai miei viaggi in Italia, dove ho avuto la possibilità di vedere molti splendidi quadri del Rinascimento. Ho sempre pensato sia un vero peccato che, in America, tanti bambini non avranno forse mai la possibilità di vedere questi dipinti, o potranno vederli solo quando saranno diventati già grandi; oppure che questa arte sarà loro presentata in un modo talmente noioso, che non vorranno più sentirne parlare. Il libro *The Mighty Asparagus* rappresenta il mio tentativo per presentare ai bambini alcuni capolavori, tratti dalla collezione dei classici, in un modo che spero sia divertente[5].

Per un pubblico di piccoli e insieme grandi lettori, molti suoi successi nascono solo apparentemente come puro divertissement: sono libri acuti, ricchi di brillanti invenzioni e citazioni magistrali, libri che aiutano a porsi do-

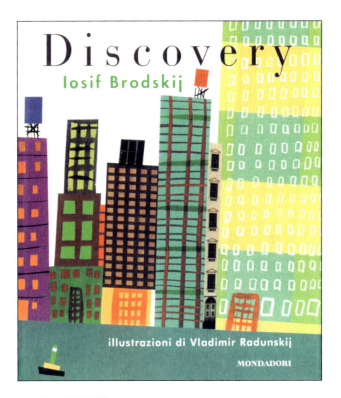

Iosif Brodskij | Discovery (1999)
illustrato da Vladimir Radunsky

mande. Radunsky tiene insieme i versi delle avanguardie poetiche russe degli anni venti e le ballate folk di Woody Guthrie, la *slam poetry* e i graffiti metropolitani. A partire dal poema lirico del Premio Nobel Iosif Brodskij, *Discovery*[6], che narra la scoperta dell'America, al malizioso *Consigli alle bambine*[7] di Mark Twain nato in casa Donzelli per il centenario della morte dello scrittore americano, fino a *Quel genio di Einstein*[8], un libro omaggio allo scienziato che di farsi domande certo non smetteva mai.

Sempre Donzelli pubblica *Vestiario/Bestiario*[9], un'intera collezione di vestiti per animali: l'abito da sposa dell'anaconda, i calzoni da equitazione della cavalla Margherita insieme alle immancabili pantofole di Babar. L'idea nasce dalla considerazione di Vladimir che quasi tutti gli animali nelle storie della nostra infanzia sono vestiti da capo a piedi. Basti pensare al Gatto con gli stivali di Perrault, a Babar di Jean de Brunhoff, a Peter Coniglio di Beatrix Potter o al variegato bestiario delle fiabe di La Fontaine immortalato nelle illustrazioni di Grandville. Grande lo stupore dell'artista quando, per la prima volta allo zoo, scopre che sono invece tutti nudi. Amico degli animali, Radunsky è un uomo tranquillo e pacifico, e realizza anche più di un titolo contro la guerra: come *What Does Peace Feel Like*[10], per scoprire cosa i bambini pensano della pace, o *Manneken Pis*[11], omaggio al leggendario bambino belga che sulla guerra ha fatto pipì… e l'ha spenta. Con l'amico, autore e illustratore Chris Raschka, pacifista anche lui, pubblica *Table Manners*[12], consigli preziosi per imparare le buone maniere a tavola.

Raschka vive e lavora a New York ed è anche lui nella lista dei migliori libri dell'anno per il «New York Times». I suoi sono piccoli capolavori di equilibrio tra testo e immagini, e parlano di amicizia, diversità, perdita e solitudine. A partire dal libro d'esordio, *Charlie Parker Played Be Bop*[13], un picturebook che vuole contagiare i giovani lettori con la passione di Charlie per la musica jazz. Fino al *Mysterious Thelonious*[14], omaggio al grande compositore e pianista, dove le parole abitano una partitura di colori che ne svela la matrice musicale, con un segno essenziale che trasmette ironia e movimento. Di Raschka non si può non citare un imperdibile silentbook, quel *A Ball for Daisy*[15] che nel 2012 gli vale per la seconda volta la Caldecott Medal[16]. Insieme, Chris e Vladimir raccontano ai bambini la vera storia di *Mother Goose of Pudding Lane. A Small Tall Tale*[17].

Mark Twain | Consigli alle bambine (2010)
illustrato da Vladimir Radunsky

Le brave bambine non dovrebbero fare le smorfie alle maestre per ogni minima offesa. Quella è una ripicca da mettere in atto solo nei casi veramente gravi.

> Vladimir è un pittore straordinario – confessa Chris – ha creato le figure per questo libro con uno stile di pittura classica. All'ultimo momento ha deciso di intervenire con gli scarabocchi, belli come solo lui sa fare, dando all'opera una qualità più grafica e riducendo in questo modo la distanza con il lettore. Ha capito che doveva aggiungere i disegni perché, mi ha confessato, l'opera li richiedeva. Insieme, il testo e le immagini compongono una stupefacente scenografia[18].

Maestri dello stile[19], Chris e Vladimir, autore e illustratore,

Gregory Griggs, Gregory Griggs,
Had twenty-seven different wigs.
He wore them up, he wore them down,
To please the people of the town.
He wore them east, he wore them west,
And never could tell which one he liked best.

Chris Raschka | Mother Goose of Pudding Lane. A Small Tall Tale (2019)
illustrato da Vladimir Radunsky

progettano picturebook firmati a quattro mani con un linguaggio ricco di citazioni e contaminazioni, e sembrano divertirsi a improvvisare una jam session di parole e caratteri, segni e disegni per stupefacenti albi illustrati che sanno fare scuola.

Note

[1] *Don Chisciotte*, dal romanzo di M. de Cervantes, coreografia di L. Hilaire, scene e costumi V. Radunsky con A. J. Weissbard, Teatro dell'Opera, Roma 2017-18.

[2] V. Radunsky, *Don Quixote – Set and Costumes,* Teatro dell'Opera, Roma 2017, http://www.vladimirradunsky.com/theatre.html.

[3] M. Kalman - C. Raschka in *Dudunya. The Art and Many Hats of Vladimir Radunsky*, by A. Zagdansky, New York 2023.

[4] V. Radunsky, *The Mighty Asparagus*, Harcourt, Inc.-Silver Whistle, San Diego (CA) 2004.

[5] Id., in *Artisti e capolavori dell'illustrazione: 50 Illustrators Exhibition 1967-2016*, a cura di P. Vassalli, Corraini, Mantova 2016, p. 119.

[6] I. Brodskij, *Discovery*, ill. by V. Radunsky, Farrar Strauss Giroux, New York 1999; *Discovery*, trad. it. di A. Molesini, Mondadori, Milano 1999.

[7] M. Twain, *Consigli alle bambine*, ill. da V. Radunsky, trad. it. di B. Lazzaro, Donzelli, Roma 2010.

[8] J. Berne, *On a Beam of Light. A Story of Albert Einstein*, ill. by V. Radunsky, Chronicle Books, San Francisco 2013; *Quel genio di Einstein*, trad. it. di B. Lazzaro, Donzelli, Roma 2013; *Einstein, sur un rayon de lumière*, trad. fr. de I. Meyer, Les Éditions des Éléphants, Paris 2017.

[9] V. Radunsky, *Vestiario/Bestiario*, trad. it. di B. Lazzaro, Donzelli, Roma 2011. Il lavoro dell'artista, già esposto alla galleria milanese Nina Due, darà vita a un libro edito in occasione dell'omonima installazione al Palazzo delle Esposizioni (Roma, 11 novembre 2011-5 febbraio 2012) per l'Anno della Cultura Italia-Russia, in dialogo con la mostra *Realismi socialisti. Grande pittura sovietica 1920-1970* che raccontava la pluralità della cultura visiva nel regime sovietico. Si veda: https://www.palazzoesposizioni.it/mostra/vestiariobestiario-abiti-per-animali-dalla-collezione-di-vladimir-radunsky.

[10] Id., *What Does Peace Feel Like*, Simon & Schuster, New York 2004.

[11] Id., *Manneken Pis*, Atheneum Books for Joung Readers-Anne Schwartz Books (coprod.), New York 2002.

[12] C. Raschka - V. Radunsky, *Table Manners*, Candlewick Press, Somerville (MA) 2001.

[13] C. Raschka, *Charlie Parker Played Be Bop*, Scholastic, San Francisco 1992.

[14] Id., *Mysterious Thelonious*, Orchard Books, New York 1997.

[15] Id., *A Ball for Daisy*, Schwartz & Wade, New York 2011.

[16] La Caldecott Medal è un premio letterario assegnato annualmente dall'Association for Library Service to Children all'artista che si è distinto nel campo dei libri illustrati per bambini pubblicati durante l'anno negli Stati Uniti.

[17] C. Raschka -V. Radunsky, *Mother Goose of Pudding Lane. A Small Tall Tale*, Candlewick Press, Somerville (MA) 2019.

[18] Raschka, *Dudunya* cit.

[19] Si veda A. Faeti, *L'atelier del mago di Oz. Ovvero il demone dello stile*, in *Nello studio di Oz. Artisti americani per bambini*, Giannino Stoppani edizioni, Bologna 1999, pp. 8-13.

Vladimir Radunsky | Vestiario/Bestiario (2011)
Palazzo delle Esposizioni, Roma

Beatrice Alemagna | Un lion à Paris (2006)

David McKee | Elmer (1989)

Elmer e il leone: animali come noi?

David McKee
Beatrice Alemagna

Sono tanti gli animali che affollano le pagine degli albi illustrati: compagni di gioco, irrinunciabili alter ego degli autori ai quali sembra più facile, meno compromettente, affidare il compito di parlare di sé, di raccontare la propria personale, umanissima vicenda. Sono i protagonisti di storie universali, racconti che vengono da lontano e hanno antenati illustri.

Animali divenuti vere e proprie icone, come Elmer[1], l'elefantino variopinto nato dalla matita sapiente di un pittore e illustratore d'eccezione che ama Paul Klee ma anche gli elefanti mentre guarda alla Pop Art e ai cartoons.

David McKee | Mr. Benn Gladiator (2001)

Autore di classici contemporanei ricchi di leggerezza e humour, David McKee è un perfetto gentleman proprio come Mr. Benn[2], il personaggio della televisione dei bambini nato dalla sua penna, per gli inglesi un vero simbolo nazionale. Anche se non indossa il vestito nero e non ha la bombetta in testa, Mr. McKee somiglia al suo personaggio perché conosce il segreto per attraversare la porta magica e arrivare oltre il tempo e lo spazio, in altri mondi. Già noto in Gran Bretagna per la serie *Mr. Benn*, prodotta dalla Bbc, e per *King Rollo*[3], grazie all'elefantino dai colori dell'arcobaleno David diviene famoso in tutto il mondo.

> Per me, Elmer è importante. In parte per ciò che ricevo dai bambini e dagli insegnanti grazie a lui. Lo conosco molto bene e mi divertono le storie che mi racconta. Ha avuto molte edizioni, è andato in molti luoghi ma non l'ho mai sentito allontanarsi da me[4].

Elmer, il primo elefante patchwork della storia, vede la luce nel 1968 per i tipi dell'editore Dobson ma il successo arriva dopo vent'anni quando diventa il protagonista di una fortunata serie di albi pubblicati nel catalogo della Andersen Press e tradotti in sessanta lingue. L'elefantino Elmer non assomiglia affatto ai suoi compagni e fatica ad accettare la propria diversità finché non ne comprende la vera natura: portare gioia e allegria nella comunità. E non è poco, se gli elefanti per festeggiarlo scelgono un giorno dell'anno nel quale tutti indossano l'abito arcobaleno mentre Elmer sarà il solo a vestire il completo grigio di rappresentanza.

Dell'infanzia David ama raccontare, con il suo consueto humour dal sapore surreale, che i genitori furono gli unici europei in una banda di briganti afgani[5]. Cresciuto nel Devon, studia pittura al Plymouth Art College, si divide poi tra Londra e il Sud della Francia, di cui ama la luce e i colori. Già dai tempi del college inizia a collaborare con il «Punch», il «Times Educational Supplement» e il «Reader's Digest». Il suo libro d'esordio *Two can Toucan*[6] segna l'incontro con Klaus Flugge[7] che, in qualità di editor, nel

David McKee | Not now, Bernard (1980)

David McKee | Tusk Tusk (1978)

1964 ne cura la pubblicazione per i tipi di Abelard-Schuman, qualche anno prima di diventare nel 1976 l'editore della Andersen Press. Ed è facile riconoscere Mr. Flugge dalla spilla di Elmer che porta con orgoglio sul bavero della giacca nelle occasioni importanti, quando è in giro per il mondo. Gli albi di David parlano «di diversità e comprensione, di guerra e pace, di grandi e bambini, con colori brillanti e allegri, immagini dall'aspetto sereno, mentre le storie raccontano con onestà perfino crudele le dinamiche del conflitto»[8]. Un conflitto che si compie fra le mura domestiche, come nel sorprendente *Not now, Bernard*[9]. Pubblicato per la prima volta in Italia con il titolo coraggioso *Non rompere, Giovanni*, racconta lo scontro fra un bambino e i genitori, super impegnati e decisamente assenti, che negano al piccolo anche un solo sguardo tanto da permettere al mostro di ingoiarlo in un sol boccone e prenderne il posto. Sono storie dal grande valore civico per parlare con i più giovani di solitudine e discriminazione, pregiudizio e violenza. Ne è un esempio l'albo *Tusk Tusk*[10] dove alcuni elefanti, divisi in due gruppi, bianchi e neri, si fanno la guerra mentre altri più pacifici si addentrano nella giungla fino a scomparire. Riusciranno i bianchi e i neri a non estinguersi?

E in ogni caso, chi non si è mai sentito almeno una volta un animale strano? Accade al leone protagonista di *Un lion à Paris*[11], libro in grande formato di Beatrice Alemagna, ispirato dalla statua del leone al centro della piazza parigina Denfert-Rochereau, che nel 2007 riceve la menzione speciale del Braw. Alemagna racconta con la tecnica del collage, usando ritagli di giornale, foto e disegni, la passeggiata di un leone in una Parigi sospesa fra sogno e realtà.

Narra di un leone che si aggira per la città sentendosi un estraneo e della sua sorpresa per il fatto di non essere temuto, anzi, nemmeno notato. Una storia autobiografica che parla di coraggio e nostalgia, della ricerca del proprio posto nel mondo, del viaggio alla scoperta di storie e luoghi diversi, dell'incontro con nuove persone, per conoscere e riconoscersi, delle partenze e degli arrivi lì dove ci si sente finalmente a casa, da soli e con gli altri.

Beatrice Alemagna | Un lion à Paris (2006)

Beatrice Alemagna | Gisèle de verre (2002)

> Da bambina i libri illustrati erano il mio spazio privato, solo per me. Li sfogliavo per ore, annusando l'odore della carta. Mi facevano sognare. Oggi mi rendo sempre più conto che sognare è necessario per diventare una persona libera e felice. E ripensando alla noia della mia infanzia, ho capito che la noia è libertà[12].

Beatrice Alemagna si forma in un ambiente colto: dalla voce della mamma ascolta Calvino e Rodari fra le cui righe scopre e coltiva la propria «aspirazione alla libertà». Rodari è uno dei suoi padri spirituali, il primo. Determinante per il suo modo di vedere, di immaginare, ha gettato – lei dice – le fondamenta del suo universo visivo. Nasceranno così le sue storie uscite dalle pagine delle *Favole al telefono*[13] per diventare albi illustrati. Come *Gisèle de verre*[14], la sorellina francese di *Giacomo di cristallo*, e il più recente *La luna di Kiev*[15], un inno alla fratellanza fra popoli e simbolo della richiesta di pace nella guerra scoppiata in Ucraina.

Studia grafica e composizione all'Isia di Urbino dove sviluppa le tecniche di *mise en page* dei suoi albi illustrati e un linguaggio narrativo assai personale e fortemente riconoscibile. I suoi primi collage, realizzati con le carte e le trame dei tessuti, danno forma ad albi illustrati materici, moderni ma dal sapore antico, con un retrogusto irriverente, seducente e a tratti malinconico. Nel 1996 vince il Premio Figures Futur al Salon du Livre et de la Presse Jeunesse di Montreuil; l'anno successivo si trasferisce a Parigi dove oggi vive e lavora.

Per Alemagna l'infanzia è un «territorio segreto, un luogo da scoprire, una condizione transitoria che lascia dietro di sé una profonda nostalgia».

Infatti «ogni adulto è in esilio dalla propria infanzia». Ed è questa condizione di perdita, di nostalgia il motore primo della sua ricerca e insieme la sua personalissima cifra stilistica, il giardino segreto dove nasce la sua poetica. «Dietro ogni creatore di libri per bambini c'è un'infanzia creativa perché l'infanzia è la preistoria di tutti noi, è il luogo dove tutto nasce e tutto si crea».

Beatrice ama ritrarre i bambini nei loro giochi e catturarne gli stati d'animo negli schizzi, veri e propri casting che costituiscono la sua prima fonte di ispirazione. Nel 2008 da quei quaderni nasce *Che cos'è un bambino?*[16], il suo primo albo italiano e il più tradotto nel mondo. Una galleria di ritratti che commuove. In questo picturebook, l'autrice va oltre la narrazione, alza l'asticella per dialogare con il lettore e insieme riflettere sulla propria infanzia e su quanto questa possa mancare una volta persa. «Un bambino è una persona piccola» ma non per questo con idee piccole. I libri di Beatrice, artista raffinata e diretta, dalla voce forte e gentile, parlano a entrambi, piccoli e grandi lettori, perché un buon libro per bambini è un prezioso momento di scambio e condivisione per tutti. Fra i riconoscimenti, da segnalare, la Golden Medal della Society of Illustrators nel 2017, mentre i suoi libri sono selezionati dal «New York Times» e dal «New York City Library» fra i dieci migliori libri per gli anni 2017 e 2019.

Nella rilettura della fiaba dei Grimm, *Adieu Blanche-Neige*[17], Beatrice sceglie di fare propria la voce della matrigna e confessa che il libro «nasce, in un momento di dubbio e riflessione, dall'esigenza di rallentare e prendere tempo per ritrovare le emozioni; nasce dal desiderio di dipingere»[18]. L'artista si chiede perché ai bambini siano destinate storie edulcorate, colorate e rassicuranti, e si lascia guidare invece dalla spontaneità, dalla verità dei bambini, per andare oltre. Sceglie la fiaba classica nella sua versione originale, quella in cui la fanciulla decide di uccidere la regina: «nessun bacio del principe – chiarisce –. Biancaneve si sveglia perché sputa la mela avvelenata e prende in mano il proprio destino». L'artista ritrova uno spazio di respiro personale cambiando registro e stile: dimentica i contorni netti, le figure piene e si abbandona a improvvisare con un segno liquido, fluido, torbido come la storia che racconta. Un segno assai lontano da quello dei lavori precedenti che tuttavia nell'attenzione ai dettagli, negli scorci, nelle prospettive, resta sempre riconoscibile: sue sono le atmosfere, il mix di meraviglioso, magico e spaventoso.

Sia per McKee che per Alemagna «nella letteratura per l'infanzia abitano i temi fondamentali della vita e dell'arte»[19] al di là che ne siano portatori uomini o animali umanizzati come i personaggi che vivono nelle storie di questi artisti.

Beatrice Alemagna | Adieu Blanche-Neige (2021)

Beatrice Alemagna | Che cos'è un bambino? (2008)

Note

[1] D. McKee, *Elmer*, Dobson, London 1968; poi Andersen Press, London 1989; *Elmer, l'elefante variopinto*, Mondadori, Milano 1990. I titoli originali dell'elefantino *Elmer* sono 29, editi in Italia da Mondadori.

[2] Id., *Mr. Benn Gladiator*, Andersen Press, London 2001; *Signor Rossi. Gladiatore*, la Margherita, Cornaredo (MI) 2001.

[3] Id., *King Rollo and the Search*, Andersen Press, London 1979; *Re Rollo alla ricerca*, EL, Trieste 1981. Da *King Rollo* è stato tratto un serial animato prodotto dallo stesso McKee con la King Rollo Films, sua casa di produzione.

[4] *Welcome Mister David! A Tribute to David McKee*, a cura di G. Gotti e S. Sola, Giannino Stoppani edizioni, Bologna 2006, p. 21. Questo volume è stato realizzato in occasione dell'omonima mostra per Fieri di leggere 2006 nella biblioteca del Comune di Anzola dell'Emilia.

[5] Si veda *The Secret Garden. 30th Anniversary of the Illustrators Exhibition*, a cura di P. Vassalli, BolognaFiere, Bologna 1996; e il catalogo del 2016: D. McKee, in *Artisti e capolavori dell'illustrazione: 50 Illustrators Exhibition 1967-2016*, a cura di P. Vassalli, Corraini, Mantova 2016, p. 67.

[6] D. McKee, *Two can Toucan*, Abelard-Schuman, London 1964; poi Andersen Press, London 1985; *Tucano il Tucano*, trad. it. di A. Valtieri, Lapis, Roma 2017.

[7] Si veda M. Terrusi, *Albi illustrati. Leggere, guardare, nominare il mondo nei libri per l'infanzia*, prefazione di A. Faeti, Carocci, Roma 2012. Per un approfondimento su K. Flugge e l'Andersen Press, pp. 162-3.

[8] M. Terrusi, *The way of freedom*, in *Welcome Mister David* cit., p. 11.

[9] D. McKee, *Not now, Bernard*, Andersen Press, London 1980; *Non rompere, Giovanni*, Emme Edizioni, Milano 1980; poi *Non ora, Bernardo!*, Mondadori, Milano 2019.

[10] Id., *Tusk Tusk*, Andersen Press, London 1978; *Zang Zang*, Quadragono libri, Conegliano (TV) 1979; poi *Bianchi e Neri*, EL («I Lupetti»), Trieste 1998.

[11] B. Alemagna, *Un lion à Paris*, Autrement Jeunesse, Paris 2006; *Un leone a Parigi*, Donzelli, Roma 2009.

[12] Le parole di B. Alemagna, dove non diversamente specificato, sono tratte dall'incontro *Ritrovare il passato per leggere il presente e immaginare il futuro*, a cura di Ibby Italia, presso Villa La Loggia (Firenze, 12 gennaio 2019), https://www.ibbyitalia.it/eventi/ibby-italia-ritrovare-il-passato-per-leggere-il-presente-e-immaginare-il-futuro/.

[13] G. Rodari, *Favole al telefono*, ill. da B. Munari, Einaudi, Torino 1962; poi ill. da Altan, Einaudi («Ragazzi»), Torino 1993; in seguito, sempre per Einaudi, ill. da V. Vidali, 2021. Si veda anche G. Rodari, *A sbagliar le storie*, ill. da B. Alemagna, Emme Edizioni, Milano 2020.

[14] B. Alemagna, *Gisèle de verre*, Seuil («Jeunesse»), Paris 2002; *La bambina di vetro*, Topipittori, Milano 2020.

[15] G. Rodari, *La luna di Kiev*, ill. da B. Alemagna, Einaudi («Ragazzi»), Torino 2022.

[16] B. Alemagna, *Che cos'è un bambino?*, Topipittori, Milano 2008.

[17] Ead., *Adieu Blanche-Neige*, La Partie, Paris 2021; *Addio Biancaneve*, Topipittori, Milano 2021.

[18] Le parole di B. Alemagna, qui e a seguire, sono tratte dalla presentazione del libro alla Bologna Children's Book Fair 2022 (21-24 marzo 2022).

[19] Si veda il blog di Ibby Italia e il catalogo della mostra a cura di Hamelin, *Alfabeto Alemagna*, Topipittori, Milano 2023.

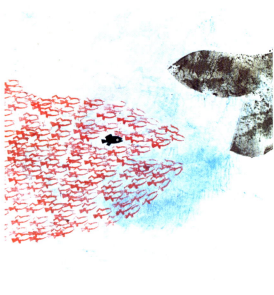

Leo Lionni | Frederick (1967)

Swimmy (1963)

The Biggest House in the World (1968)

Pezzettino (1975)

Federico il poeta

Leo Lionni

Nella bella stagione Federico mette via i raggi del sole insieme ai suoni e ai colori dell'estate per rallegrare gli amici durante il gelido inverno. In una comunità di topolini tutti si impegnano per raccogliere le scorte, tutti compreso Federico il poeta, perché «Ognuno, in fondo, fa il proprio lavoro». Liberamente ispirata alla favola esopica *La cicala e la formica*, la storia di Federico[1] sottolinea il valore della fantasia e della creatività e offre all'autore il pretesto per parlare di sé e del proprio posto nel mondo.

La ricerca dell'identità in un'atmosfera di stupore e meraviglia è la colonna sonora dell'opera per bambini dell'artista[2]. Graphic designer di grande esperienza, Lionni attinge agli incontri della vita per creare i suoi personaggi. Così *Pezzettino*[3] è per Leo, figlio di un intagliatore di diamanti, la storia della pietruzza colorata che intraprende un lungo viaggio nella terra dei mosaici chiedendosi e chiedendo ai grandi «animali-mosaico» chi sia, di quale famiglia, di quale società faccia parte[4].

The Biggest House in the World[5] narra invece la storia della lumaca che costruisce per sé la casa più grande, più bella, ma anche la più pesante del mondo. Tanto pesante da finire per schiacciare la lumaca vanagloriosa. Una metafora dell'architetto che progetta e costruisce trasformando l'ambiente circostante. «La gente non sa vedere – dice l'artista – bisognerebbe insegnare a vedere nelle scuole. E l'architetto deve saper vedere per costruire la propria casa»[6].

E ancora *Swimmy*[7], in italiano *Guizzino*, il pesciolino nero che fa parte di una famiglia di pesciolini rossi. Diverso dagli altri, sarà lui a escogitare la maniera di salvarsi dai grandi predatori. Insieme prendono la forma di un grosso pesce rosso mentre il pesciolino nero li guida lontani dal pericolo, perché, afferma: «io sono l'occhio». Ancora una volta il protagonista della storia è l'alter ego dell'artista. Lui è l'occhio, lui è l'artista, che sottolinea l'importanza della visione all'origine di ogni gesto creativo.

Leo Lionni | Little Blue and Little Yellow (1959)

«Io amo molto disegnare – confessa Lionni – e questo mi viene dall'aver imparato a vedere, cioè a leggere significati nelle cose». E Bruno Bettelheim, nella prefazione a *Le favole di Federico*[8], aggiunge: «Soltanto un artista che sappia pensare essenzialmente per immagini riesce a creare un vero libro illustrato. Leo Lionni ha capito l'importanza del linguaggio visivo». Un linguaggio per tutti, in particolare per i bambini che, come gli artisti e i poeti, sanno pensare per immagini. Un modo di comunicare simile a quello dei sogni, di cui conserva tutta la ricchezza che difficilmente riusciamo a tradurre in parole.

Ma Lionni è soprattutto l'autore di *Piccolo blu e Piccolo giallo*[9], il primo libro astratto per bambini nella storia dell'editoria mondiale. Un libro che, come qualcuno ha affermato, appartiene all'infanzia dell'illustrazione moderna.

«Questo è Piccolo blu, eccolo a casa con Mamma blu e Papà blu. Piccolo blu ha molti amici, ma il suo migliore amico è Piccolo giallo, che abita nella casa di fronte. Come si divertono a giocare a nascondersi […] [mentre] in classe devono stare fermi e composti»[10]. Due pezzettini di carta colorata, o meglio, due colori vivono sulla pagina situazioni nelle quali il lettore può riconoscersi. Lionni ama giocare e racconta che il libro è nato grazie a «un piccolo miracolo», durante un viaggio in treno, per intrattenere i suoi due nipoti, Pippo e

Annie, di cinque e tre anni. Era la prima volta che si ritrovava da solo con loro, così inizia a sfogliare un numero di «Life» e un disegno in blu, giallo e verde gli dà un'idea. «Allora – dissi – vi racconto una storia e cominciai a strappare pezzettini di carta colorata e a farli muovere sulla pagina bianca». Un libro sull'amicizia, la libertà e l'autonomia, l'identità e la diversità, per scoprire come nascono i colori e indagare tramite la sovrapposizione la teoria degli insiemi: abbracciandosi i due amici daranno vita a Piccolo verde. Un libro per arrivare a scoprire che nell'incontro con l'altro si cambia, ci si confonde, prima di tornare a essere sé stessi, magari solo un po' diversi. Una storia che permette al bambino, qualsivoglia bambino, di identificarsi con il protagonista perché Piccolo blu e Piccolo giallo sono solo forma e colore, sono l'idea, l'essenza, il «gesto» creativo dell'artista.

L'autore fa agire sul foglio macchie di colore, carte strappate e ritagliate, frammenti di un collage che la mano sposta per seguire il racconto; e raggiunge il massimo di astrazione attraverso un linguaggio essenziale. Una scrittura allo stato puro dove le forme, nel rigore e insieme nella leggerezza della composizione grafica, raccontano di sé. In seguito, nei suoi libri per bambini, Lionni recupera le figure ma solo per spingersi fino al limite oltre il quale non esisterebbero più[11].

Piccolo blu e Piccolo giallo nasce dal ricordo delle centinaia di esperimenti, chiamiamoli così, che avevo fatto cercando di definire le caratteristiche delle diverse posizioni nello spazio. Per poter raccontare storie nelle quali questa posizione diventa parte del linguaggio, per cui se un personaggio è nel centro ha una funzione diversa che se è nell'angolo. In *Piccolo blu e Piccolo giallo* accade un'altra cosa che credo sia unica: i personaggi non sono simboli linguistici, sono essi stessi le cose. «This is Little Blue», non è un ritratto di Little Blue, non è una sua caricatura, è il personaggio, è linea sulla pagina. Infatti, io ho visto che è più facile per i bambini leggerlo così, perché loro lo fanno naturalmente, al contrario dei genitori che devono fare un lungo processo, diciamo di regressione.

Pubblicato nel 1959, è il primo libro per bambini dell'artista e segna una data importante nella storia del picturebook in America, dove viene premiato dal «New York Times» come migliore libro illustrato dell'anno e diventa subito un best seller. Un'opera rivoluzionaria che avrebbe cambiato per sempre l'idea del libro illustrato per l'infanzia. In Italia esce nel 1967 per i tipi di Emme Edizioni di Rosellina Archinto. Nato dall'esperienza progettuale di Lionni, uno dei padri della grafica americana, *Little Blue and Little Yellow* si nutre dello stato dell'arte negli anni cinquanta; decennio in cui in America trionfa l'action painting. E affonda le proprie radici nella grafica giapponese, come nella pratica ludica dei dadaisti, nella ricerca sulla forma e il colore di artisti quali Klee o Kandinskij e nella leggerezza dei *Mobiles* di Calder[12]. Con *Little Blue and Little Yellow* ha inizio la ricerca dell'artista intorno al tema dell'identità e della rappresentazione che svilupperà poi in tutti i suoi libri per bambini. Finalmente l'autore può parlare al bambino con il suo stesso linguaggio, in linea con la ricerca artistica contemporanea e con lo straordinario dialogo che questa intreccia, in particolare nel Novecento, con l'universo infantile.

Come recita la sua autobiografia, *Between Worlds*[13], Lionni vive tra mondi. Tra l'Europa e l'America certo, ma molti sono i mondi che l'artista abita, territori e spazi reali e fantastici. Nasce da genitori olandesi, padre ebreo, commercialista e prima intagliatore di diamanti, madre cantante lirica; uno zio architetto, Piet, che gli insegna a disegnare; un altro zio importante collezionista d'arte, René, grazie al quale scopre le avanguardie artistiche del Novecento. Alla scuola primaria, dove si seguono i principi di Fröbel e della Montessori, impara ad amare la natura, grande protagonista del suo immaginario. Trasferitosi nel 1925 a Genova, dove svolge gli studi superiori, incontrerà Nora, figlia di Fabrizio Maffi, personaggio di spicco del Partito comunista, che diventerà presto sua moglie e la compagna della sua lunga e straordinaria vita. Negli anni di permanenza a Genova viene invitato da Marinetti a esporre con i futuristi. Nel 1933 si trasferisce a Milano e frequenta l'effer-

Leo Lionni | Designs for the printed page (1957)

Leo Lionni | The Family of Man (1955)

vescente ambiente intellettuale della città. A causa delle leggi razziali, nel 1939 emigra negli Stati Uniti.

Autore, pittore, scultore, graphic designer, Lionni è anche teorico e docente di percezione visiva. Art director di «Fortune», direttore della rivista di grafica «Print», è consulente del MoMA, nonché di Olivetti of America. E collabora con artisti quali Ben Shahn, Bob Osborn, Sandy Calder. Negli Stati Uniti porta una grafica «quasi bauhausiana tradotta nella limpidezza del linguaggio razionalista italiano»[14].

Nel 1961 Lionni ritorna in Italia, dove tra le diverse attività fonda e dirige il mensile «Panorama». Da allora dividerà il suo tempo fra New York e le colline del Chianti, in Toscana. In Italia riprende a dipingere e nascono prima i *Ritratti immaginari*, poi i suoi *Profili*, di cui ci parlano le straordinarie fotografie realizzate da Ugo Mulas. Nel 1970 smette di inventare ritratti per costruire una *Botanica parallela* e dà vita, insieme ai disegni e alle sculture di una flora immaginaria, a un «trattato scientifico» che si legge come un romanzo, pubblicato da Adelphi[15].

Nel 1990 la Galleria d'Arte moderna di Bologna gli dedica una importante retrospettiva accompagnata da un prezioso catalogo pubblicato da Electa[16]. Mentre nel 1996, con la partecipazione attiva dell'artista, nasce la mostra *Leo Lionni. Art as a Celebration*[17], che narra in parallelo i suoi molti mondi e universi artistici. E lo porta prima in Giappone, poi di ritorno in Italia, a Siena, dove nel 1994 aveva disegnato il cencio del Palio. Nel 1997, mentre in America viene pubblicata la sua autobiografia, Lionni è ospite d'onore alla Fiera di Bologna con il suo personale *Giardino segreto*[18].

Dopo il successo di *Little Blue and Little Yellow*, scrive e illustra favole per bambini caratterizzate da rigore nella forma e da un linguaggio essenziale: una rivoluzione assoluta che è alla base dell'invenzione dei suoi libri per l'infanzia dove è il segno stesso a trasformarsi in testo. Una leggerezza che raggiunge grazie a tecniche differenti privilegiando il collage accompagnato da matite e acquarello, per libri d'artista che assurgono a «favole politiche». Perché per Lionni l'arte, tutta l'arte, ha un valore celebrativo.

Leo Lionni | Profili (1966)
fotografia di Ugo Mulas

Paola Vassalli e Andrea Rauch | Leo Lionni. Art as a Celebration (1996)
Itabashi Art Museum, Tokyo

L'arte è soprattutto celebrare. Celebrare l'uomo, la sua umanità, la sua storia, la sua cultura. […] Ci sono parole che si presentano quasi come oggetti […] Una di queste è sacralità. Che cosa è sacralità? Per un ateo credo di usarla anche troppo questa parola. Sacralità è quello che esigerei dalla mia opera migliore, un rispetto, una dignità e una fierezza, un momento di gioia per il fatto di essere con miliardi di persone a costruire una civiltà, come abbiamo fatto. In questo senso, e solo in questo senso, l'agire nell'arte trovo che sia qualcosa di importante. È come celebrare la sacralità dell'uomo (Radda in Chianti, 13 ottobre 1996).

Note

[1] L. Lionni, *Frederick*, Pantheon, New York 1967; *Federico*, Emme Edizioni, Milano 1967; poi Babalibri, Milano 2005.

[2] Si veda L. Lionni, in «Dossier pedagogici, servizi educativi», archivio didattico del Palazzo delle Esposizioni, Roma 2009.

[3] L. Lionni, *Pezzettino*, Pantheon, New York 1975; *Pezzettino*, Babalibri, Milano 2006.

[4] Si veda A. Rauch, *Il sogno di Leo*, in *Leo Lionni. Art as a Celebration*, catalogo della mostra al Complesso museale di Santa Maria della Scala (Siena, 12 settembre-31 ottobre 1997), a cura di P. Vassalli e A. Rauch, Protagon, Siena 1997, p. 19.

[5] L. Lionni, *The Biggest House in the World*, Pantheon, New York 1968; *La casa più grande del mondo*, Emme Edizioni, Milano 1976.

[6] P. Vassalli, *Conversazione con Leo Lionni*, in *Leo Lionni* cit., p. 11. Se non altrimenti indicato, le parole dell'artista sono tratte da questa conversazione.

[7] L. Lionni, *Swimmy*, Pantheon, New York 1963; *Guizzino*, Emme Edizioni, Milano 1977; poi Babalibri, Milano 2006.

[8] Id., *Frederick's Fable*, Pantheon, New York 1985; *Le favole di Federico*, pref. di B. Bettelheim, Emme Edizioni, Einaudi, Torino 1990; poi Einaudi («Ragazzi»), Trieste 1992.

[9] Id., *Little Blue and Little Yellow*, McDowell-Ivan Obolensky, New York 1959; *Piccolo blu e Piccolo giallo*, Emme Edizioni, Milano 1967; poi Babalibri, Milano 1999.

[10] Id., *Little Blue* cit.

[11] Cfr. *Leo Lionni* cit., p. 31.

[12] Si veda M. Quesada, *Illustrazione e arte contemporanea*, in *Multipli forti*, catalogo della mostra al Palazzo delle Esposizioni (Roma, 24 ottobre-26 novembre 1990), a cura di P. Pallottino con S. Fabri e M. I. Gaeta, Carte segrete, Roma 1990.

[13] L. Lionni, *Between Worlds. The Autobiography of Leo Lionni*, Alfred A. Knopf, New York 1997; *Tra i miei mondi. Un'autobiografia*, ed. it. a cura di M. Negri e F. Cappa, trad. it. di M. Maffi, Donzelli, Roma 2014.

[14] I. Lupi, *Dall'Italia all'America, dall'America all'Italia. Leo Lionni. Il disegno parallelo*, in «Abitare», maggio 1993, 318.

[15] L. Lionni, *La botanica parallela*, Adelphi, Milano 1976; poi Gallucci, Roma 2012.

[16] *Leo Lionni. L'immaginario come mestiere*, catalogo della mostra a cura di P. G. Castagnoli e U. Zanetti alla Galleria d'arte moderna Giorgio Morandi (Bologna, 13 ottobre-2 dicembre 1990), Electa, Milano 1990.

[17] Si veda *Leo Lionni. Art as a Celebration* cit. In collaborazione con Kiyoko Matsuoka la mostra è stata presentata tra l'inverno 1996 e la primavera 1997 presso l'Itabashi Art Museum di Tokyo e in altri quattro musei in Giappone, prima di arrivare a Siena al Santa Maria della Scala nel 1997.

[18] Si veda *The Bologna Children's Book Fair Book. Anniversary 1964-2013*, Bononia University Press, Bologna 2013, p. 65.

Laboratorio d'arte (2009)
Palazzo delle Esposizioni, Roma

Anthony Browne | Here's looking at you (1979)
biglietto di auguri

Gorilla, fedele guardia del corpo

Anthony Browne

Anthony disegna per la prima volta un gorilla in un biglietto d'auguri per il gallerista Gordon Fraser, a capo della società per la quale l'artista debutta: «un gigantesco gorilla che tiene fra le braccia un orso in peluche. L'idea di forza e fragilità, grandezza e piccolezza, rudezza e dolcezza mescolate mi hanno sempre interessato. [...] In un certo senso non faccio che ripetere questa idea»[1]. L'artista ama i gorilla e gli orsetti[2] e quel biglietto d'auguri, quasi un manifesto programmatico, lo si trova fra le mani di Anna, la protagonista di *Gorilla*, con i regali del suo papà. Dopo quel primo esemplare molti libri di Anthony Browne ospiteranno dei gorilla, che non a caso nelle sue storie assumono spesso il ruolo di preziose guardie del corpo.

Gorilla[3] è il capolavoro di Anthony Browne e anche il suo libro preferito. L'artista confessa che solo lavorando a questo picturebook ha compreso fino in fondo come si costruisce un albo e come far dialogare immagini e parole perché funzionino insieme e separatamente[4]. È la storia di Anna che ama i Gorilla tanto da volerne uno per amico e del suo papà che non ha mai tempo per lei, nemmeno per accompagnarla allo zoo. Ma la notte del suo compleanno Anna fa uno strano sogno e la storia prende una nuova direzione: il piccolo peluche trovato in un pacchetto regalo ai piedi del letto si trasforma in un vero gorilla, grande come il suo papà. Un gorilla che la porta allo zoo, al cinema, al ristorante e a ballare sul prato alla luce della luna, dopo essersi imbattuti nel ritratto del Che. Perché anche il guerrigliero della rivoluzione cubana ha preso le sembianze dell'amato gorilla e veglia sulla fuga notturna della bambina: un gorilla dal volto umano, alleato fedele per esaudire i suoi desideri. Anna è felice e al risveglio troverà un papà presente e affettuoso, pronto a festeggiarla con la torta, i doni e i biglietti per lo zoo. Possono dunque i sogni indicare la strada da percorrere? Possono trasformare la realtà? Racconta l'autore che l'idea del libro gli viene da lontano quando, bambino,

Anthony Browne | Gorilla (1983)

chiede in dono una tromba con la quale spera di trovare la più bella nota del mondo; terribile sarà la sua delusione nel ricevere una trombetta dal suono infernale. Mentre l'idea del gorilla è ispirata dal personaggio di King Kong:

> Avevo visto il film per la prima volta quando ero studente e l'incredibile vulnerabilità della donna fra le mani di un gigantesco scimmione mi aveva affascinato. Qualcosa nella singolare tenerezza che nasce fra questa improbabile coppia mi aveva attratto. […] Tutto mi attirava in questa storia. Ero affascinato dal modo in cui lei modificava il nostro sguardo. Quando incontriamo Kong per la prima volta, lo troviamo brutale, crudele, feroce, ma man mano che la storia si sviluppa, ci rendiamo conto che è sensibile e buono, violento solo per reazione. I veri mostri della storia sono gli uomini che lo catturano[5].

Nel 1994 pubblica *King Kong*[6], un adattamento del romanzo di Edgar Wallace e Merian C. Cooper ispirato a sua volta al film, un grande classico

della storia del cinema e tra i preferiti dell'artista che pensa a *King Kong* come alla versione surrealista di *La Bella e la Bestia*. L'autore si mette alla prova per sperimentare un nuovo rapporto fra testo e immagini, certo dell'affinità fra la scrittura di un picturebook e quella di un film[7]. A metà strada fra racconto illustrato e albo, il libro si apre con una dedica: «In memoria di mio padre che resta per me il vero Kong». Va ricordato che il padre dell'artista muore in maniera violenta, per un infarto, sotto i suoi occhi, quando Anthony ha solo diciassette anni. Sostanzialmente fedele al film e al romanzo, nell'albo la protagonista prende le fattezze di Marilyn Monroe; così nell'immagine finale, quando si suggerisce che è stata «Bella a uccidere la Bestia», fra la folla che assiste alla scena impassibile e complice si scorge con cappello e occhiali lo scrittore Arthur Miller, il terzo marito dell'attrice.

Anthony Browne | King Kong (1994)

Gli amati gorilla evocano la figura del padre dell'artista: uomo forte e sicuro di sé ma anche timido e sensibile. Animali affabili in libertà, si occupano della propria famiglia tanto da somigliare agli umani, e diventano pericolosi in cattività. Ne sa qualcosa il nostro autore che, entrato nella gabbia durante le riprese per un canale televisivo, viene morso a una gamba e confessa di aver provato il dolore più atroce della sua vita.

Ma il primo in assoluto della lunga serie di successi dell'autore è del 1975: *Through the Magic Mirror*[8] che dopo un anno si affaccia nel catalogo Emme con il titolo *Lo specchio magico*. L'immagine di copertina, ispirata dall'opera di Magritte *La reproduction interdite* del 1937, rappresenta un bambino di fronte a uno specchio che non gli restituisce il suo volto, piuttosto lo invita a entrare per scoprire insieme un mondo fantastico, come accade alla Alice di Carroll[9] di cui Browne propone una rilettura fra le più contemporanee insieme a quella di Ralph Steadman. *Lo specchio magico* segue i canoni della pittura surrealista e nasce grazie all'incontro con Julia MacRae, che resterà per vent'anni la sua editrice. Sarà lei a dargli la prima lezione per un albo illustrato fatto ad arte: «lasciare un certo spazio fra parole e disegni perché le prime non siano solo il riflesso esatto delle immagini»[10].

Il secondo dei suoi titoli dall'atmosfera surreale ha una lunga gestazione prima di trovare la sua forma definitiva in *Voices in the Park*[11]: un racconto corale a quattro voci, effetto *Rashomon*[12], in cui i diversi personaggi narrano ognuno la propria versione dei fatti. Tutto cambia per ciascuna voce: una madre autoritaria e suo figlio Charles con Victoria, labrador di pura razza; un papà disoccupato e sua figlia Smudge, con al seguito un bastardello pieno di energia. Tutto cambia, seguendo il ritmo degli affetti e delle emozioni: le stagioni, i colori, lo stile, il segno e la qualità del tratto. Un grande classico, prezioso come un dipinto e dinamico come un corto; un albo ricco di citazioni, dalla storia dell'arte al cinema, cosparso di segni da decifrare; un libro imperdibile per indicare ai più giovani, e non solo, che tanti sono i punti di vista quante le voci narranti ma vitale è saper trovare, difendere e rispettare la propria personalissima voce.

Dell'infanzia Anthony narra di essersi trasferito con i genitori, all'età di un anno, in un pub nei pressi di Bradford, dove presto si arrampicherà sul bancone per raccontare agli avventori buffe storie di sua invenzione. Un'infanzia trascorsa a giocare a rugby, a cricket, a calcio, a tennis con il fratello, più forte e più grande di lui di due anni, un fratello che ammira oltremisura e dal quale è rassegnato a lasciarsi battere. Anthony consegue il diploma di grafico presso il College of Arts di Leeds, ma ancora più formativa sarà per lui l'esperienza come disegnatore scientifico presso il gabinetto anatomico dell'ospedale reale di Manchester che risponde a due delle sue grandi passioni: la pittura e l'interno del corpo umano.

Maestro nel narrare storie al limite fra dimensione onirica e totale adesione alla realtà, dice di lui Antonio Faeti:

Anthony Browne | Through the Magic Mirror (1976)

«c'è in Browne la distaccata capacità di anatomizzare il quotidiano, appena appena controllata da lievissime tracce di umorismo, certo non tenero, certo non pacifico»[13]. Del resto il suo timbro sempre malinconico è solo di rado ironico.

Imperdibile la sua rilettura di *Hansel e Gretel*[14], la prima volta in cui l'autore illustra un testo altrui e introduce nelle proprie storie opere d'arte celebri. Una fiaba che l'artista ambienta non a caso negli anni cinquanta, gli anni della sua infanzia: una lettura che lo vede schierarsi come sempre dalla parte dei bambini con profonda partecipazione e grande tristezza. I temi trattati nei libri di questo artista sono importanti: l'identità grazie ai giochi di travestimento e metamorfosi, la solitudine e la vulnerabilità dei bambini, i rapporti di forza fra questi e gli adulti, la complessità dei rapporti fra umani e non umani; con immagini dal segno ricercato e volutamente statico per sottolinearne il carattere di denuncia. A documentare un esemplare esperimento scientifico, perché indagare il ruolo che la società affida ai propri bambini è importante per testarne la qualità della vita.

Anthony Browne | Voices in the Park (1998)

Quando penso alla mia carriera di autore illustratore, mi rendo conto che la maggior parte dei miei libri non trattano, come alcuni sembrano credere, di gorilla e scimpanzé: parlano di emozioni e di bambini solitari[15].

Una dichiarazione di poetica, la sua, e insieme una resa, una rivelazione. Nella copertina dell'*Annual Illustrators* di Bologna che celebra il Premio Andersen assegnatogli – primo fra gli inglesi – nel 2000, l'artista si presenta nelle vesti di Willy, lo scimpanzé dal *pull jacquard*, fra i suoi personaggi il più fedele e il più amato dai bambini di tutto il mondo. Willy il sognatore[16],

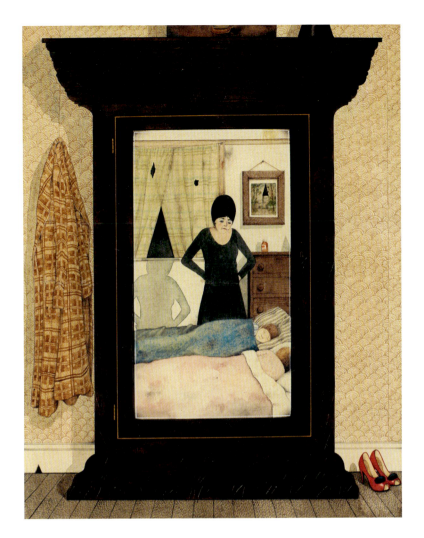

Anthony Browne | Hansel and Gretel (1981)

che vorrebbe essere un esploratore, un celebre scrittore, un affermato pittore per ricevere appunto il Nobel per la Letteratura per ragazzi. Nel 2009 Anthony viene nominato dal governo inglese Children's Laureate e si impegna nella promozione del picturebook che ritiene uno strumento privilegiato per sviluppare la fantasia e la creatività dei bambini, ma anche degli adulti. Grazie ai suoi libri, grandi classici dell'albo illustrato, sarà insignito della Kate Greenaway Medal, del Kurt Maschler Award, del New York Times Best Illustrated Book e del Boston Globe Book Award.

Anthony affida al racconto a due voci, con il figlio Joseph, la storia della sua vita nell'opera pubblicata con il titolo *Play the Shape Game*[17].

Anthony Browne | Annual 2001. Bologna · Illustrators of Children's Books (2001)

Note

[1] Cfr. C. Bruel, *Anthony Browne*, Éditions Être («Boîtazoutils»), Paris 2001, pp. 108-12.

[2] A. Browne, *Bear Hunt*, Penguin Books Ltd, London 1982; *Bear Goes to Town*, Penguin 1982; *A Bear-y Tale*, Penguin 1989. Per l'edizione italiana si veda la serie «Orsetto» in A. Browne, *Orsetto e matita*, E*L*, San Dorligo della Valle (TS) 1999.

[3] Id., *Gorilla*, Julia MacRae Books, London 1983; *Gorilla*, Emme Edizioni, Milano 1983; poi Orecchio Acerbo, Roma 2017; *Anna et le gorille,* Kaléidoscope, Paris 1983; poi Flammarion, Paris 1994.

[4] Cfr. Id., *Histoire d'une œuvre*, pref. de I. Finkestaedt, Kaléidoscope, Paris 2009, p. 14.

[5] *Ibid.*, pp. 15 e 31.

[6] Id., *King Kong*, from the story conceived by M. C. Cooper and E. Wallace, Julia MacRae Books, London 1994; *King Kong*, Kaléidoscope, Paris 1994; *King Kong*, trad. it. di N. Giugliano, Donzelli, Roma 2012.

[7] Cfr. Bruel, *Anthony Browne* cit., pp. 69-72.

[8] A. Browne, *Through the Magic Mirror*, Julia MacRae Books, London 1976; *Lo specchio magico*, Emme Edizioni, Milano 1976.

[9] L. Carroll, *Alice's Adventures in Wonderland*, ill. by A. Browne, Julia MacRae Books, London 1988.

[10] Browne, *Histoire* cit., p. 8.

[11] Id., *Voices in the Park*, Random House, London 1998; *Voci nel parco*, Camelozampa, Monselice (PD) 2017. Si veda anche la prima versione, *A Walk in the Park*, Hamish Hamilton, London 1977.

[12] *Rashomon*, lungometraggio (1950) prodotto dalla Daiei Motion Picture Company, regia di A. Kurosawa, da un racconto di R. Akutagawa, pubblicato la prima volta nel 1915. Tre personaggi si interrogano sullo stupro e l'omicidio della moglie di un bandito che li ha coinvolti come testimoni.

[13] A. Faeti, *Il giardino dei pennelli*, in *Pictures. Illustratori inglesi per bambini*, Giannino Stoppani edizioni, Bologna 1991, p. XIX.

[14] Brüder Grimm, *Hansel and Gretel*, ill. by A. Browne, Julia MacRae Books, London 1981; *Hansel e Gretel*, trad. it. di S. Saorin, Camelozampa («Le piume»), Monselice (PD) 2022.

[15] A. Browne dal discorso pronunciato in occasione dell'Hans Christian Andersen Award ricevuto per l'insieme della sua opera nel settembre 2000 a Cartagena de Indias in Colombia. Si veda Browne, *Histoire* cit., p. 44.

[15] A. Browne, *Willy the Dreamer*, Walker Books, London 1997; *Marcel le rêveur*, Kaléidoscope, Paris 1997.

[16] Id., *Play the Shape Game*, Walker Books, London 2011.

Anthony Browne | Willy and the Cloud (2017)

Lorenzo Mattotti e Antonio Tettamanti | Huckleberry Finn (1978)
dal romanzo di Mark Twain

Huckleberry Finn
e la frontiera del colore

Lorenzo Mattotti

Per Mark Twain *Le Avventure di Huckleberry Finn* sono la storia di Huck, ragazzino orfano che si mette in viaggio in compagnia di Jim, lo schiavo nero. Entrambi in fuga, entrambi emarginati alla ricerca della libertà, attraversano su una zattera il fiume Mississippi per raggiungere Cairo, «la città che si trova al confine oltre il quale un nero torna un essere umano libero»[1]. Per Ernest Hemingway *Le Avventure* sono il libro migliore che l'America abbia avuto: «Tutta la letteratura americana moderna viene da un libro di Mark Twain che si intitola *Huckleberry Finn* […]. Non c'era niente prima e non c'è stato niente del genere dopo». Perché questo è il primo romanzo americano *on the road*, a voler essere esatti *on the river*. Per Lorenzo Mattotti *Huckleberry Finn*[2] è la prima prova professionale, la sua tesi di laurea, il lavoro con il quale si fa conoscere dal grande pubblico e dalla critica. «Lo stesso spirito di libertà e di fuga – confessa – la stessa ricerca di un modo di vivere fuori dalle convenzioni sociali».

A ventitré anni Mattotti, che oggi vive e lavora a Parigi, abbandona gli studi in architettura per il fumetto: ne ha scoperto le infinite possibilità espressive e sente che è il linguaggio con il quale vuole comunicare con gli altri. Così accetta l'invito del suo editore a confrontarsi con un grande classico e chiede aiuto all'amico Tettamanti, sceneggiatore appassionato di letteratura americana. Ne nasce un fumetto in bianco e nero dalla struttura classica, quattro strisce alla maniera di Hugo Pratt; i riferimenti, le atmosfere domestiche e autoironiche del western all'italiana; il segno, già deciso, guarda ai grandi maestri: Sergio Toppi, per esempio.

> Andai in campagna, nella casa dei nonni. La pianura padana e il Po: ecco la mia America e il mio Mississippi, io divenni Huck, ragazzino che giocava ai banditi con

i suoi amici e si stendeva poi stanco a guardare il cielo, godendosi la giornata che finiva tra grilli e fette d'anguria[3].

Sono gli anni settanta, quelli della contestazione giovanile e del movimento bolognese. Bologna, fra le città culturalmente più vivaci del periodo, è il cuore pulsante delle proteste studentesche e, insieme a Roma, il teatro degli scontri del 1977. Per Mattotti, diviso tra Milano e Bologna, la scelta di andare a vivere in campagna, vicino Mantova, segna il rifiuto di tanta violenza.

Ha inizio in quegli anni la collaborazione con «Linus», su invito di Oreste Del Buono, storico direttore della rivista di fumetti colti fondata da Giovanni Gandini nel 1965. È il momento in cui il fumetto si emancipa dalla condizione di linguaggio popolare mentre convivono due tendenze principali: la prima fa riferimento alla satira politica e di costume, la seconda al racconto classico di avventura. In quegli anni Mattotti conosce le tavole di Alack Sinner, di José Muñoz e Carlos Sampayo, e il lavoro di Pratt, Moebius, Altan ma soprattutto di Alberto ed Enrique Breccia, padre e figlio, che lavorano presso l'agenzia milanese Quipos di Marcelo Ravoni. Scopre un fumetto diverso che è pura espressione artistica. Con Fabrizio Ostani, in arte Jerry Kramsky, e Antonio Tettamanti realizza quindi le prime storie pubblicate da piccoli editori indipendenti: avventure metropolitane, crude, emozionali, racconti *on the road* influenzati dall'*underground* americano, vicende di emarginazione e marginalità dall'eco pasoliniana. Alla fine degli anni settanta, Mattotti con *Incidenti*[5] pubblica il suo primo lavoro importante: un racconto realista con elementi fantastici che rappresenta una tappa fondamentale nella sua carriera. La tecnica si avvale di un montaggio delle immagini quasi cinematografico e la storia si svolge in un'Italia post-neorealista e, qualcuno dice, «pre-modaiola», mentre i riferimenti culturali sono la musica di Brian Eno e il cinema di Wenders, in particolare *Alice nella città* e *Nel corso del tempo*, due film cult di quegli anni e per quella generazione.

Nello stesso periodo la rivista newyorkese «Raw» pubblica *Maus* di Art Spiegelman[6]. Mentre a Bologna nel 1983 nasce il gruppo Valvoline[7], un progetto che vede impegnati Igor Tuveri (Igort) e Giorgio Carpinteri, Daniele Brolli e Jerry Kramsky, Marcello Jori e Lorenzo Mattotti. Abbandonati gli stilemi del fumetto seriale, per intenderci quello dei supereroi che rinunciava al rapporto con la realtà, decidono di realizzare *Valvoline Motorcomics*, un inserto pubblicato su «alter alter». Questi cartoonist riconoscono come maestri gli autori italiani e americani, da Sergio Tofano a Lyonel Feininger insieme alle avanguardie artistiche degli anni venti e trenta, e hanno a cuore il rinnovamento estetico e linguistico del fumetto. Dice Mattotti:

> Il fumetto ha una natura povera, un'essenza autoironica anche in storie drammatiche. Il fumetto è futile e in epoca post-moderna è risultato migliore, con un linguaggio più elastico. Ad esempio per me Depero è un buon fumettista con un linguaggio così giocoso, non un pittore. La mia esperienza con Valvoline è finita perché dopo sette mesi di lavoro massacrante ero distrutto e ho avuto voglia di fare qualcosa solo per me, erano gli anni 1982 e 1983[8].

Nel frattempo, sempre a puntate, sulle pagine di «alter alter» Mattotti pubblica *Il signor Spartaco*[9] in cui tocca corde più personali che, in forme più

Lorenzo Mattotti | Incidents (1984)

Lorenzo Mattotti | Feux (1986)

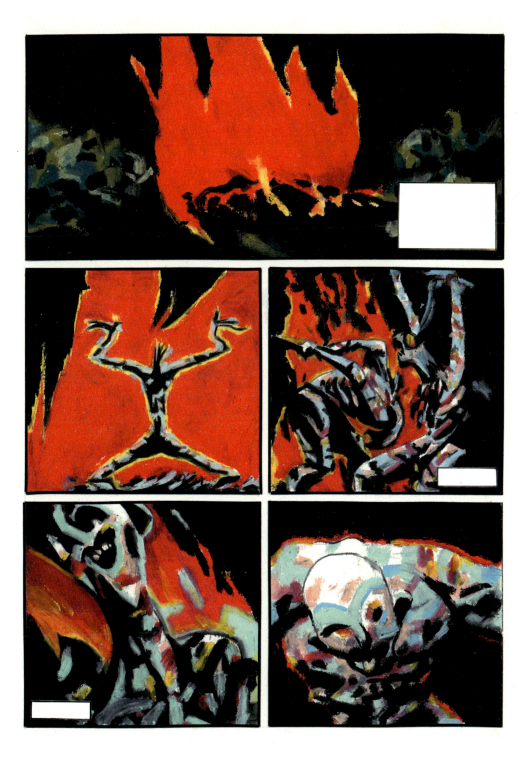

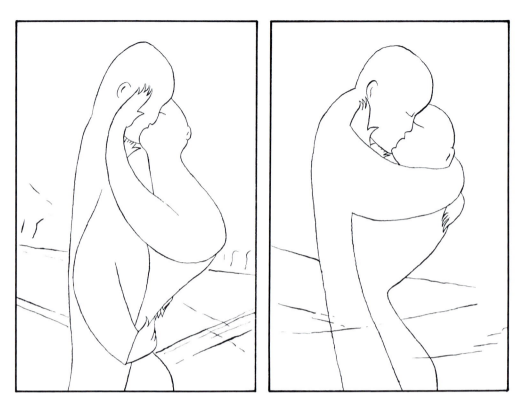

Lilia Ambrosi e Lorenzo Mattotti | *L'uomo alla finestra* (1992)

drammatiche, svilupperà poi nelle opere successive. Ispirato da un racconto breve di Henri Michaux, l'autore non descrive l'azione ma narra in chiave surreale il vissuto interiore del protagonista. La storia piace ai francesi di Les Humanoïdes Associés che lo pubblicano dando il via alla sua carriera internazionale.

A questo punto Mattotti è pronto a fare i conti con la materia del colore, la luce; è pronto a scontrarsi con la dimensione del limite, fisico ed emozionale, proprio del linguaggio del fumetto. Nasce *Fuochi*[10] nel 1984 ed è il suo manifesto artistico, accolto come un evento e pubblicato in molti paesi. Una nave arriva su un'isola misteriosa e il luogotenente Assenzio si lascia catturare dall'ambiente: qui Lorenzo si confronta con l'essenza dell'avventura mentre narra i fantasmi, le fobie, le ossessioni proprie e del protagonista in un viaggio catartico che grazie alla potenza del tratto e del colore si mantiene sulla carta in equilibrio perfetto tra storia, disegno e autore. Da artista rigoroso e attento sperimentatore, si mette alla prova e rivisita Conrad certo, ma una volta di più il cinema e i cineasti grandi miti della sua generazione. Trova il ritmo di Coppola in *Apocalypse Now*, il pathos di Herzog in *Fitzcarraldo* e anche la visionarietà dei film di Tarkovskij.

Dopo *Fuochi*, Mattotti si prende una pausa e per tre anni presta le proprie matite colorate al mondo della moda realizzando per «Vanity» una galleria di figure evocative, narrative e ironiche. Le illustrazioni prendono il posto della fotografia e contribuiscono al rinnovamento del disegno di moda. Mattotti illustratore si confronta con la figura femminile. E dichiara: «Rifiuto l'idea del manichino: nel mio caso è il personaggio che porta avanti il discorso, che indossa e dà vita all'abito»[11].

Ma se in *Fuochi* il cartoonist si libera da ogni confine culturale ed estetico superando barriere sia di genere sia linguistiche per lavorare al limite dell'astrazione, con *L'uomo alla finestra*[12] abbandona il linguaggio del fumetto per il romanzo intimo, alla ricerca di una nuova leggerezza, nel segno e nella struttura narrativa. Un racconto per immagini, oggi diremmo un graphic novel, con il quale la casa editrice Feltrinelli inaugurava una collana alla ricerca di forme espressive originali. La storia è firmata con Lilia Ambrosi, autrice del testo e sua prima moglie. Il segno, vicino alla linea fragile[13] dei taccuini giovanili, ritorna alla purezza del bianco e nero e ne approfondisce la dimensione rarefatta e poetica. Protagonista uno scultore che decide di fare un bilancio della propria vita e si interroga sul rapporto con la donna, per ritrovarla separandosi dal passato.

Neil Gaiman e Lorenzo Mattotti | Hansel e Gretel (2018)

La storia era talmente impalpabile da aver bisogno di un segno leggero, al servizio del testo che invece era sempre sopra le righe perché avesse una sua forza letteraria. Testo e disegno sono complementari e a volte le didascalie coprono i vuoti, come nei film di Truffaut. […] Ogni storia ha la sua forma e io ho sempre cercato di dare il segno giusto a ogni storia; ma questo è già successo, nel fumetto con Muñoz e Alberto Breccia, nel cinema con Antonioni, che è andato molto in là nel rapporto forma e narrazione. Credo che un linguaggio per evolversi debba affrontare questi problemi.

Dopo molti anni e molti libri, in *Hansel e Gretel*[14] – che nasce su invito del «New Yorker»[15] – Mattotti si arma, sempre sul filo dell'astrazione, di un bianco e nero senza sfumature, un nero cupo e profondo come la storia che racconta. Così l'artista ritrova le proprie paure di bambino, come già nell'amato e odiato Pinocchio[16]. Ma i bambini, si sa, amano avere paura, soprattutto amano le storie paurose, amano il mistero.

Impossibile anche solo citare le infinite produzioni, per adulti e ragazzi, di un autore così prolifico ed esuberante, di cui qui si traccia la genesi nel tentativo di svelarne tematiche e poetiche. Centrale nel suo lavoro la dimensione del limite: periferie, paesaggi, isole, territori di confine, reali e fantastici. I suoi strumenti: matite colorate e pastelli a olio, pennino e inchiostro a china. Ma la cifra stilistica più autentica, il filo rosso che tiene insieme la sua opera, è la narrazione, declinata come una scrittura: andando direttamente all'essenza del disegno nel bianco e nero, che è un assolo; con un gioco di sovrapposizioni nel colore che, per Mattotti, è una sinfonia.

Artista colto, dichiara con orgoglio il proprio debito verso i maestri; autore completo, lavora per stratificazioni e accumulo dei tanti riferimenti culturali e artistici[17] e ci conferma che tutta la storia dell'arte è storia di incontri, contaminazioni e avanguardie.

Infine approda definitivamente al cinema[18] – alla sceneggiatura prima, alla regia poi – con *La famosa invasione degli orsi in Sicilia* ispirato all'omonimo romanzo di Buzzati. Presentato al Festival di Cannes nella sezione «Un certain regard», il lungometraggio viene nominato per la 45ª cerimonia dei César nella categoria miglior film d'animazione.

La storia continua ma non si può tacere che la mostra Lucca Comics & Games nel 2021 ha insignito Mattotti del titolo di Gran maestro del fumetto mentre, nello stesso anno, gli Uffizi acquisivano un autoritratto dell'artista e la Philippe Labaune Gallery di Manhattan ospitava la sua prima personale newyorkese, *Stanze Intime*.

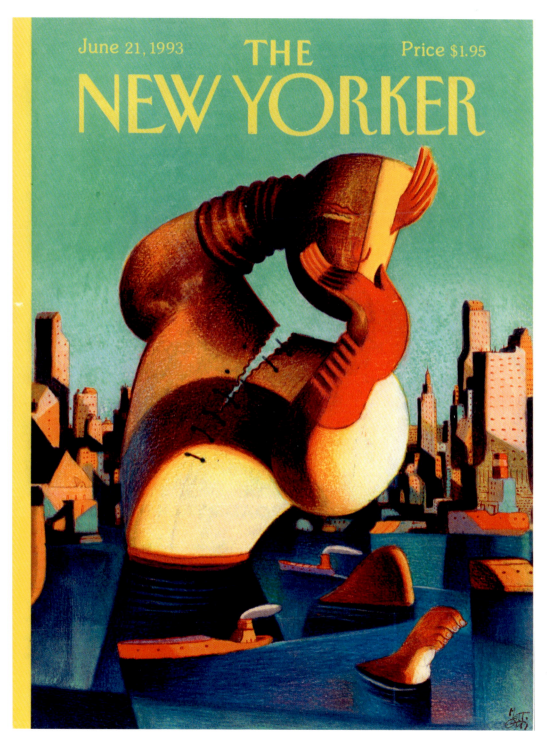

Lorenzo Mattotti | Manhattan Rising (1993)
copertina per «The New Yorker»

Paola Vassalli | Mattotti. Altre forme lo distraevano continuamente (1995)
copertina di Lorenzo Mattotti

Note

[1] I. Scarpati, *Huck*, in *Il diritto di leggere classico*, a cura di Ibby Italia, Giannino Stoppani edizioni, Bologna 2019, pp. 74-5.

[2] L. Mattotti - A. Tettamanti, *Huckleberry Finn* (dall'omonimo romanzo di M. Twain), Ottaviano, Milano 1978. A distanza di anni la casa editrice Orecchio Acerbo ripropone l'opera, a colori e in un nuovo formato, con una postfazione di Mattotti. Si veda *Le Avventure di Huckleberry Finn*, colorazione a cura di C. Puthier, Orecchio Acerbo-Coconino Press (coprod.), Roma 2012.

[3] *Ibid.*, p. 133.

[4] Si veda F. Serra, *Fumetti*, in *Italia oggi. Aspetti della creatività italiana dal 1970 al 1985*, a cura di O. Calabrese, La Casa Usher, Firenze 1985, pp. 151-4.

[5] L. Mattotti, *Incidents*, Artefact, Enghien 1984; *Incidenti*, pref. di J. Muñoz, Hazard Edizioni, Milano 1996.

[6] A. Spiegelman, *Maus. A Survivor's Tale*, Pantheon, New York 1986-89; *Maus. Racconto di un sopravvissuto*, Rizzoli, Milano 1989-92. Il libro in due volumi narra la storia del padre dell'autore, ebreo polacco sopravvissuto alla Shoah.

[7] Si veda *Valvoline Story*, a cura di Brolli, Carpinteri, Igort, Jori, Kramsky, Mattotti, Coconino Press, Bologna-Roma-Parigi 2014; catalogo della mostra *I primi trent'anni dell'avanguardia a fumetti*, Fondazione del Monte (Bologna, 2-30 marzo 2014).

[8] P. Vassalli, *Viaggi di un epicentrico. Conversazione con l'artista* (Bologna 1995), in *Mattotti. Altre forme lo distraevano continuamente*, catalogo della mostra a cura di P. Vassalli al Palazzo delle Esposizioni (Roma, 11 maggio-19 giugno 1995), Arti Grafiche Friulane, Tavagnacco (UD) 1995; *Mattotti. D'autres formes le distrayaient continuellement*, Seuil, Paris 1995. Se non altrimenti indicato, le parole dell'artista sono tratte da questa conversazione.

[9] L. Mattotti, *Le Signor Spartaco*, Les Humanoïdes Associés, Paris 1983; *Il Signor Spartaco. Viaggio di un epicentrico*, Milano Libri, Milano 1985.

[10] Id., *Feux*, Albin Michel, Paris 1986. Il racconto appare per la prima volta a puntate sulla rivista «alter alter», Milano Libri, Milano 1984; poi *Fuochi*, Dolce Vita, Milano 1988.

[11] *Mattotti pour Vanity*, Albin Michel, Paris 1987 (non num.).

[12] L. Ambrosi - L. Mattotti, *L'uomo alla finestra*, Feltrinelli, Milano 1992; poi Logos, Modena 2018; *L'homme à la fenêtre*, Albin Michel, Paris 1992.

[13] Si veda L. Mattotti, *Periferica. Storie ai margini*, Rizzoli («Lizard»), Milano 2021.

[14] N. Gaiman, *Hansel e Gretel*, ill. da L. Mattotti, trad. it. di D. Abeni, Orecchio Acerbo, Roma 2018.

[15] L. Mattotti, *Manhattan Rising*, la prima copertina per il «New Yorker» è del 21 giugno 1993. Si veda L. Mattotti, *Covers for The New Yorker*, a cura di M. Gazzotti, Logos, Modena 2018. Mattotti collabora con diverse testate: «New Yorker», «Vanity Fair», «Cosmopolitan», «Le Monde», «Le Nouvel Observateur», «Das Magazin», «Süddeutsche Zeitung», «Corriere della Sera», «Internazionale» e «la Repubblica».

[16] *Infra*, pp. 177-87.

[17] Cfr. E. Balzaretti, *L'altro Lorenzo Mattotti, tra arte, letteratura e musica*, in «Fumettologica», 10 settembre 2018, https://fumettologica.it/2018/09/lorenzo-mattotti-mostra-pisa/.

[18] Si veda *Cinema Mattotti. Lorenzo Mattotti et le septième art*, a cura di M. Gazzotti, con C. Serrand, Lazy Dog Press, Milano 2021.

Lorenzo Mattotti | La famosa invasione degli orsi in Sicilia (2019) lungometraggio in animazione da Dino Buzzati

Eugène Ionesco | Contes (2009)
illustrato da Etienne Delessert

Ionesco e Yok-Yok, l'omino dal grande cappello

Etienne Delessert

Nei *Contes*[1] di Ionesco, Etienne Delessert si cimenta a illustrare le storie che papà Eugène narrava a sua figlia Marie-France quando la piccola aveva solo tre anni. I quattro racconti senza capo né coda, dall'atmosfera surreale, occheggiano a quel teatro dell'assurdo che ha reso celebre il drammaturgo rumeno. Nei racconti, Ionesco, il cui humour Delessert sente molto vicino al proprio, «interpreta il padre che narra una storia alla sua piccola Josette», una storia dove tutti si chiamano Jacqueline mentre le cose cambiano vorticosamente nome e solo le immagini lo conservano. Delessert illustra tavole sontuose in stile barocco che seguono un ritmo incalzante, alternate a immagini *naïves*. Uno spazio dove prende forma il teatro di Ionesco e fa capolino l'amata pittura fiamminga, nelle vesti della bambina dal cappello rosso appena uscita dal *Banchetto nuziale* di Bruegel il Vecchio.

Delessert ha un profondo rispetto per i bambini e pensa sia necessario proporre loro le migliori storie e le immagini più belle. L'artista mette in scena un libro come farebbe con uno spettacolo teatrale o un film: sceglie i momenti forti e si lascia coinvolgere dalle «inquadrature, piani sequenza, insomma un modo di raccontare la storia che fa venire voglia di girare la pagina alla ricerca di continue sorprese». La sua tecnica – acquarello e pastelli, acrilico e carboncino – cambia a seconda del soggetto: «A volte – dice ancora Etienne – la materia è liscia, altre rugosa, e riflette i miei cambiamenti d'umore. La voce, l'intonazione possono essere diversi nello stesso modo in cui ci si esprime diversamente a seconda dell'interlocutore. Ma dietro le maschere l'uomo non cambia»[2]. E molte sono le maschere che l'artista sceglie per nascondersi, o per meglio dire, svelarsi.

Eugène Ionesco | Contes (2009)
illustrato da Etienne Delessert

Etienne prova a guardare il mondo con gli occhi di Yok-Yok, tra i suoi personaggi di maggior successo. Così l'omino dal cappello rosso compare nei racconti di Ionesco fra i giocattoli di Josette insieme al Sottomarino giallo della canzone dei Beatles, preso in prestito dall'amico Edelmann. Siamo nel terzo dei racconti che, per ragioni editoriali, viene realizzato ben quarant'anni dopo il primo. Pubblicati con grande successo negli Stati Uniti e poi in Europa, i *Contes* rappresentano una chiara denuncia del consumismo e della globalizzazione[3].

Personaggio surreale, Yok-Yok cambia seguendo una logica tutta sua: il cappello rosso – forse una goccia di sangue, un fungo o una fragola – è in realtà una tasca magica nella quale l'artista ripone la tavolozza dei suoi colori. La prima apparizione del bambino dal grande cappello è del 1977. Nato come il protagonista di brevi cartoni animati prodotti e disegnati da Delessert per la televisione svizzera, si trasforma presto in un personaggio di carta con *Le grand livre de Yok-Yok*[4], firmato insieme ad Anne van der Essen. Yok-Yok vive in un guscio di noce e scopre il mondo tra meraviglia e stupore. È

un elfo, uno gnomo che conosce lo splendore della natura, da sempre protagonista nell'opera di Delessert, portatrice di un appassionato messaggio ecologico. Il libro, a cui fanno seguito una serie di albi in piccolo formato, narra le semplici e straordinarie scoperte di Yok-Yok in un mondo fantastico e diviene un formidabile veicolo pedagogico.

Figlio di un pastore protestante, grazie a lui Delessert vive un'infanzia felice. «Per merito suo – confessa – io scrivo libri per bambini: è necessario che alcuni artisti di talento si assumano le proprie responsabilità e raccontino a quanti ci giudicheranno domani i miti del nostro tempo». Al padre probabilmente si deve lo sguardo diretto e penetrante dei suoi personaggi dagli inconfondibili occhi rotondi. Alla madre adottiva, amabile affabulatrice, la sua passione per le storie. Autodidatta e instancabile sperimentatore, l'artista si pone grandi domande e le condivide con il suo pubblico.

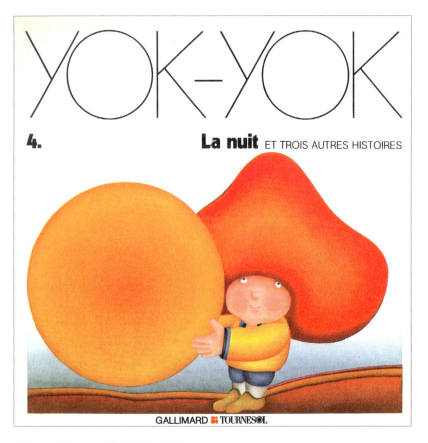

Etienne Delessert | Yok-Yok (2011)

Etienne Delessert | Comment la souris reçoit une pierre sur la tête et découvre le monde (1971)

    I miei genitori mi hanno insegnato che si fa bene solo quello che si ama e questo mi ha aiutato ad abbandonare gli studi classici per l'arte grafica. […] Ogni disegno ancora mi resiste e mi obbliga a inventare soluzioni […] e solo oggi posso permettermi, dopo tanto lavoro, di esprimermi con qualche libertà. […] Perché disegnare? È possibile cambiare qualcosa con le immagini? L'artista non è forse solo un seduttore raffinato e perverso? Devo probabilmente ritenermi felice di avere il tempo e l'humour per pormi questo genere di domande e per poter imbarcare sulla mia mitica nave un pubblico di bambini per i quali ascoltare il canto delle sirene.

Etienne Delessert è fra i massimi innovatori del picturebook già dagli anni sessanta e appartiene a quella avanguardia di artisti impegnati che reinventano il genere del libro per immagini, fino ad allora troppo spesso espressione di una falsa e convenzionale visione della società. A cominciare dal suo libro d'esordio, *Sans fin la fête*[5], una fiaba laica sulla storia biblica dell'Arca di Noè, per seguire con un libro nato da una ricerca nelle scuole di Losanna insieme allo psicologo svizzero Jean Piaget, che vuole indagare come i bambini vedono il mondo. È del 1971 *Come il topo piglia un sasso sulla testa e scopre il mondo*[6]. Il libro, accolto come un evento artistico e pedagogico, ha subito un grande successo. Alla ricerca di risposte coerenti alle grandi domande dei suoi giovani lettori, l'artista descrive un viaggio verso l'ignoto. Protagonista un topo che abita con i genitori una tana troppo piccola dove certo non può giocare. Decide quindi di allargarla e scavare un tunnel. Una frana però lo stordisce e quando apre gli occhi è abbagliato dalla luce del sole. Nasce una conversazione, prima con il sole, poi con la notte, le nuvole, la luna. La storia parla con la forza e l'incisività di un linguaggio essenziale e immediato, dove parole e immagini dialogano in perfetta sintonia. Ancora una maschera, per l'autore, metafora della nascita: il topo viene dal profondo ma il suo sguardo è quello del neonato che apre gli occhi sul mondo; lui custodisce le chiavi del giardino segreto.

All'inizio degli anni ottanta Delessert, dopo essersi diviso fra Losanna, Parigi e New York, si stabilisce definitivamente negli Stati Uniti. Arrivare a Lakeville nel Connecticut, dove vive con sua moglie Rita Marshall, è come immergersi nei paesaggi che abitano i libri di questo cordiale e ironico signore, svizzero di nascita e cittadino del mondo per vocazione.

Sono questi gli anni in cui Etienne e Rita, in veste di editori, pubblicano i grandi classici della fiaba illustrati dai più famosi grafici e disegnatori del mondo. Un progetto non facile ma dai risultati sorprendenti. Partecipano grafici come Ivan Chermayeff, André François, Heinz Edelmann, Seymour Chwast; illustratori come Monique Félix, Georges Lemoine, Stasys Eidrigevičius e Roberto Innocenti; artisti come Roland Topor; persino una fotografa di profonda sensibilità come Sarah Moon. Delessert riserva per sé una celebre fiaba francese nella sua prima versione, quella del Settecento di Madame de Villeneuve. *La Belle et la Bête*[7] è la storia del rifiuto prima, dell'innamoramento poi, di Bella per la Bestia che, come in tutte le fiabe che si rispettino, altri non è che un principe. Si narra del rapporto tra uomo e donna che si trasforma: da King Kong al principe imprigionato nella maschera della Bestia, da Cappuccetto Rosso a La Bella. E mentre Bella avrà le sembianze rinascimentali di *La primavera* in Botticelli, nella Bestia l'artista nasconde il proprio volto. Un'interpretazione poetica, la sua, e fortemente simbolica.

La collana è una raccolta di venti fiabe classiche, un campionario dei possibili modi di illustrare una fiaba. Concepito da Rita Marshall, il progetto nasce nel 1982 e segna l'esordio della Creative Company nella fiction. Per Rita è la prima collaborazione con la casa editrice americana[8], per la quale ancora oggi cura la direzione artistica.

Nel 1990 Delessert racconta una storia iniziatica, sospesa nel tempo: *Ashes, Ashes*[9]. Protagonista uno strano personaggio, metà uomo, metà coniglio. Al tramonto, sulle acque calme di un lago, procede con la sua canoa per raggiungere l'altra riva dove lo aspetta una giovane donna con un bouquet di

Madame de Villeneuve | La Belle et La Bête (1984)
illustrato da Etienne Delessert

fiori secchi. Porta con sé il suo violino e le cose più care. Incontra tre personaggi: predicatori, profeti o ciarlatani, che lo trasformano in animale promettendo di restituirgli l'identità solo quando avrà trovato la verità e scritto la sua canzone. Una storia autobiografica che narra del viaggio alla ricerca del proprio posto nel mondo. Come già Sendak con il suo *Hector Protector*[10], Delessert visita la tradizione della filastrocca, della nenia di antica memoria e canta una «canzone lunga, lunga, lunga» mentre «se ne va lontano, lontano, lontano». La storia ospita due dei suoi personaggi chiave, il profeta e il ciarlatano, ritratti immaginari che nella sua pittura sono tratteggiati in un materico bianco e nero e in un perfetto stile *Art Brut*, assai amato dall'artista[11].

Delessert ha illustrato più di ottanta libri per ragazzi e i suoi editori hanno fatto tutti la storia dell'editoria per l'infanzia degli ultimi sessant'anni: da Harlin Quist e Ruy-Vidal degli esordi, alla Gallimard di Christian Gallimard, Pierre Marchand e Jean-Olivier Héron, che lo pubblicano in Francia, per finire con l'americana The Creative Company.

Riceve numerosi riconoscimenti internazionali: dal Premio Grafico a Bologna (1976 e 1989) al 2010, quando è finalista per l'Hans Christian Andersen. Nel 1975 il Musée des Arts Décoratifs del Louvre gli rende omaggio con un'importante personale. Mentre la grande mostra promossa nel 1991 dal Palazzo delle Esposizioni di Roma viaggia poi in Svizzera, Francia, Canada e negli Stati Uniti prima di approdare alla Library of Congress di Washington. Più recentemente un'ampia retrospettiva è presentata all'Eric Carl Museum ad Amherst. Nel 2020 il Tsinghua Art Museum propone a Pechino una mostra dell'artista insieme alla vasta collezione dei migliori illustratori di libri per ragazzi creata da Delessert in Svizzera già nel 2017 per la Maîtres de l'Imaginaire Foundation.

È del 2015 l'autobiografia *L'Ours bleu. Mémoires d'un créateur d'images*[12] nella quale Delessert «dipinge un quadro informato e senza concessioni dell'editoria per l'albo e il libro illustrato, in Francia come negli Stati Uniti […] e denuncia una profonda incultura visiva in un'epoca come la nostra sia pur satura di immagini»[13]. Nel 2023 gli viene assegnato dal governo svizzero il Grand Prix de Design, ricevuto in passato da Godard e Robert Frank, fra gli altri.

Grande comunicatore di idee, Delessert disegna per prestigiose riviste e giornali quali «The Atlantic Monthly», «Le Monde» e «The New York Times», occupandosi di satira, costume e politica americana. Incredibilmente abile nel padroneggiare tecniche e stili diversi[14] – dalla leggerezza dei suoi lavori per ragazzi alla ruvidezza della sua opera pittorica –, Delessert sa concentrare in ogni suo disegno molte informazioni, «tenendo insieme – lui dice – in una sola immagine, il suo presente, il suo passato e il suo futuro». Per lasciar cadere la maschera e svelarne luci e ombre.

Del resto, «sono numerosi e molto variati i Delessert, questo lo sanno tutti».

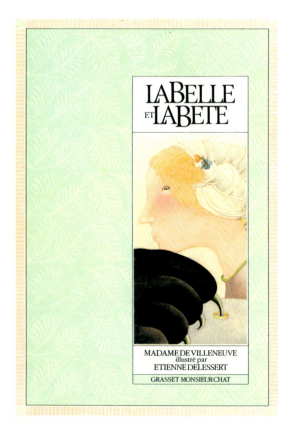

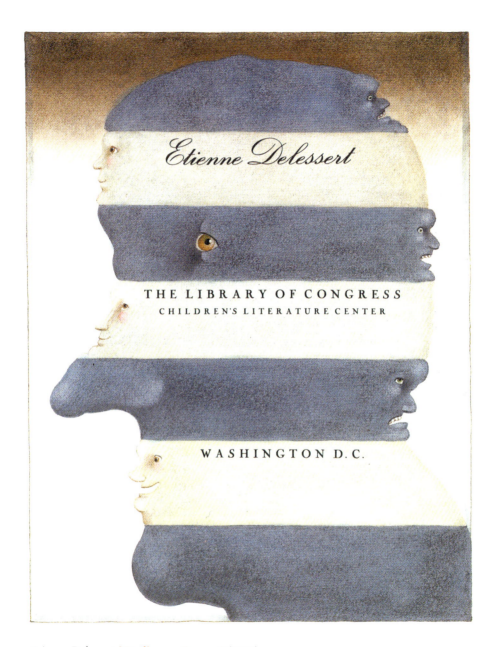

Etienne Delessert | Realism or Fantasy? (1994)
brochure per il Centro di letteratura per l'infanzia nella Library of Congress, Washington D.C.

Note

[1] E. Ionesco - E. Delessert, *Contes 1-2-3-4*, Gallimard («Jeunesse»), Paris 2009.

[2] P. Vassalli, *Per ascoltare il canto delle Sirene*, in *Etienne Delessert*, catalogo della mostra al Palazzo delle Esposizioni (Roma, 6 dicembre 1991-13 gennaio 1992), Carte Segrete, Roma 1992, pp. 9-13. Se non altrimenti indicato, le parole dell'artista sono tratte da questo libro-incontro.

[3] I *Contes* «1» e «2» sono del 1968 e 1970, mentre il «3» e il «4» sono pubblicati da Gallimard, su proposta dell'artista, nel 2009 e chiudono con coerenza il lavoro iniziato negli anni sessanta.

[4] A. van der Essen - E. Delessert, *Le grand livre de Yok-Yok*, Gallimard-Tournesol, Paris-Lausanne 1981 (coprod.).

[5] E. Delessert, *The Endless Party*, Harlin Quist, New York 1967; *Sans fin la fête*, Gallimard, Paris 1986.

[6] Id., *Comment la souris reçoit une pierre sur la tête et découvre le monde*, préf. de J. Piaget, l'école des loisirs, Paris 1971; poi Gallimard («L'heure des Histoires»), Paris 2011; *How the mouse was hit on the head by a stone and so discovered the world*, Good Book-Doubleday, New York 1971; *Come il topo piglia un sasso sulla testa e scopre il mondo*, EL, San Dorligo della Valle (TS) 1976.

[7] Madame de Villeneuve, *La Belle et la Bête*, ill. de E. Delessert, Grasset «Monsieur Chat», Paris 1984; *Beauty and the Beast*, The Creative Company, Mankato (MN) 1984 (coprod.).

[8] Si veda E. Delessert, *Présentation*, in R. Marshall, *Dompteuse de lions. Ou le portrait de la Creative Education* (divisione della Creative Company, Usa), catalogo della mostra a l'École supérieure Estienne des Arts et Industries graphiques (Paris, 3 novembre-2 décembre), École Estienne, Paris 2016. La Creative Education, fondata nel 1932 da George Peterson padre di Tom, che ne assume la direzione a soli ventiquattro anni, è negli Stati Uniti una delle ultime case editrici indipendenti, meglio familiari.

[9] E. Delessert, *Ashes, Ashes*, Farrar, Straus & Giroux, New York 1990; *La Corne de Brume*, Gallimard, Paris 1990.

[10] M. Sendak, *Hector Protector and As I Went Over the Water. Two Nursery Rhymes with Pictures*, Harper & Row, New York 1965; *Baldo Ribaldo*, Emme Edizioni, Milano 1969.

[11] Si veda Vassalli - Rauch, *Etienne Delessert* cit., pp. 25, 27 e 111.

[12] E. Delessert, *L'Ours bleu. Mémoires d'un créateur d'images*, Éditions Slatkine, Genève 2015.

[13] Si veda C. Boulaire, *Etienne Delessert*, in *Album '50. Histoire et esthétique de l'album pour enfants en France depuis les annés 1950*, in «Hypothèses», 19 janvier 2016, https://album50.hypotheses.org/1013.

[14] Si veda *Dans les coulisses de l'album. 50 ans d'illustrations pour la jeunesse (1965-2015)*, catalogo dell'omonima mostra itinerante, a cura di J. Kotwica, Centre de recherche et d'information sur la littérature pour la Jeunesse (Crilj), Orléans 2015, p. 71.

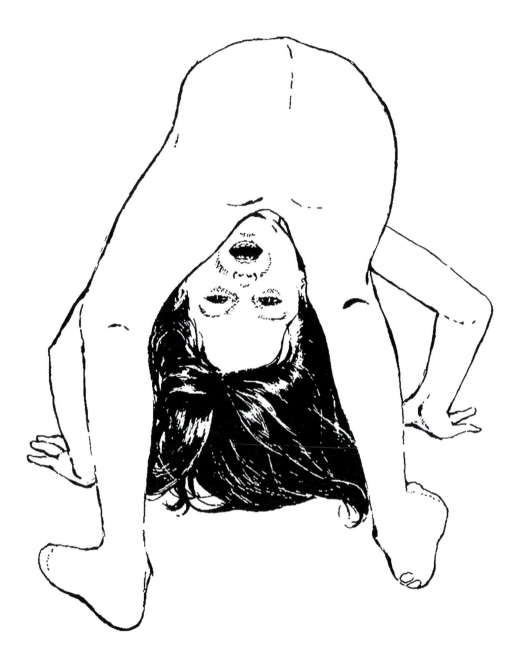

Christian Bruel | Histoire de Julie qui avait une ombre de garçon (1976)
illustrato da Anne Bozellec

Julie, l'ombra
e le grandi domande

Anne Bozellec
Christian Bruel
Wolf Erlbruch

Julie non è come tutti gli altri. Julie è disordinata, non è dolce, non ama il pettine ma le piacciono gli specchi. Lei si trova bella e vorrebbe essere abbracciata così com'è. Ai genitori però Julie così non piace: loro vorrebbero cambiarla, vorrebbero educarla. Julie non li ascolta più, lei lo sa, non è un «maschio mancato».

«Finché una mattina… mamma, mamma, guarda! Ho un'ombra da bambino». L'ombra, che si ritrova incollata ai piedi, le fa il verso quando fa cose da maschio e si beffa di lei quando fa cose da femmina. Ora Julie non sa più a chi somiglia. Persino lo specchio non la riconosce; Julie sa solo che per essere amata dovrebbe essere un'altra. Lei vuole liberarsi dell'ombra, vuole fare buio: sparire, scavare una buca e sotterrarsi, finire in una tana per topi. Così esce da casa e porta pala e stivali nel parco; mentre scava incontra un ragazzino in lacrime: «Quando sono triste, vengo qui per piangere senza nessuno che mi prenda in giro. Tutti dicono che piango come le femmine». Il parco è attraversato da figurine che sembrano fantasmi, forse sono i genitori di Julie che la cercano insieme al guardiano.

«Sai, tutti dicono che io sono un maschio mancato. La gente dice che le femmine devono comportarsi da femmine, e i maschi da maschi […] È come se ognuno dovesse stare nel suo vaso, come i cetriolini». I due amici si addormentano l'una nelle braccia dell'altro e quando si svegliano, al mattino, possono finalmente tornare a casa. Diranno che si sono persi e poi ritrovati. Ora lei è Julie, ora lo sa.

Histoire de Julie qui avait une ombre de garçon[1] tocca corde profonde quando mostra la distanza fra la bella realtà di Julie, bambina di otto anni con la sua libertà e i suoi tanti mondi, e l'immagine falsa e rassicurante che genitori

Christian Bruel | Histoire de Julie qui avait une ombre de garçon (1976)
illustrato da Anne Bozellec

accecati da regole e convenzioni, vorrebbero cucirle addosso. Solo nell'incontro con il bambino del parco Julie potrà riconoscersi e liberarsi da quell'ombra umiliante: lei non è un maschiaccio, non è un maschio mancato.

 Il libro, con un testo che porta la firma di Christian Bruel e le immagini di Anne Bozellec, viene riproposto ancora oggi a quarant'anni dalla prima uscita e sembra più che mai attuale. Il segno ricorda certo quei favolosi anni settanta, con un bianco e nero dallo stile classico, una linea chiara con tracce di rosso vivo: i pattini ai piedi della bambina mentre legge un libro, i calzini, il cerotto sul ginocchio. Macchie di rosso per dare voce alle emozioni di Julie, alle sue passioni, all'energia che anima i suoi giochi d'infanzia, alla sua vitalità che fa paura agli adulti. Uno dei primi albi per giovani lettori che propone in modo poetico il tema dell'identità sessuale, *Histoire de Julie* è ritornato sugli scaffali, in Francia e in Italia, a metà del primo decennio di questo secolo e ci fa riflettere su quanto pesavano allora e quanto pesano ancora oggi gli stereotipi

sull'educazione di bambine e bambini[2]. Di grande attualità in un'epoca in cui si discute con toni a volte surreali di fluidità di genere e «teoria del gender», mentre dilaga in rete come nei libri di testo un'immagine d'infanzia stereotipata, per le bambine in particolare che ne sono da subito le prime vittime.

Histoire de Julie è anche il primo titolo di Le Sourire qui mord (1975-1996), casa editrice parigina alla quale segue Éditions Être (1997-2012), entrambe fondate e dirette da Bruel. Personalità poliedrica dell'editoria francese per ragazzi – studia psicologia, sociologia e linguistica –, Bruel è editore, scrittore, creatore di albi illustrati innovativi, curatore di mostre, autore di saggi. Dà vita a Le Sourire qui mord sull'onda del suo impegno nei movimenti militanti degli anni post-Sessantotto – la scuola, il femminismo, l'antipsichiatria – con l'obiettivo di condividere avventure letterarie, grafiche, ideali con i giovani lettori, in un ambiente culturale che aveva come fine ultimo l'incontro e lo scambio tra le persone[3].

Christian Bruel | Nicole Claveloux & Compagnie (1995)
visivo di Bernard Bonhomme

Quello che conta per un buon albo illustrato è che sia prima di tutto letteratura anche in assenza del testo, come nei libri senza parole. Per il resto, è bene che ci siano tanti libri quanti modi di stare al mondo. E ancora è necessario che la materia di questi libri chieda di essere interpretata. [...] Determinante è stato per me l'incontro con titoli come *Max et les Maximonstres*[4] di Maurice Sendak o *Rose Bombonne*[5] di Adela Turin e Nella Bosnia pubblicato nel 1975 dalle éditions des Femmes[6].

Originale il suo sguardo di curatore, a partire dal catalogo *Nicole Claveloux & Compagnie*[7] dedicato all'artista francese, fra le illustratrici più amate da questa piccola casa editrice che molto si è spesa nel nome della sperimentazione e dell'innovazione. Un libro prezioso che fa scorrere su un doppio binario, saggistico e iconografico, la *mise en page* dell'opera di Nicole. Un libro così inusuale da meritare lo Special Prize for Oustanding Originality a Bologna nel 1996, assegnato con la seguente motivazione: «I libri per bambini non sono solo per bambini, come dimostra questo catalogo che offre nuovi stimoli per approcci diversi all'opera dell'artista»[8]. Un lavoro innovativo, quello da editore di Bruel, che smonta gli stereotipi e punta all'ibridazione dei generi mentre si rivolge a piccoli e grandi lettori, indipendentemente dall'età anagrafica[9].

Ideatore di albi che aprono piste come *La mémoire des Scorpions: photoroman*[10] che nel 1992 riceve quello che allora era chiamato Premio Grafico Fiera di Bologna per la Gioventù. E di albi che pongono grandi domande come *La grande question*[11] di Wolf Erlbruch che vince lo stesso premio nel 2004 mentre nel 2006 l'autore riceve l'Andersen Award. Un libro necessario che risponde a una delle grandi domande che i bambini si pongono: «perché io sono al mondo?». La domanda filosofica per eccellenza che interroga il senso della vita e allude a quel territorio di confine: il senso del limite fra il qui e l'altrove, il superamento della soglia fra realtà e sogno. Lì dove l'infanzia abita le pagine di un libro che conosce e non teme la dimensione del vuoto perché sa che quello che conta sono le passioni e gli affetti che danno senso e colore alla vita di ciascuno. Tante le risposte come tanti i personaggi che il bambino incontra. «Sei al mondo per festeggiare il tuo compleanno» risponde il fratello, «per abbracciare le nuvole» dichiara il pilota, «per amare la vita» garantisce la morte. «Non ne ho assolutamente alcuna idea» confessa l'anatra. Un libro per suggerire una risposta aperta e accompagnare il bambino fino all'età adulta.

Ironici, moderni, raffinati, i libri di quest'artista tedesco sono tesori inestimabili; con i suoi collage dalle tinte morbide, l'autore cita stili desueti o si avventura in eccentriche sperimentazioni per raggiungere lettori di tutte le età.

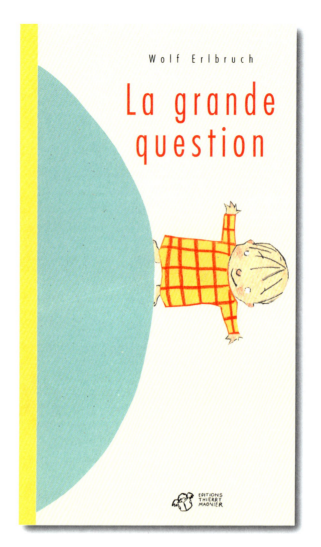

Wolf Erlbruch | La grande question (2003)

Nessun bambino è ignorante – scrive Erlbruch –. Questo è solo ciò che piace pensare agli adulti, per poter avere un vantaggio su di loro, mentre è esattamente il contrario: gli adulti vivono con una tale quantità di limitazioni da non riuscire semplicemente a scandagliare la profondità intellettuale dei bambini[12].

Ci sono libri per bambini divenuti capolavori assoluti della letteratura contemporanea come i libri nati in questa piccola casa editrice che chiude definitivamente i battenti nel 2012 mentre Bruel continua a occuparsi dei libri per giovani lettori che hanno fatto la storia, senza dimenticare che l'anagramma di *Le Sourire qui mord* è… *Le risque ou dormir*.

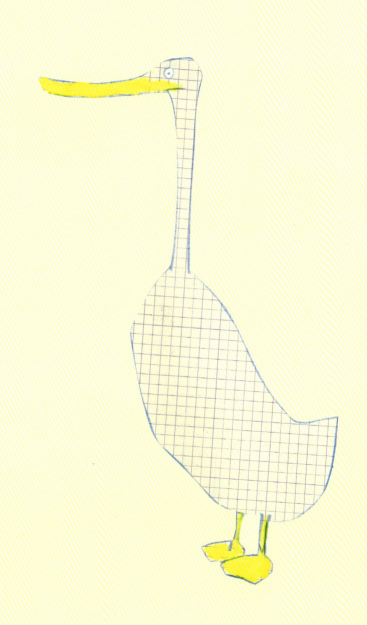

Wolf Erlbruch | La grande question (2003)

Note

[1] *Histoire de Julie qui avait une ombre de garçon* nasce nel 1975 da un'idea di C. Bruel e A. Bozellec con la collaborazione di A. Galland. È pubblicato da Le Sourire qui mord nel 1976 e da Éditions Être nel 2009, poi da Thierry Magnier nel 2014. In Italia esce con la traduzione *Chiara, la bambina che aveva un'ombra-ragazzo*, Edizioni dalla parte delle bambine, Milano 1978; poi *Storia di Giulia che aveva un'ombra da bambino*, trad. it. di M. C. Rioli, Settenove, Cagli (PU) 2015.

[2] Si veda E. Gianini Belotti, *Dalla parte delle bambine*, Feltrinelli, Milano 1973 (XXXI ed. settembre 2013). Cfr. L. Lipperini, *Ancora dalla parte delle bambine*, Feltrinelli, Milano 2018.

[3] Cfr. *Entretien avec Christian Bruel*, in «Ricochet», 18 maggio 2010, www.ricochet-jeunes.org/articles/soutien-financier-direct-aux-editions-etre.

[4] M. Sendak, *Max et les Maximonstres*, trad. fr. de B. Noël, les éditions Delpire, Paris 1967; poi l'école des loisirs, Paris 1973; ed. or. *Where the Wild Things Are*, Harper & Row, New York 1963.

[5] A. Turin - N. Bosnia, *Rose Bombonne*, éditions des Femmes, Paris 1975; *Rosaconfetto*, Edizioni dalla parte delle bambine, Milano 1975.

[6] C. Bruel in *Entretien* cit.

[7] C. Bruel - B. Bonhomme, *Nicole Claveloux & Compagnie*, Le Sourire qui mord, Paris 1995. Catalogo della mostra itinerante alla Maison du Livre, de l'Image et du Son (Villeurbanne, 24 octobre-18 novembre 1995); poi al Salon du Livre de Jeunesse de Montreuil (29 octobre-4 décembre 1995); e nella biblioteca municipale Elsa Triolet (Bobigny, 8 décembre 1995-6 février 1996).

[8] *Bologna Ragazzi Award. Quarant'anni di premi della Fiera del libro per Ragazzi in Biblioteca Sala Borsa*, a cura di E. Massi e V. Patregnani, Clueb, Bologna 2007, p. 157.

[9] Si veda S. L. Beckett, *Crossover picturebook*, in *Cinquant'anni di libri per ragazzi da tutto il mondo*, a cura di G. Grilli, Bologna University Press, Bologna 2013, p. 102.

[10] C. Bruel - X. Lambours, *La mémoire des Scorpions: photo-roman*, Gallimard, Paris 1991.

[11] W. Erlbruch, *La grande question*, Éditions Être, Paris 2003; *La grande domanda*, trad. it. di G. Nucci, e/o, Roma 2004.

[12] Id., nell'introduzione di J. Garrett in *Annual 2007. Bologna Illustrators Exhibition of Children's Books* cit., pp. 4-11.

Altan | Pimpa e la luna (1975)
«Corriere dei Piccoli»

Kika e Kamillo Kromo, ovvero l'arte di mimetizzarsi

Altan

Le storie di Kika[1] abitano piccoli libri per mani piccole e sono affollate da coccinelle, farfalle, ippopotami che ogni giorno affrontano avventure scandite da un tempo con regole proprie. Mentre le storie di Kamillo Kromo[2] sono abitate da una famiglia di camaleonti costretti a imparare la difficile arte di cambiare colore e mimetizzarsi nella natura, per sfuggire ai terribili uccellacci predatori che ne farebbero volentieri un sol boccone. Kika e Kamillo sono amici della Pimpa[3], la cagnolina a pois rossi, dai tratti morbidi e rassicuranti, che il Signor Armando, «un papà straordinario che non spiega mai ma c'è sempre»[4], trova dietro un cespuglio e porta a casa con sé. Pimpa nasce nel 1975 sulle pagine del «Corriere dei Piccoli» dalla penna arguta di un autore tanto schivo quanto colto e brillante, Francesco Tullio-Altan, creata per sua figlia Francesca, detta Kika, che all'epoca aveva quasi due anni.

Fumettista, vignettista e autore satirico, Altan deve aver imparato dagli amici camaleonti a mimetizzarsi e insieme a colorare il mondo: chi sia il vero Altan, infatti, è decisamente un mistero perché la sua voce e il suo segno cambiano continuamente, mentre si divide con successo tra satira politica e sociale, feuilleton e fumetto, illustrazione e storie dedicate ai più piccoli.

Altan | Kamillo Kromo (1978)

Altan si forma a Bologna, città in cui si trasferisce con la madre a otto anni, dopo la separazione dei genitori. Il padre, Carlo Tullio-Altan, docente a Trieste, è uno dei massimi esperti di antropologia culturale in Italia. A Bologna, Francesco – per gli amici Checco – respira il clima di quegli anni, le lotte operaie, le grandi manifestazioni che partono proprio lì, sotto il balcone della sua casa a due passi dalla stazione. Più tardi è a Venezia dove frequenta la facoltà di Architettura senza però laurearsi. A metà degli anni sessanta a Roma lavora per il cinema e la televisione come scenografo e sceneggiatore, mentre su «Playmen» sono pubblicate le sue prime storie. Del cinema farà suo «un certo lavoro sulla sceneggiatura, sui tagli, sulle inquadrature. Mentre nei fumetti – confessa a Vincenzo Mollica – quei "commenti ai piedi della striscia" sono un modo per non prendermi troppo sul serio e servono a sostituire il suono che nel fumetto non c'è e invece è fondamentale per il cinema»[5].

Ed è il cinema a portarlo una prima volta nel 1967 in Brasile, a Rio de Janeiro, dove, dopo una parentesi romana, si stabilisce per cinque anni nel 1970 e pubblica il suo primo fumetto, una serie per bambini sul quotidiano locale «Jornal do Brasil». Dal Brasile grazie alla Quipos, l'agenzia letteraria dell'argentino Marcelo Ravoni, pubblica le prime strisce a fumetti su «Linus» dando vita a *Trino*[6], «un dio pasticcione, casuale, improvvisatore, tristemente intento alla malriuscita creazione del mondo»[7] e pubblica le prime vignette di attualità su «L'Espresso». A Rio incontra Mara, che diventa sua moglie e la sua più grande collaboratrice; sempre a Rio nasce Francesca. Con loro torna in Italia e dopo alcune peripezie si stabilisce definitivamente ad Aquileia.

Il 1976 è l'anno d'esordio del metalmeccanico Cipputi[8], per tutti gli italiani sinonimo della classe operaia; con lui arriveranno i personaggi delle vignette pubblicate su varie testate fino al definitivo approdo su «L'Espresso» e «la Repubblica» che nel 2001 gli varranno il pre-

Altan | Cipputi (1983)
«la Repubblica»

stigioso Premio «È giornalismo». I suoi personaggi sono semplici, «dicono quel che pensano e che di solito non si dovrebbe dire» ma Altan non giudica, non denuncia, e quei pensieri, fulminanti come una rivelazione, diventano nel corso degli anni per il lettore, e in particolare per il lettore di sinistra, una colonna sonora, una voce di sottofondo che invita a vigilare mentre tiene compagnia e permette di riconoscersi e sentirsi meno soli. Così funzionano i suoi commenti alle strisce in forma di didascalia che sono anche la sua cifra stilistica più autentica, la sua vera voce, divergente e rivelatrice come quella di un papà che non vuole educare ma certo c'è sempre.

Gli chiedono se i personaggi delle sue vignette «esprimono

Altan | L'ultima parola (1981)
«Panorama»

un lapsus, qualcosa che sfugge, che viene dall'inconscio». E Altan paziente chiarisce: «Almeno uno dei due sì, quello che risponde. Il primo invece segue la regola, quello che si dice in quel momento, di politicamente corretto. E l'altro lo corregge suggerendogli un modo nuovo di vedere le cose»[9].

> «L'italiano è un popolo straordinario. Mi piacerebbe tanto che fosse un popolo normale». Era stato mio padre a suggerirmela [...] Mio padre era tecnicamente incapace di leggere i fumetti, non riusciva a spostare l'occhio dal fumetto alla figura. E da bambino me ne aveva proibito la lettura durante l'anno scolastico: allora era considerato un genere diseducativo. Però alla fine siamo arrivati a parlare delle stesse cose: i suoi studi sugli italiani – sul familismo amorale, sulla mancanza di senso dello Stato, sull'individualismo sfrenato – mi hanno aiutato molto nel mio lavoro. E dunque direi che dopo un lungo viaggio ci siamo ritrovati: è finita abbastanza bene[10].

A proposito dei suoi racconti a fumetti, sempre su «Linus» e sempre nel 1975, compaiono i primi episodi di *Casanova*, seguiti da *Colombo* (1976) e *Franz* (1980), personaggi con i quali l'autore sarà impietoso, svelandone una

Gianni Rodari | La torta in cielo (1993) illustrato da Altan

natura tutt'altro che edificante. E ancora fra le storie avventurose da non perdere *Sandokan*, *Ada*, *Macao*, e fra le più contemporanee *Friz Melone*. Ma che si tratti di vignette, fumetti, illustrazioni – si vedano le figure per Gogol'[11] e Swift[12] – sempre la punta della matita scava come uno stiletto e svela quanto di riprovevole, disdicevole, disumano si cela dietro la maschera. E il colore si affastella nella folla dei personaggi che rivelano un'umanità degradata, alla deriva. Solo nei libri per bambini la ferocia si trasforma in dolcezza, la linea si distende, i colori quasi solo primari diventano tersi, lo spazio e il tempo si dilatano, tutto si quieta e diventa lieve e giocoso.

Così, agli albori degli anni novanta, quando Orietta Fatucci decide di ripubblicare i libri di Rodari in una nuova testata, Edizioni EL[13], sceglie Altan per le figure, poiché «come Rodari, è artista acuto, pungente, quasi di denuncia, ma, come Rodari, anche molto delicato e grande poeta»[14].

Dunque esiste un Altan anche per i più piccoli, un Altan che si cimenta con la parola poetica di Roberto Piumini[15], un Altan dove il segno si distende accentuando la linea tondeggiante, mentre il colore pur continuando a brillare si rasserena; un territorio dove l'autore custodisce l'ottimismo e le speranze per un mondo migliore. Ma c'è un solo Altan totalmente altro ed è l'Altan del poemetto per bambini *Emilio*[16] di Antonio Porta, con un segno che abbandona la linea e nel colore diventa tenue. Il poeta lo dedica al «bambino nuovo» di Rousseau; Altan accetta la sfida e sa essere diverso perché può restare sé stesso. Dice di lui Antonio Porta:

> Sapevo che avrebbe disegnato e usato il colore in modo nuovo, soffice e allegro. Credo che per *Emilio* Altan sia passato attraverso il muro, sia andato in un possibile al di là terrestre e terragno, celeste e visionario, mostrando in positivo la sua visione della vita. Del resto Emilio vuole anche questo: cogliere il momento sublime in cui si comincia a respirare. La felicità sta al di qua, è già dentro di noi e sta a noi non lasciarla fuggire subito via[17].

E Altan finalmente confessa: «Nei fumetti e nelle vignette racconto il mondo com'è, nelle storie per bambini come dovrebbe essere. Io appartengo al mondo reale»[18].

Roberto Piumini e Altan | Mi leggi un'altra storia? (1998)

Antonio Porta | Emilio (1982)
illustrato da Altan

Note

[1] Altan, *Il primo libro di Kika*, Editoriale Libraria, Trieste 1978; poi *Il primo libro di Kika. Un classico da 45 anni*, EL, Trieste 2021.

[2] Id., *Kamillo Kromo*, Editoriale Libraria, Trieste 1978; negli anni ottanta viene pubblicato su «L'illustrazione dei piccoli», poi EL, Trieste 1998.

[3] La Pimpa appare sul «Corriere dei Piccoli» il 13 luglio 1975, dal numero 28 del giornale fino alla sua chiusura e dal 1987 sull'omonimo mensile pubblicato da Franco Cosimo Panini. Dal 1982 diventa un cartone animato realizzato da Altan con O. Cavandoli e trasmesso in molti paesi.

[4] S. Fiori - Altan, *La vita è una vignetta, il resto sono chiacchiere*, in «Robinson – la Repubblica», 12 ottobre 2019.

[5] *Altan*, a cura di V. Mollica, Editori del Grifo, Montepulciano (SI) 1984, p. 12.

[6] Altan, *Trino*, Gallucci, Roma 2023 per i cinquant'anni dal debutto su «Linus» nel 1973.

[7] L. Tornabuoni, cit. in L. Raffaelli, *L'arte di Altan*, in «la Repubblica», Roma 2003.

[8] Altan, *Animo, Cipputi*, pref. di L. Tornabuoni, Bompiani, Milano 1977.

[9] L. Raffaelli, *All'Arf! Un workshop tra parole e disegni*, in *Altan. Pimpa, Cipputi e altri pensatori*, catalogo della mostra a cura di A. Palopoli e L. Raffaelli al MAXXI (Roma, 23 ottobre 2019-12 gennaio 2020), Franco Cosimo Panini, Modena 2019, p. 160.

[10] Fiori - Altan, *La vita è una vignetta* cit.

[11] N. Gogol', *Il naso*, Emme Edizioni, Torino 1990.

[12] J. Swift, *Istruzioni alla servitù*, Nuages, Milano 1991.

[13] Nel 1991 la casa editrice Einaudi entra in società con le Edizioni EL (Editoriale Libraria) di Trieste (fondate nel 1849) e porta le sue due testate per i più piccoli, Einaudi Ragazzi ed Emme Edizioni. Nascono così le Edizioni EL, Einaudi Ragazzi e Emme Edizioni.

[14] O. Fatucci in *Rodari a colori. Tavole, disegni, figure*, a cura di G. Gotti, Mondadori («Meridiani»), Milano 2020, p. 19.

[15] R. Piumini - F. Altan, *Mi leggi un'altra storia?*, EL, Trieste 1998.

[16] A. Porta, *Emilio*, ill. da Altan Emme Edizioni, Milano 1982; poi *Emilio. Poemetto per fanciulli*, Nuages, Milano 2002.

[17] Id., in *Francesco Tullio-Altan, disegnatore. Il rovescio del consueto*, in «Cooperazione Educativa», giugno 1984, 6. Si veda T. Roversi in P. Foschi, *I bambini di Altan, Altan per i bambini*, comune di Bologna, ufficio cultura di quartiere S. Vitale e circolo Giannino Stoppani, aprile 1985, p. 18.

[18] Fiori - Altan, *La vita è una vignetta* cit.

Winsor McCay | Little Nemo in Slumberland (1905)
«New York Herald»

Little Nemo, Little Lou e la musica dei grandi

Winsor McCay
Jean Claverie

Little Nemo, il capolavoro di Winsor McCay, vede la luce il 15 ottobre 1905 con il titolo *Little Nemo in Slumberland*[1] sul domenicale del «New York Herald», dove uscirà regolarmente fino al 1911 e riprenderà poi con «Herald Tribune» dal 1924 al 1927. La striscia mantiene sempre lo stesso ritmo, mentre cambiano le avventure del protagonista, un bambino dell'età di cinque anni – come l'anno del secolo appena iniziato, millenovecentocinque – cresciuto in una famiglia borghese americana. Nemo dorme, sogna e nell'ultima vignetta di ogni storia si sveglia, spesso precipitando; per i genitori, senza dubbio a causa delle sardine mangiate a cena. Nei suoi sogni c'è una principessa che desidera un compagno di giochi e sceglie Nemo, così il ragazzino viene invitato dal pagliaccio per volontà del re Morfeo a salire sul cavallino che lo guiderà da lei. Riuscirà Nemo a raggiungere Slumberland? Non è dato saperlo e in fondo non importa, quello che conta è il viaggio nel fantastico mondo dei sogni, ed è così che l'avventura ha inizio.

Little Nemo è il primo grande capolavoro nella storia dei comics: illustrato in uno stile *Art Nouveau*, raffinato e innovativo, dalle trovate pirotecniche. Se ne avesse una, la sua colonna sonora potrebbe essere una musica incalzante con timbri da grande varietà. È infatti ispirato al mondo del circo, nel quale l'autore debutta come disegnatore, e anticipa un montaggio di tipo cinematografico in cui la prospettiva gioca un ruolo di primo piano e traccia un filo rosso fra sogno e risveglio, fantasia e realtà. Non a caso McCay ha anche il merito di essere il primo a portare il fumetto nel cinema d'animazione: nel 1908 il suo *Little Nemo* diventa un cartone animato, nel 1914 è la volta del corto *Gertie the Dinosaur*[2].

Winsor McCay | Gertie the Dinosaur (1914)

Come sottolinea Maurice Sendak in un saggio dedicato al cartoonist americano, la raccolta completa di quest'opera, la più importante di McCay, è stata pubblicata in Italia ancor prima che in America. «Apparentemente, l'America – chiosa Sendak – continua a non prendere tanto sul serio i suoi grandi autori d'opere di fantasia»[3]. Sarà invece Oreste Del Buono, nella sua introduzione all'edizione italiana di *Little Nemo*, che aveva peraltro già esordito sul «Corriere dei Piccoli» e su «Topolino», a fornire una pista per leggere l'opera, sgombrando il campo da false opinioni e centrando il tema.

In quegli stessi anni, e precisamente il 4 novembre del 1900, a Vienna veniva pubblicata la prima edizione dell'*Interpretazione dei sogni* di Sigmund Freud, per i tipi dell'editore Franz Deuticke. Certo, è possibile che McCay non lo avesse ancora letto, ciononostante nel suo attento saggio Del Buono riflette su una questione importante:

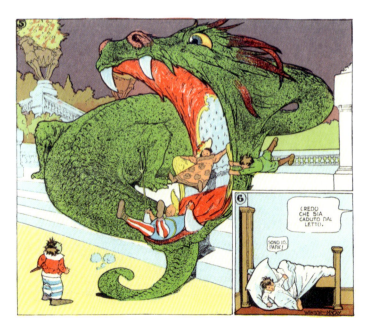

Winsor McCay | Little Nemo in Slumberland (1906)
«New York Herald»

Anche se avesse letto *L'interpretazione dei sogni* con estrema attenzione probabilmente Winsor McCay non si sarebbe trovato molto d'accordo. Questa storia di non dover completare con la fantasia i frammenti incoerenti e disuniti forniti dalla memoria del sogno, di dover evitare il rischio di diventare artisti a propria insaputa – come suggeriva Freud – no, non era una storia fatta per lui. [...] McCay non avrebbe riconosciuto nel dottor Freud un maestro. L'aveva già riconosciuto, lui, un maestro, e non l'avrebbe mai dimenticato, nel professor John Goodeson. Professore di disegno, s'intende[4].

E Nemo lo dice chiaramente, proprio mentre si sveglia: «Io voglio sognare… mamma». Si potrebbe forse aggiungere «non voglio invecchiare senza fantasia». Mentre Del Buono conclude chiedendosi: «Siamo sicuri che in fin dei conti non abbia detto di più su questo sciocco secolo [il Novecento] Mc Cay con *Little Nemo in Slumberland* che Sigmund Frued con *L'interpretazione dei sogni*?».

Sarebbe interessante cercare una risposta a questo interrogativo in un autore contemporaneo, papà di un altro indomito ragazzino questa volta non un Little Nemo, bensì un Little Lou, che potrebbe invece esordire così: «Io voglio suonare… mamma, non voglio invecchiare senza la musica». *Little Lou*[5] nasce dalla matita e dagli acquarelli di un autore e illustratore francese, dal tratto tradizionale, morbido, avvolgente e dalle tinte calde, Jean Claverie. L'artista ama disegnare e ama la musica, una combinazione che gli permette di raccontare storie speciali. Il suo protagonista Lou è un ragazzino che vive in una città americana negli anni venti, ha una passione per il jazz e il blues e vuole diventare un grande pianista. Ha la musica nelle vene e, chi conosce la biografia del suo autore, non può non sentirne l'eco.

> Little Lou, un doppio di me stesso?! Di sicuro mi sarebbe piaciuto essere un vero musicista e non un modesto dilettante come sono. L'idea mi è venuta da questa musica nera delle origini che, all'epoca, non era conosciuta fra i giovani. C'erano libri

Jean Claverie | Little Lou (1990)

straordinari come *The People of the Blues* di Leroy Jones, ma niente per i più piccoli. A quel tempo viaggiavamo dalla Louisiana a Chicago con autobus Greyhound Lines e auto a noleggio. Attraversavamo New Orleans, Bayou, Memphis, Nashville, Saint Louis ecc. Andavamo, Michelle e io, dai locali Juke Joint in stile country ai bar alla moda per ascoltare blues rurale, boogie, country-rock, jazz sofisticato: tutta musica che adoro. Quando, in più, potevo fare uno schizzo ero al culmine della felicità. Sebbene questo viaggio, raro per l'epoca mentre ora è un circuito turistico, fosse abbastanza rischioso soprattutto nelle periferie dove dilagava la droga, decisi che sarebbe nato un album da tutta questa esperienza. Non appena tornato a Londra, dove vivevamo a quei tempi, mi sono messo al lavoro. La Walker Books era interessata al progetto, ma sono stati Tom Peterson e suo padre a crederci fino in fondo.

Lou ha la fortuna di abitare sopra il locale jazz dove suona Memphis Slim, il pianista. Così ogni giorno è lì per prendere la sua lezione, ma una sera una banda di gangster fa irruzione nel locale. A metà, la storia si trasforma in un fumetto che fa la parodia ai film americani. Claverie ama la musica, il disegno e le buone letture e da bravo jazzista ama sperimentare.

Credo che ciascun autore abbia un proprio stile così come ogni musicista ha il suo, tuttavia stili diversi non ti lasciano raccontare le stesse cose. Una scrittura semplice ti permetterà di raggiungere i più piccoli, così come per dialogare con una realtà complessa sarà necessario uno stile più ricco; senza alcun giudizio di valore. È il privilegio di essere al tempo stesso autore, illustratore e tipografo: tutto è davvero

possibile. Mi piace che ci sia qualcosa da leggere in un album per bambini e non solo tre parole qua e là. Così, nei momenti tranquilli della storia, mi sono preso il tempo di scrivere. Un testo narrativo può essere facilmente affiancato da un'immagine a tutta pagina, come un quadro. Viceversa, quando la storia accelera, mi sono divertito con sequenze in forma di fumetto, per dare un ritmo diverso, per sorprendere o rilanciare l'attenzione. È questo che è piaciuto ed è per questo che mi hanno premiato, a Bologna, a Parigi e altrove.

Claverie ha esordito come illustratore di campagne pubblicitarie per poi dedicarsi alla letteratura, illustrando i classici scritti da Oscar Wilde, Charles Perrault, Ludwig Bechstein, Michel Tournier e Paul Auster, oltre a numerosi altri. Da ricordare il suo primo album, *Le Joueur de Flûte*[6], che rivisita la leggenda di Hamelin, dove la musica è già elemento centrale della storia[7]. Degli esordi Jean racconta:

> Dopo la guerra, in Francia c'era molta povertà. Avevo pochi libri, quelli di mia madre e di mia nonna. *Bécassine*[8], le fiabe illustrate di Perrault e le storie di Samivel. Amavo, anzi adoravo questi libri. Ma un giorno, quando ero all'École des Arts Décoratifs di Ginevra, ho scoperto i libri dei miei contemporanei un po' più grandi: Rick Schreiter, Etienne Delessert, Georges Lemoine… e lì ho capito che non mi sarei occupato della pubblicità per il resto dei miei giorni. In quel periodo suonavo con i miei amici. Ma è stato intorno ai quarant'anni che è scattata la scintilla, dopo il viaggio lungo il Mississippi. Ho avuto bisogno di raccontare tutto questo scriven-

Janie Havemeyer | Bessie, the Motorcycle Queen (in uscita)
illustrato da Jean Claverie

do una storia. E Little Lou ha cambiato la mia vita dal momento che con il Little Lou Tour da allora andiamo in giro per teatri e music bar.

Claverie ha insegnato presso l'École Nationale des Beaux-Arts e l'École Emile Cohl. Oggi vive a Lione, insieme alla moglie Michelle Nikly, anche lei autrice, illustratrice e traduttrice; dice di aver realizzato tutti i suoi desideri di bambino, tranne uno: vivere in un castello. Questi sono i suoi progetti per il futuro:

> Un nuovo libro in uscita: si tratta della storia di *Bessie, the Motorcycle Queen*[9], una giovane donna nera che con grande coraggio rivendica la propria indipendenza, cavalcando con la sua moto l'America segregazionista. Una sorta di mito per gli appassionati di moto di grossa cilindrata: Indian, Harley-Davidson. Il testo è di una storica, Janie Havemeyer, e la grafica è una creazione della book-designer Rita Marchall. Il mio prossimo progetto invece sarà un omaggio alla memoria di mio padre, un modo di fare i conti con il passato, un po' come *Rose Blanche* dell'amico Innocenti.

E qui si aspetta fiduciosi: che la fantasia galoppi, che la musica risuoni! E si inganna l'attesa leggendo le storie di Little Nemo e Little Lou, con sottofondo musicale, naturalmente.

Note

[1] W. McCay, *Little Nemo in Slumberland*, in «New York Herald», 15 ottobre 1905. Si veda S. Liberati, *L'arte dei fumetti 1896-1996. Contenuti formali ed estetici dei comics umoristici statunitensi*, Comic Art, Roma 1996.

[2] *Gertie the Dinosaur*, written and animated by W. McCay, Fox Studios, New Jersey (Usa) 18 febbraio 1914. Storico cortometraggio in animazione di inizio XX secolo.

[3] M. Sendak, *Winsor McCay*, in *Caldecott & Co. Notes on Books and Pictures*, Michael di Capua Books-Farrar, Straus & Giroux (coprod.), New York 1988; *Caldecott & Co. Note su libri e immagini*, trad. it. di G. Nutini, Edizioni Junior, Modena 2021, prefazione all'edizione italiana di S. Ruzzier, p. 110.

[4] O. Del Buono, *Oh, caro, dolce, Nessuno*, in *Little Nemo*, a cura di Linus, con O. Garzanti, G. Gandini, W. Gelman, O. Del Buono e per l'impostazione grafica S. Gregorietti, trad. it. di L. Marzot, lettering F. Ferrazza, Garzanti, Milano 1969, pp. 7-11.

[5] J. Claverie, *Little Lou*, The Creative Company, Mankato (MN) 1990; *Little Lou*, Gallimard («Jeunesse»), Paris 1994; poi *Little Lou. La route du sud*, Gallimard, Paris 2003; e *Little Lou à Paris*, Gallimard («Jeunesse»), Paris 2014.

[6] J. Claverie - M. Nikly, *Le Joueur de Flûte de Hamelin*, Garnier («Lotus»), Paris 1978, prima edizione 1977 in lingua tedesca per Nord-Süd Verlag.

[7] Si veda per approfondire A. Paillard, *Introduzione*, in *Claverie. Le Jouer d'Images*, Albin Michel, Paris 1991.

[8] Bécassine è la protagonista di una omonima serie a fumetti francese ideata da M. Languereau e É. J. Pinchon nel 1905.

[9] J. Havemeyer - J. Claverie, *Bessie, the Motorcycle Queen*, The Creative Company, Mankato (MN), in uscita.

Maurice Sendak | Where the Wild Things Are (1963)

Max e i bambini smarriti di Maurice

Maurice Sendak

Molti ricorderanno il presidente Obama nel giardino della Casa Bianca mentre legge ai bambini *Where the Wild Things Are* di Maurice Sendak. Protagonista della storia è un bambino di nome Max che indossa il costume da lupo e ne combina di tutti i colori. Per punizione viene mandato a letto senza cena. Scrive Sendak: «La mamma gli gridò: MOSTRO SELVAGGIO! e Max le rispose: E IO TI SBRANO». Così partì per il paese dei mostri selvaggi, ma «li domò con il trucco magico di fissarli negli occhi gialli» e ne diventò il re.

Con *Where the Wild Things Are*[1], pubblicato nel 1963, Sendak trova l'espressione stilistica ideale che gli consente il giusto equilibrio fra testo e illustrazione a lungo ricercato. E scrive una nuova grammatica dell'albo illustrato: poche parole che seguono il ritmo del racconto per immagini. Un ritmo che, come una musica, parte piano, poi forte, fortissimo, e di nuovo piano; con un passo scandito dalle dimensioni dell'immagine nello spazio bianco della pagina: piccolo, grande, grandissimo, ancora piccolo fino a sparire. Considerato il manifesto della rivoluzione grafica e culturale del libro per l'infanzia, *Wild Things*, così lo chiama affettuosamente l'autore, nel raccontare la rabbia e la *regressione* di Max nel piccolo *selvaggio*, si rifà alle idee psicoanalitiche e al pensiero socioculturale di quegli anni. Anche se inviso alle correnti pedagogiche più conservatrici, il libro piace però ai bambini che ne garantiscono il successo. Dice Sendak:

> Attraverso la fantasia i bambini raggiungono la catarsi. È il mezzo migliore che hanno per sconfiggere i mostri selvaggi. Ed è il mio lasciarmi coinvolgere da questa ineludibile realtà dell'infanzia – la terribile vulnerabilità dei bambini e la loro lotta per diventare re di tutti i mostri selvaggi – a conferire alla mia opera la verità e la passione che le si possono attribuire[2].

Maurice Sendak | Where the Wild Things Are (1963)

Maurice Sendak | Mickey and Me (1978)

La sostanziale fiducia nei confronti di «quelle piccole e coraggiose creature che sono i bambini» è la prima dichiarazione di poetica dell'autore. Con *Wild Things* l'artista riceve la Caldecott Medal nel 1964 e diventa celebre nel mondo. Cresciuto a cavallo tra due continenti, la vecchia Europa e l'America, anche Maurice ha dovuto compiere un lungo viaggio per diventare il re dei suoi mostri selvaggi.

Ospite d'onore per i venticinque anni della Bologna Children's Book Fair, nel 1988 gli viene dedicata la mostra *Autour de Maurice Sendak*[3], allestita in una casa in perfetto stile vittoriano, una casa che di stanza in stanza diventa bosco, teatro, giardino. Del resto, come sostiene Sendak: «per un artista la cosa meravigliosa consiste nel poter utilizzare il materiale autobiografico e farne qualcosa di sempre diverso».

Questa dunque è la sua di storia, a cominciare dalla nascita «in una terra chiamata Brooklyn» da genitori ebrei di origine polacca, il 10 giugno 1928, lo stesso anno di Mickey Mouse. Mentre è nell'incontro di due culture, la moderna cultura americana e la cultura tradizionale ebraico-polacca, che possiamo trovare le radici profonde della sua arte.

> Sono americano di prima generazione e sono cresciuto come se mi trovassi ancora in Polonia; è stato un po' come avere un piede di qua e l'altro di là, con la testa completamente confusa. È naturale quindi che il mio primo amico sia stato Mickey Mouse. Mi pareva un tipo ultra-americano, molto allegro, mentre tutti coloro che venivano dal vecchio continente non lo erano. Aveva la faccia simpatica e lo trovavo estremamente umano. Quando andavo al cinema a vedere i suoi film, la sua faccia e quel gran sorriso mi incantavano e passavo lì tutta la giornata finché mio padre veniva a cercarmi per riportarmi a casa[4].

Dopo gli studi artistici, Maurice lavora come vetrinista da Fao Schwarz, lo storico negozio di giocattoli sulla Fifth Avenue. Da Schwarz conosce l'amico Tomi Ungerer, che gli dedica il libro *The Beast of Monsieur Racine*[5]. Sempre da Schwarz, Maurice incontra Ursula Nordstrom, responsabile dei libri per bambini presso l'editore Harper e grande scopritrice di talenti; sarà lei a chiedergli di illustrare il suo primo albo, un testo dello scrittore francese Marcel Aymé, *The Wonderful Farm*. L'anno successivo Maurice conosce Ruth Krauss e insieme realizzano *A Hole is to Dig*[6], un piccolo albo assai nuovo per i tempi. Il segno è decisamente inattuale: Sendak è sempre più influenzato dai grandi illustratori europei dell'Ottocento, ma il libro ha successo ed è l'inizio di una preziosa collaborazione e del lungo apprendistato di Sendak presso la coppia Ruth Krauss e Crockett Johnson.

Solo dopo aver illustrato una ventina di titoli non suoi, Sendak nel 1956 pubblica il suo primo testo, *Kenny's Window*[7]. Come tutti i bambini di

Maurice, anche Kenny è un bambino smarrito. «Non c'è nessuno – confessa l'autore – a cui i bambini si possano rivolgere per avere risposte, tranne sé stessi». Kenny usa la fantasia per superare i confini della realtà e vive immerso in un universo ispirato alle leggende ebraiche e alla pittura di Chagall. Sarà in assoluto il primo dei coraggiosi eroi solitari dell'artista.

Nel 1960 prendono vita, con *The Sign on Rosie's Door*[8], gli schizzi dei «bambini di Brooklyn»: appunti presi alla finestra dell'appartamento dei genitori nell'estate del 1948. Maurice, ragazzino introverso e spesso malato, aveva trascorso molto tempo a fantasticare, dietro le quinte della sua finestra, su quella che era la vita laggiù sui marciapiedi di Brooklyn. Rosie è la sua musa e la protagonista del suo primo film d'animazione.

> Rosie era una bambina fiera che mi impressionava per la sua abilità nell'immaginare di essere chiunque volesse, ovunque nel mondo o al di fuori di esso. Lei imponeva letteralmente le proprie fantasie ai suoi amici più stolidi e meno creativi, e fu probabilmente la tremenda energia che impegnava giocando con questi sogni ad attivare la mia creatività[9].

Dopo Kenny e Rosie arriva Max, primo dei protagonisti della «trilogia del sogno» che molto racconta della biografia dell'autore. Con Max entrano in scena nei libri per bambini emozioni e sentimenti come la rabbia e la ribellione. Max, indossato il costume da lupo e messo in castigo dalla mamma, parte con la fantasia per un lungo viaggio da cui tornerà vincitore. E dopo Max, Mickey: l'eroe notturno di *In the Night Kitchen*[10] che vede la luce nel 1970 sempre per i tipi della casa editrice americana Harper & Row. Il libro, quasi una continuazione di *Wild Things*, ne definisce i caratteri e la poetica. Racconta le avventure di un bambino che vola nel suo aeroplano di pasta nella cucina di notte, mentre fa da sfondo lo skyline di New York. Omaggio alla sua città e ai suoi eroi d'infanzia: Mickey Mouse, Little Nemo, Oliver Hardy.

Maurice Sendak | In the Night Kitchen (1970)

Maurice Sendak | The Sign on Rosie's Door (1960)

Night Kitchen e, sia pur in misura minore, *Wild Things* riflettono un'arte popolare americana che è allo stesso tempo rozza, bizzarra e surreale, un'arte che include l'Empire State Building, i sincopati cartoni animati disneyani e gli eroi dalle corazze di alluminio dei fumetti: un'*art moderne* che è stata inventariata nel modo più appassionato dal cinema[11].

Dobbiamo attendere sino al 1981 per *Outside Over There*[12], ultimo libro della trilogia, in cui Ida, la protagonista dagli occhi enigmatici, deve partire per salvare la sorellina, rapita dai Goblins e sostituita con una bambina di ghiaccio. La copertina del libro è un omaggio diretto al dipinto *I bambini di Hülsenbeck* di Philipp Otto Runge. Siamo in pieno Romanticismo, nel paese dei Grimm e fa da sottofondo la musica di Mozart.

La passeggiata notturna oltre i confini della camera, alla maniera di Chagall, costituisce il tema ricorrente della «trilogia del sogno» e accompagna questa genia di eroi della luna nel viaggio verso l'età adulta. Scena ideale aperta sul mondo esterno, la finestra, non a caso tra i motivi preferiti della pittura romantica, diventa una quinta teatrale e rappresenta il momento di incontro fra il dentro e il fuori. La luna, astro guida della tradizione ebraica, fa invece da ponte tra il mondo di sotto e l'universo.

Grande innovatore e maestro di stile, Sendak usa un tratteggio incrociato del tutto personale e mostra una particolare maestria nelle tavole in punta di pennino come in quelle dal colore pieno, ma la sua massima bravura sta nel proporre per ogni libro un'estetica sempre nuova in perfetta sintonia con la sua poetica.

L'artista stabilisce una stretta corrispondenza con gli autori che riconosce come suoi maestri. Primo tra tutti, il poeta, pittore e incisore inglese William Blake, per quella particolare concezione dell'infanzia che fu propria dello spirito romantico. Poi lo scrittore e illustratore francese Jean de Brunhoff, padre dell'elefantino Babar, per l'abilità nel tenere insieme parole e immagini. E ancora il pittore e illustratore statunitense Winslow Homer con cui riscopre le radici del visivo americano. Per finire con il grande E. T. A. Hoffmann e Randolph Caldecott, che Sendak considera l'inventore del moderno albo illustrato. Non ultimo l'illustratore torinese, padre del primo Pinocchio a colori, Attilio Mussino, dal quale apprende il rispetto per il dettaglio. Sendak aspira a un'arte totale e, come gli artisti romantici, trova nella musica il motore primo della sua ricerca. Per dirla con le sue parole: «la musica è una delle fonti da cui le mie illustrazioni prendono vita»[13]. Autore, illustratore e scenografo di chiara fama, si dedica con successo all'opera, al cinema, alla musica, ma non abbandona mai gli albi illustrati.

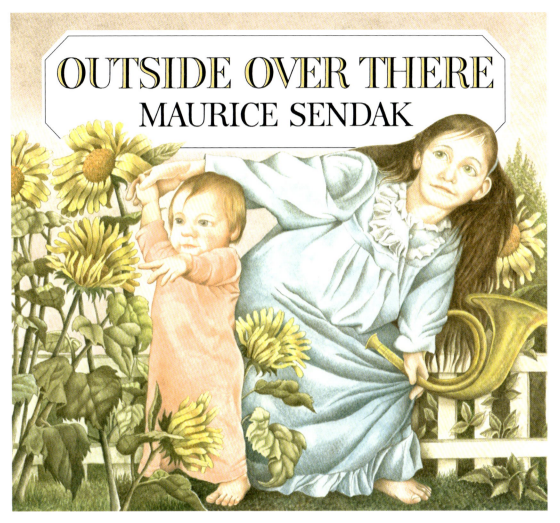

Maurice Sendak | Outside Over There (1981)

Maurice Sendak riceve, primo illustratore americano, l'Andersen Award nel 1970; nello stesso anno viene premiato come miglior scrittore Gianni Rodari, primo tra gli autori italiani. Nel 2003 è insignito del Lindgren Award[14], oggi fra i più prestigiosi premi internazionali nell'ambito della letteratura per ragazzi. Nel 2009 *Wild Things* diventa un film con la sceneggiatura di Tony Kushner e la regia di Spike Jonze. Nonostante la buona accoglienza da parte della critica e la nomination per il Golden Globe come migliore colonna sonora originale, il film sostanzialmente tradisce lo spirito del picturebook. I terribili ma in fondo bonari mostri selvaggi, che strizzano l'occhio al bambi-

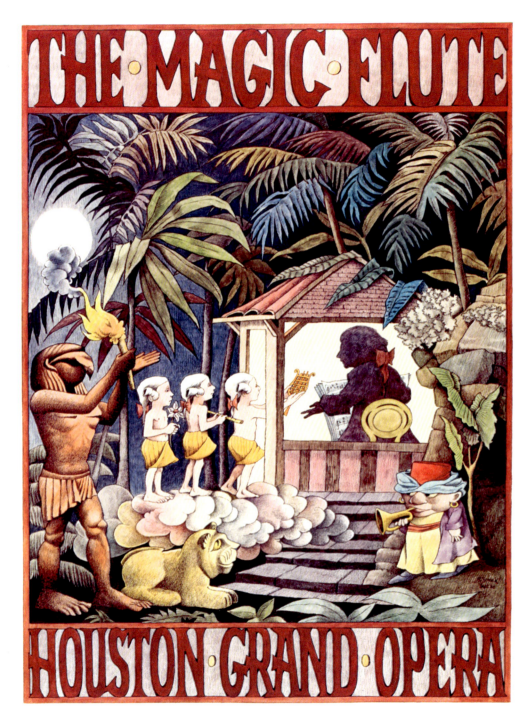

Maurice Sendak | The Magic Flute (1986)

no aiutandolo ad affrontare le emozioni e i sentimenti più grandi di lui, nel film diventano personaggi tristi e cattivi. Resta il fatto che oggi l'albo è considerato un capolavoro della letteratura contemporanea, un grande classico riconosciuto e amato da bambini e adulti, negli Stati Uniti e non solo.

Note

[1] M. Sendak, *Where the Wild Things Are*, Harper & Row, New York 1963. È il 1969 quando *Nel Paese dei Mostri Selvaggi* approda nel catalogo Emme Edizioni e Rosellina Archinto ne affida la traduzione al poeta Antonio Porta; poi Babalibri, Milano 1999. Dal 2018 lo si trova nel catalogo Adelphi con la traduzione di L. Topi.

[2] Dal discorso di accettazione della Caldecott Medal nel 1964. Si veda S. G. Lanes, *The Art of Maurice Sendak*, Harry N. Abrams, New York 1980 (n.e. 2009), p. 107.

[3] La mostra *Autour de Maurice Sendak*, a cura di M. Cochet e P. Vassalli, art director A. Rauch, è promossa dal Salon du Livre et de la Presse Jeunesse di Montreuil e dall'assessorato alla Cultura del Comune di Roma (Montreuil-Paris, Bologna, Roma 1987-88).

[4] *Maurice Sendak. Raccontare le immagini tra fantasia e sogno*, a cura di M. Cochet e P. Vassalli, Comic Art, Roma 1988, p. 10. Se non altrimenti indicato, le parole dell'artista sono tratte da una conversazione con le curatrici tenutasi presso l'Hotel Diana in occasione dell'edizione bolognese della mostra *Autour de Maurice Sendak*. Interprete e traduttrice A. Valtieri.

[5] T. Ungerer, *The Beast of Monsieur Racine*, Farrar, Straus & Giroux, New York 1971; *Lo strano animale del Signor Racine*, Bompiani, Milano 1972; poi Nord-Sud, Milano 2009.

[6] R. Krauss - M. Sendak, *A Hole is to Dig. A First Book of First Definitions*, Harper & Brothers, New York 1952.

[7] M. Sendak, *Kenny's Window*, Harper & Brothers, New York 1956.

[8] Id., *The Sign on Rosie's Door*, Harper & Row, New York 1960. Ne nasce un film d'animazione con scene, testi e immagini di M. Sendak e musiche di C. King. Si veda *Maurice Sendak's Really Rosie starring the Nutshell Kids*, music by C. King, Harper & Row, New York 1975.

[9] Si veda M. Sendak, *Really Rosie* (1975), in *Caldecott & Co. Notes on Books and Pictures*, Michael di Capua Books-Farrar, Straus & Giroux (coprod.), New York 1988, p. 215. Si veda anche Cochet - Vassalli (a cura di), *Maurice Sendak* cit., p. 38.

[10] M. Sendak, *In the Night Kitchen*, Harper & Row, New York 1970; *Luca, la luna e il latte*, trad. it. di S. Maltini, Emme Edizioni, Milano 1970; poi Babalibri, Milano 2000; e *La cucina della notte*, trad. it. di L. Topi, Adelphi, Milano 2020.

[11] Id., *Prefazione*, in *Pictures by Maurice Sendak*, Harper & Row, New York 1971.

[12] Id., *Outside Over There*, Harper & Row, New York 1981.

[13] Si veda Id., *La forma della musica*, in Sendak, *Caldecott & Co.* cit., p. 19.

[14] Per approfondimenti sull'opera di M. Sendak: T. Kushner, *The Art of Maurice Sendak. 1980 to the Present*, Harry N. Abrams, New York 2003; L. S. Marcus, J. G. Schiller, D. M. V. David, *Maurice Sendak. A Celebration of the Artist and His Work*, Harry N. Abrams, New York 2013.

[15] L'Astrid Lindgren Memorial Award è un premio letterario internazionale istituito dal governo svedese e amministrato dallo Swedish Arts Council destinato ad autori attivi nel campo della letteratura per l'infanzia e a istituzioni impegnate nella promozione dei diritti dei bambini.

Charles Darwin | The Riverbank (2009)
illustrato da Fabian Negrin

Non fiction, per vedere l'invisibile

Katy Couprie
David Macaulay
Piero Ventura
Jean-Louis Besson

Arte e scienza: alla ricerca del delicato equilibrio fra le figure che l'arte svela e il rigore, la sapienza delle immagini scientifiche. Un repertorio di antica tradizione che va dai codici miniati agli schizzi di artisti e scienziati fino all'opera di Leonardo da Vinci. Ma cosa si intende per letteratura «non fiction»? Jerome Snyder, illustratore e graphic designer americano, noto per la guida del ristorante newyorkese The Underground Gourmet, dice: «Nell'istante in cui un artista decide di porre la propria attenzione su una foglia, un uccello, la forma delle nuvole, la complessità dell'anatomia umana o l'effetto della luce sulla piega di un tessuto, egli è nel campo della scienza»[1]. Così è per Fabian Negrin quando illustra l'ultimo paragrafo di *L'origine delle specie* di Charles Darwin in *The Riverbank*[2], vincitore del Braw per la sezione «non fiction» a Bologna nel 2009.

Ci si chiede, a questo punto, cosa comprenda la voce «illustrazione scientifica» nel vasto repertorio di immagini che l'editoria propone ai ragazzi, mentre si è alla ricerca dell'equilibrio fra qualità estetica e capacità di comunicare messaggi efficaci. Equilibrio che è caratteristica specifica dell'illustrazione non fiction di tipo scientifico, tecnico e divulgativo. Pratica squisitamente manuale, progettata per la riproduzione tecnologica, l'illustrazione scientifica – e la nozione di scientificità si modifica nel tempo – fa parte del vasto e differenziato patrimonio iconografico che, nell'era dell'iperprodu-

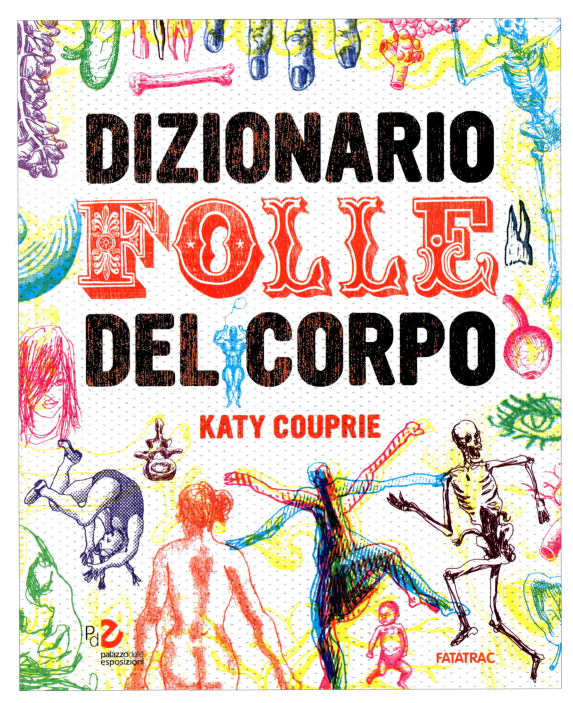

Katy Couprie | Dizionario folle del corpo (2019)

La lezione di anatomia secondo Orsacchiotto, da Rembrandt

zione elettronica, acquisisce funzioni e usi sempre più sofisticati ed efficaci. Eppure, in definitiva, essa assolve oggi, come già negli antichi e illustri studi di anatomia, ad analoghe esigenze utilizzando metodi e tecniche ampiamente sperimentati – si pensi all'esplosione, allo smontaggio, alla condensazione – per rappresentare in maniera efficace quello che gli occhi non possono vedere. Facendo leva sulla meraviglia e lo stupore, sull'emozione, per invitare i lettori ad alzare il velo e vedere l'invisibile.

Un esempio in questa direzione, omaggio alla grande tradizione del disegno anatomico, è il *Dictionnaire fou du corps*[3] della francese Katy Couprie che sceglie di viaggiare dentro il corpo umano, tenendo insieme testi, disegni, elementi grafici e incisioni. Nato dall'incontro dell'artista con le collezioni dell'Istituto di anatomia umana dell'Università di Bologna, il libro è «una sintesi sorprendente di parole e immagini che unisce l'arte e la scienza con uno sguardo inedito»[4]. Autrice di originali *imagiers* – innovativi libri di sole immagini –, Katy trova nell'incisione il suo mezzo espressivo d'elezione e sceglie l'editoria per ragazzi come spazio di creatività e libertà.

Così, si va alla ricerca delle origini di un genere attraverso il lavoro degli autori che hanno aperto la strada ai moderni libri illustrati e albi non fiction di tipo scientifico e umanistico. Autori che grazie a tecniche e linguaggi diversi hanno sollevato il velo del tempo, dello spazio e della natura per condensare in una sola immagine quanto non è possibile descrivere a parole.

David Macaulay | Cathedral: The Story of Its Construction (1973)

A partire da David Macaulay, che sa guardare dentro le case e le cose. Inglese di nascita, americano d'adozione, è tra i migliori al mondo nell'arte di disegnare l'architettura. I suoi geniali libri di divulgazione sono pubblicati in molte lingue e hanno ricevuto i massimi riconoscimenti, fra cui la Caldecott Medal.

> In teoria sono un architetto – scrive – e ho studiato architettura per cinque anni alla Rhode Island School of Design. Ma anche prima di laurearmi nel 1969, sapevo che non sarei mai stato un architetto. Quello che non avrei mai immaginato è che avrei continuato a creare edifici solo nei libri[5].

Macaulay ha undici anni quando si trasferisce negli Stati Uniti. Il fascino per la microtecnologia e per «come funzionano le cose» insieme a un'autentica passione per il disegno lo spingono a studiare architettura; si laurea nel 1969 dopo aver frequentato l'ultimo anno a Roma grazie all'European Honors, un programma a sostegno della mobilità rivolto agli studenti. Un progetto sui doccioni delle grondaie interessa l'editore Houghton Mifflin il quale, più colpito dalle cattedrali che dalle loro grondaie, lo spedisce in Francia a fare schizzi per il suo primo libro, *Cathedral*. Da allora Macaulay ha edificato una città romana, *City*, ha eretto monumenti ai faraoni, *Pyramid*, ha realizzato un sistema di trasporto per una grande città, *Underground*, ha costruito una fortezza medioevale, *Castle*, e ha smontato l'Empire, *Unbuilding*[6]. Non contento si è servito delle avventure di un Mammut per raccontare *Come funzionano le cose*[7]. Gabriella Armando, che negli anni settanta pubblica le sue opere per le Nuove Edizioni Romane, oggi nel catalogo Giunti, scrive: «Il grande architetto aveva trovato una formula magica tra racconto avvincente, ricostruzione storica, puntuale spiegazione tecnica e immagini dove la precisione nulla toglie alla poesia»[8].

Dal lavoro di Macaulay, che affonda le radici nella tradizione anglosassone alla quale si deve la produzione più avanzata alle origini del genere, alla scuola italiana – che da quest'ultima prende le mosse – il passo è breve. Sempre agli esordi del moderno albo illustrato o non fiction picturebook, gli illustratori italiani così come gli inglesi – antropologi, ecologisti, ingegneri e architetti – sono capaci di tenere insieme un segno efficace con una solida preparazione tecnica e una puntuale documentazione[9].

Tuttavia, come per Macaulay, si preferisce andare oltre il canone per mostrare uno stile del tutto personale in un fuoriclasse come Piero Ventura, che sa narrare per immagini le storie dei grandi viaggiatori e ricordare come eravamo. Del resto Ventura di viaggi se ne intende. Autore e illustratore dotato di un personalissimo linguaggio, non ignora la lezione del maestro giapponese Mitsumasa Anno[10] mentre guarda alla *ligne claire* del fumetto di scuola belga. E realizza libri che trattano di viaggi, nello spazio e nel tempo, di divulgazione storica e tecnica. Libri abitati da un popolo di Lillipuziani, tratteggiati con precisione e ricchezza di dettagli in figure dallo stile classico e acquarelli dai colori delicati. L'artista presenta negli Stati Uniti la sua prima opera, *I grandi pittori*[11], premiata come libro dell'anno dalla Society of Illustrators di New York e proposta al Metropolitan Museum of Art, primo riconoscimento a un autore straniero.

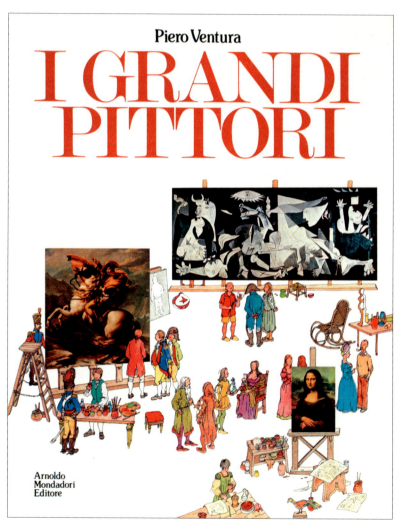

Piero Ventura | *I grandi pittori* (1983)

Ventura ha tre figli maschi di cui due gemelli, oggi fotografi e illustratori di chiara fama, che molto devono alla scuola paterna. Milanese, da sempre in pubblicità, da sempre con una grande passione: il libro per ragazzi. Grazie agli studi di psicologia infantile sviluppa una tecnica espressiva assai efficace e del tutto personale. I suoi libri girano il mondo e raccontano *I grandi viaggi*[12], da Marco Polo a Cristoforo Colombo, da Magellano a Livingstone; viaggi nello spazio ma anche nel tempo come in *Album di Famiglia*[13], sui ricordi dell'Italia negli anni cinquanta che segnarono la rinascita del paese dopo una terribile guerra. Autori dei testi alcuni dei grandi nomi del giornalismo italiano, oltre a Gian Paolo Ceserani con cui firma tutti i suoi libri.

A volte questi autori sono persino ironici. Così il francese Jean-Louis Besson che, estraneo alle abusate tentazioni iperrealistiche, propone soluzioni originali con uno stile divertente e personale. Decisamente francese, questo tipo di illustrazione è in tutto diversa dall'illustrazione classica di scuola anglosassone; e diversa è la formazione degli autori, diremo del gruppo francese, che provengono e spesso lavorano anche nel campo della pubblicità e nel mondo dello spettacolo. Differenti le tecniche: meno tradizionali e più narrative.

Jean-Louis Besson con il suo linguaggio molto vicino al fumetto è uno specialista nel raccontare la grande storia. I suoi sono «libri per conoscere», come *Le Livre de l'Histoire de France*[14], erudito tascabile pubblicato da Gallimard Jeunesse nella collana «Découverte Cadet». Una raffinata, colta, ironi-

Piero Ventura | Album di Famiglia (1992)
testi di Lietta Tornabuoni, Gian Paolo Ceserani, Tiziano Sclavi, Guido Vergani

ca storia di Francia per immagini in uno stile inconfondibile, dal sapore fumettistico. Besson nasce in una famiglia di disegnatori nell'anno in cui Herbert T. Kalmus inventava il technicolor. Disegnatore pubblicitario prima, poi direttore artistico presso l'agenzia di Robert Delpire, Besson si presenta così:

> Costretto, come molti, a lavorare, divento mercenario della matita e del pennello, facendomi ingaggiare per delle buone cause da quanti pensano, come Napoleone, che un buon disegno valga più di un lungo discorso[15].

Jean-Louis crea reportages illustrati, fumetti per bambini e illustrazioni pubblicitarie. La pubblicità gli offre la possibilità di realizzare i suoi primi disegni animati, una dimensione che gli lascia il massimo di libertà espressiva. Suo è anche il racconto arguto e commovente di un'infanzia trascorsa durante la seconda guerra mondiale, *October 45*[16], pubblicato da Creative in America, da Bayard e Gallimard in Francia.

Mentre in Gran Bretagna è la casa editrice Dorling Kindersley a eccellere nel settore, in Francia il primato spetta alla Gallimard Jeunesse che, grazie alla visionarietà del grande Pierre Marchand, reinventa il genere e conquista il mercato mondiale con la collana di tascabili per le diverse età, «Découvertes», che vede la luce nel 1986[17].

Con una perfetta sintesi Grazia Gotti chiarisce gli aspetti peculiari delle due scuole di pensiero: «Si può dire che le due case editrici fossero paradigmi di due posizioni opposte nell'approccio divulgativo: dall'insieme preordinato ai suoi dettagli quella inglese e dal dettaglio a un'apertura potenzialmente senza confini quella francese»[18]. Si potrebbe dire anche: dalla scienza all'arte e ritorno.

Jean-Louis Besson | Le Livre de l'Histoire de France (1986)

Note

[1] Una precedente e meno articolata versione del presente capitolo si può trovare in *Arte e Scienza. Immagini per conoscere*, a cura di P. Vassalli, catalogo della mostra all'Istituto beni culturali della Regione Emilia-Romagna con la Fiera del Libro per ragazzi (Bologna, 15-18 aprile 1993), Grafis, Bologna 1993. La ricerca darà il via alla Mostra degli illustratori «Non Fiction» in occasione della Bologna Children's Book Fair che, con un proprio *Annual*, vivrà come sezione autonoma fino al 2003. Per approfondimenti P. Vassalli, *La Mostra degli illustratori. Coordinate per una geografia del visivo*, in *Cinquant'anni di libri per ragazzi da tutto il mondo*, a cura di G. Grilli, Bologna University Press, Bologna 2013, pp. 59-73. E ancora P. Vassalli, *L'illustrazione non fiction fra arte e scienza*, in *Matite Italiane. Rassegna dell'illustrazione italiana per ragazzi*, catalogo della mostra al ministero per i Beni e le attività culturali (Bologna 2000), Tiellemedia, Roma 2000.

[2] C. Darwin, *The Riverbank*, ill. by F. Negrin, The Creative Company, Mankato (MN) 2009; *In riva al fiume*, Gallucci, Roma 2010.

[3] K. Couprie, *Dictionnaire fou du corps*, Thierry Magnier, Paris 2012; *Dizionario folle del corpo*, trad. it. di I. Piperno, Palazzo delle Esposizioni-Fatatrac, Roma-Casalecchio di Reno (BO) (coprod.) 2019. Il volume è stato pubblicato in Italia in occasione dell'omonima mostra al Palazzo delle Esposizioni (Roma, 22 ottobre 2019-16 febbraio 2020).

[4] *Ibid.*, dall'introduzione dell'autrice.

[5] D. Macaulay, *Senza una mappa*, in *I nostri anni '70. Libri per ragazzi in Italia*, catalogo della mostra al Palazzo delle Esposizioni (Roma, 20 marzo-20 luglio 2014), a cura di S. Sola e P. Vassalli, Corraini, Mantova 2014, p. 17.

[6] Id., *Cathedral: The Story of Its Construction* (1973), *City: A Story of Roman Planning and Construction* (1974), *Pyramid* (1975), *Underground* (1976), *Castle* (1977), *Unbuilding* (1980), Houghton Mifflin Co., Boston; *Piramidi* e *Castelli* («Grandi libri»), Giunti, Firenze 2019.

[7] D. Macaulay - N. Ardley, *The Way Things Work*, Houghton Mifflin Co., Boston 1988; *Come funzionano le cose*, Mondadori, Milano 1990. Uscito in contemporanea in Inghilterra per la casa editrice britannica Dorling Kindersley (London 1988).

[8] G. Armando, *Le Nuove Edizioni Romane. Storie e libri degli anni Settanta*, in Sola - Vassalli (a cura di), *I nostri anni '70* cit., p. 70.

[9] Si veda Vassalli (a cura di), *Arte e Scienza* cit.

[10] Si vedano le pubblicazioni di M. Anno nel catalogo Emme Edizioni oppure *infra*, pp. 214-5.

[11] P. Ventura, *I grandi pittori*, Mondadori, Milano 1983; *Great Painters*, Putnam, New York 1984.

[12] P. Ventura - G. P. Ceserani, *I grandi viaggi*, Mondadori, Milano 1990.

[13] P. Ventura, *Album di Famiglia*, con testi di L. Tornabuoni, G. P. Ceserani, T. Sclavi, G. Vergani, Rizzoli, Milano 1992.

[14] J.-L. Besson, *Le livre de l'histoire de France*, Gallimard Jeunesse («Découverte Cadet»), Paris 1986.

[15] Cfr. Vassalli (a cura di), *Arte e Scienza* cit., p. 137.

[16] J.-L. Besson, *October 45. Childhood memories of the war*, trad. eng. by C. Wolk, design by R. Marshall, The Creative Company, Mankato (MN) 1995; *Paris Rutabaga. Souvenirs d'enfance 1939-1945*, Gallimard («Jeunesse»), Paris 2005.

[17] In Italia la collana «Découvertes» viene pubblicata con il titolo «*Un libro per sapere*» dalla triestina E*L* diretta da Orietta Fatucci. Sempre a Trieste, città della scienza, nasce nel 1993 l'Editoriale Scienza a opera di Hélène e Sabina Stavro, oggi testata indipendente nel gruppo editoriale Giunti.

[18] G. Gotti, *La biblioteca dei saperi*, Lapis, Roma 2020, p. 47. Per un approfondimento si veda *Le Meraviglie. Non-Fiction nell'albo illustrato*, a cura di Hamelin associazione culturale, Hamelin Aps, Bologna 2020, in particolare il testo a p. 48 di T. Pievani, *Raccontare la scienza a ragazze e ragazzi. Molteplici linguaggi per diventare cittadini consapevoli*.

Tomi Ungerer | Otto. Autobiographie eines Teddybären (1999)

Otto, un orso nella storia

Tomi Ungerer

Otto è un orsacchiotto di peluche che racconta la sua vita avventurosa insieme alle vicende travagliate di David e Oskar, due bambini tedeschi. Otto è il nome che i due compagni di giochi hanno dato all'orsacchiotto di David. Ma un giorno i due vengono separati e David è costretto a esibire una stella gialla con la scritta *ebreo* e a seguire misteriosi uomini in uniforme. Eccolo già vecchio l'orsacchiotto, con una macchia di inchiostro viola intorno all'occhio e una ferita nel petto. Sarà per merito suo se David e Oskar si ritroveranno dopo cinquant'anni, grazie alla vetrina di un antiquario. Di nuovo insieme, i tre amici decideranno che niente deve più dividerli: «Finalmente la vita è come deve essere, pacifica e normale – sospira Otto – e per non annoiarmi ho cominciato a scrivere la nostra storia»[1].

Testimone involontario di un secolo tormentato, Otto è la voce narrante e il vero protagonista di questo albo di Tomi Ungerer; alter ego dell'artista, introduce i giovani lettori all'esperienza della guerra, dell'antisemitismo, della deportazione. Un piccolo libro per una storia che non si dimentica, narrata da un artista generoso, capace di conservare la tenerezza e la verità alle quali i bambini hanno diritto, sempre.

Autore di albi illustrati che hanno fatto la storia dell'editoria per ragazzi del secondo Novecento, Ungerer è un innovatore dal segno gioioso, ironico e irriverente, per storie rovesciate che trasformano nei contenuti e nella forma l'approccio con l'infanzia.

Se mi chiedono qual è la mia professione, rispondo che faccio libri. Potrei dire che sono un artista, un disegnatore, un pubblicitario, uno scultore, e che scrivo sto-

Tomi Ungerer | Black Power/White Power (1994)

Tomi Ungerer | The Party (1966)

rie. Potrei dire che sono un autore. No. Io «faccio» libri, li concepisco proprio come si concepiscono i bambini […]. Se ho fatto libri per bambini è stato, da una parte, per divertire il bambino che sono, dall'altra per dare scandalo, per fare esplodere i tabù, capovolgere le regole: briganti e orchi trasformati, animali di dubbia reputazione riabilitati. Sono libri sovversivi, tuttavia positivi[2].

Tomi nasce il 28 novembre 1931 da Théodore, bibliofilo, storico, artista, e da Alice Essler, narratrice di talento. Discendente di una dinastia di specialisti in orologi astronomici, per Tomi la vita è fatta di meccanismi da scoprire. Giocattoli meccanici di cui possiede una straordinaria collezione, che dona alla sua città natale insieme alla sua opera grafica e alla sua biblioteca. Nasce così la Collezione Tomi Ungerer presso i Musei municipali di Strasburgo, che costituirà uno dei fondi del Musée Tomi Ungerer, Centre international d'illustration inaugurato nel 2007, sotto la guida di una conservatrice d'eccezione, Thérèse Willer[3].

Dopo la morte del padre, quando Tomi ha solo tre anni, la famiglia si trasferisce nei pressi di Colmar. Negli anni della guerra la casa degli Ungerer è requisita dall'esercito mentre gli stabilimenti Haussmann che si trovavano proprio di fronte vengono trasformati in campi di concentramento. Ed è così che, durante la sacca di Colmar, il giovane Tomi scopre gli orrori della guerra. Di quegli anni si trova testimonianza nel primo volume dell'autobiografia *À la guerre comme à la guerre*[4], pubblicato in occasione dei suoi sessant'anni. Schizzi e aneddoti ricchi di humour, in particolare nelle caricature dell'universo nazista, parlano di un'infanzia felice. «Per noi bambini – dice l'artista – era come essere al cinema»[5]. Un'infanzia felice nonostante la guerra e la difficoltà di essere alsaziano in un'epoca e in una terra divise. Un libro che mostra una grande abilità nel disegno e un sorprendente spirito d'osservazione per il giovanissimo Tomi. E chiarisce le ragioni di quel profondo rifiuto della guerra e di ogni ingiustizia che si possono trovare nella sua puntuale e appassionata critica politica.

Autodidatta, cacciato per indisciplina dall'École municipale des Arts Décoratifs di Strasburgo, frequenta il centro culturale americano e gli studenti del programma di interscambio Fulbright. Così a venticinque anni parte per New York con sessanta dollari in tasca e una cartella piena di disegni. Nella Grande Mela, grazie all'incontro con l'editor Ursula Nordstrom, pubblica in soli dieci anni i suoi primi novanta libri per bambini. Sempre del periodo newyorkese sono molto noti i manifesti contro la guerra in Vietnam[6] e la segregazione razziale, insieme ai libri di satira della società alto borghese americana[7]. Negli stessi anni collabora con le riviste «Esquire», «Life», «Show», «Holiday», «Harper's Bazar», «The New York Times».

Il suo esordio nel mondo dei libri per bambini, *The Mellops Go Flying*[8], è del 1957, anno in cui si stabilisce a New York. Premiato al Children's Spring Book Festival dell'«Herald Tribune», e primo di una fortunata serie che durerà fino al 1963, il libro narra le avventure di una famiglia di maialini, costruttori di aeroplani. Pieni di risorse, questi operosi animali antropomorfizzati si tolgono sempre d'impaccio con ingegno.

> Padre e figli, partiti alla ventura, ritornano sempre a casa dove li aspetta una mamma affettuosa e un ricco pasto coronato da un dolce ricoperto di panna montata. Madame Mellops somiglia alla mia; lei mi ha sempre lasciato partire alla ventura. […] Partivo, ritornavo quando volevo per ritrovare ogni volta chi mi accoglieva a braccia aperte, senza chiedermi nulla.

Nel 1968 con *Crictor*[9] Ungerer entra definitivamente nel mondo dei libri per bambini e dà il via a quella lunga serie di «animali di dubbia reputazione, riabilitati»[10]: Adelaide il canguro volante, Emilio la piovra, Rufus il pipistrello, Orlando l'avvoltoio, tutti rifiuti del mondo animale. Le cinque favole rea-

Tomi Ungerer | The Mellops Go Flying (1957)

lizzate negli anni sessanta parlano di diversità e inclusione alla ricerca dell'identità e del proprio posto nel mondo. *Crictor* è un boa constrictor, un serpente buono messo in ghingheri, viziato e vezzeggiato da Madame Bodot che somiglia alla vecchia signora dei Babar. Con un segno leggero, tratteggiato a china negli acquarelli dalle tinte tenui, questi primi libri fanno pensare certo a Jean de Brunhoff ma anche all'amatissimo Saul Steinberg. Al centro di tutto c'è il disegno, o meglio la linea versatile e flessibile tanto da prendere la forma più appropriata: quella di una lettera e anche di un numero.

Con *I tre briganti*[11] arriva il successo internazionale. Dedicato alla sua città natale, i briganti dai grandi cappelli ricordano le torri della città di Strasburgo.

Tomi Ungerer | Die drei Räuber (1961)

Tomi Ungerer | Zeralda's Ogre (1967)

Tre malvagi briganti, civilizzati nell'incontro con una graziosa bambina di nome Tiffany, finiscono «per noia» con il dedicarsi a una causa sociale e usano i soldi messi insieme con le loro nefandezze per fare del bene. Lo stile è cambiato: essenziale e grafico, punta sull'efficacia dei colori primari a pastello dominati da un profondo blu. Il libro è stato ripreso in un film d'animazione dal titolo *Tiffany e i tre briganti*. Qualche anno più in là, esce *Il Gigante di Zeralda*[12], una fiaba pop dove il protagonista è ancora una volta un orco convertito al bene grazie all'incontro con una bambina. Dice l'autore: «buona cuoca, trasforma il mangiatore di bambini in gastronomo. È un libro per far paura ai bambini, i bambini si divertono se hanno fifa»[13]. *Il Gigante* è anche un omaggio al cibo e alla cucina, temi a lui assai cari. Da qui in avan-

Tomi Ungerer | Slow Agony (1983)

ti, Ungerer cambia stile e inizia ad affollare di personaggi la pagina, che nei suoi libri a venire sembra esplodere per restituirli alla vita, vera protagonista delle sue opere. Di nuovo una bambina per *Allumette*[14], una piccola fiammiferaia rivisitata in chiave espressionista, sempre alla sua maniera, feroce e dissacrante. Ispirata alla fiaba di Andersen, è una storia satirica che critica la società consumistica americana. Dopo *Allumette* Ungerer decide di abbandonare i libri per bambini, progetto al quale presterà fede per oltre vent'anni con qualche rara eccezione.

Stanco della vita newyorkese, «l'alsaziano che conquistò l'America» lascia nel 1971 gli Stati Uniti per la Nuova Scozia, e più precisamente per una fattoria in cui vivere con la moglie Yvonne, i loro bambini e duecento pecore, a suo parere, difficili da governare.

Artista funambolo e collezionista eccentrico, costruisce un universo iconografico restituendo dignità agli oggetti da lui inventariati alla maniera di Prévert. Oggetti che testimoniano il passaggio dell'uomo, il suo decadimento, ma anche la sua vita e i suoi affetti. Come in *Slow Agony*[15]: albo struggente del periodo canadese dallo stile classico, che prende a prestito il disfacimento di case e cose per parlare della caducità della condizione umana. Il tutto sospeso in un silenzio assordante.

Dopo soli cinque anni torna in Irlanda, nel punto più a ovest dell'Europa. Il «ritorno a casa» coincide con la pubblicazione del suo più grande successo in libreria, *Das Große Liederbuch*[16]: un libro di canzoni popolari, omaggio al Romanticismo tedesco e all'identità renana, da lui illustrato con paesaggi alsaziani. «Affinché i miei corregionali potessero riscoprire, senza svalutarle,

Tomi Ungerer | Allumette (1974)

Tomi Ungerer | Das Große Liederbuch (1975)

l'onore e l'orgoglio delle proprie origini tedesche»[17]. Ma questo libro va ancora oltre, come emerge nel commento di Antonio Faeti:

> *Das Große Liederbuch* può apparire quasi un trattato sui modi dell'illustrare. Qui l'illustrazione è al servizio del testo (questo è, come sempre, il suo statuto ontologico) però l'opera viene resa possibile soprattutto in quanto si pongono, accanto al testo, le vicende anche storiche degli stili, piuttosto numerosi, che hanno convissuto con i canti contenuti nel volume[18].

Le Diable et le bon Dieu: con questo titolo «Le Monde» introduce la recensione alla mostra parigina che il Musée des Art Decoratifs gli dedica nel 1981 per i venticinque anni di carriera. Mentre è del 1990 l'esposizione ad Angoulême *33 Spective* concepita con la partecipazione attiva dell'artista che prende parola per raccontare le sue immagini, i suoi molti volti, attraverso trentatré libri da lui scelti per festeggiare altrettanti anni di pubblicazioni, non solo per bambini. L'edizione italiana della mostra viene presentata al Palazzo delle Esposizioni di Roma nel 1991, dove ad accoglierlo ci sono gli aeroplani dei Mellops[19].

Con *Flix*[20], la storia di un cane i cui genitori sono due gatti, attualissima e dall'umorismo sovversivo, un manifesto esilarante sull'importanza della diversità, Ungerer ritorna nel mondo dei libri per bambini e alla Fiera di Bologna viene salutato con una menzione speciale del Braw «To Welcome Back A Great Artist». Un riconoscimento assegnatogli già per *L'uomo della luna*[21] nel 1966, pubblicato sempre da Diogenes, storico editore svizzero di Ungerer, mentre la sua *casa* francese sarà l'école des loisirs. Con un segno graffiante per una storia poetica e ancora una volta autobiografica, l'autore parla ai bambini di sé, perché lunatico il nostro artista lo è davvero.

> Questo Uomo Luna è l'eterna storia dell'intruso diverso dagli altri. La sua curiosità lo imbarca in avventure che si trasformano in disavventure. È un po' il mio caso […] Io stesso sono spesso sulla luna, e quando chiedo la luna faccio di tutto per ottenerla, per metterla sotto i denti. E se non riesco a farmi accettare, come l'Uomo Luna, io cambio volume per sparire.

Ungerer insorge contro ogni ingiustizia. Celebre per i suoi libri per bambini, è conosciuto nel mondo anche per i suoi disegni satirici, politici, erotici. A coronamento di una carriera di successi internazionali, arriva l'Andersen Award nel 1998; mentre nel 2003 è nominato primo ambasciatore per l'infanzia e l'istruzione dal Consiglio europeo; nel 2014 in Francia è Commandeur de l'Ordre National du Mérite.

Autore incredibilmente prolifico, per cui risulta impossibile citare tutte le sue *creature*, di una non si può tacere: *Non-stop*[22], l'ultimo libro, uscito po-

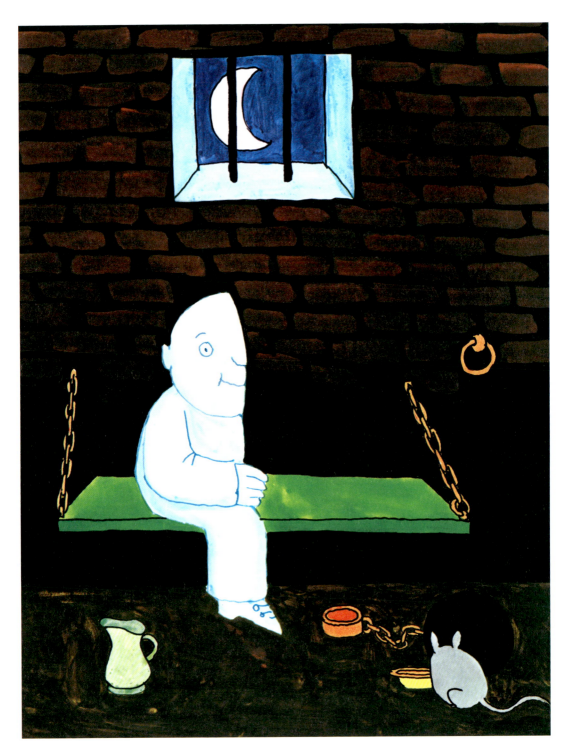

Tomi Ungerer | Der Mondmann (1966)

stumo a cura della figlia Aria, che è anche il suo testamento affettuoso e pieno di speranza. L'atmosfera è da *day after*: non c'è più nessuno, sono andati tutti sulla luna, ma i due protagonisti, un uomo e un bambino, alla fine dell'avventura trovano ad aspettarli una torta mastodontica e «per quel che ne so, se ne stanno ancora là a invecchiare in santa pace»[23].

Note

[1] T. Ungerer, *Otto. Autobiographie eines Teddybären*, Diogenes, Zürich 2003; *Otto. Autobiographie d'un ours en peluche*, l'école des loisirs, Paris 1999; *Otto. Autobiografia di un orsacchiotto*, Mondadori, Milano 2003.

[2] *Tomi Ungerer. 33 Spective*, a cura di A. Paillard, Anstett, Strasbourg 1990. Si veda anche T. Ungerer, *Il perché dei miei libri*, in *Tomi Ungerer*, a cura di P. Vassalli, catalogo della mostra al Palazzo delle Esposizioni (Roma, 10 luglio-2 settembre 1991), Carte Segrete, Roma 1991, pp. 26-31. Se non altrimenti indicato, le parole dell'artista sono tratte da questo libro-incontro.

[3] Si veda T. Willer, *Tomi Ungerer*, l'école des loisirs, Paris 2008; poi *Tomi Ungerer*, Delpire, Paris 2017.

[4] T. Ungerer, *À la guerre comme à la guerre. Dessins et souvenirs d'enfance*, La Nuée Bleue, Strasbourg 1991.

[5] Id., *Il perché dei miei libri* cit., p. 26.

[6] Id., *Politrics. Posters - Cartoons 1960-1979*, Diogenes, Zürich 1979; poi *Poster*, Diogenes, Zürich 1994.

[7] Id., *The Party*, Paragraphic Books-Grossman, New York 1966.

[8] Id., *The Mellops Go Flying*, Harper & Brothers, New York 1957. Si veda anche Id., *Die abenteuer der Familie Mellops*, Diogenes, Zürich 1978; *Le Avventure della famiglia Mellops*, Donzelli, Roma 2011.

[9] Id., *Crictor*, Harper & Row, New York 1958; *Crictor*, Mondadori, Milano 1999; poi *Crictor. Il serpente buono*, Electa («Kids»), Milano 2012.

[10] Id., *Il perché dei miei libri* cit., p. 31.

[11] Id., *Die drei Räuber*, Georg Lentz, München 1961; *Tre feroci banditi*, Emme Edizioni, Milano 1981; poi *I tre briganti*, Nord-Sud, Milano 2007.

[12] Id., *Zeralda's Ogre*, Harper & Brothers, New York 1967; *Il Gigante di Zeralda*, Mondadori, Segrate (MI) 1988.

[13] Id., *Il perché dei miei libri* cit., p. 48.

[14] Id., *Allumette*, Diogenes, Zürich 1974; *Allumette*, l'école des loisirs, Paris 1974; *Allumette*, Bompiani, Milano 1974; poi *Allumette: una piccola fiammiferaia*, Mondadori, Milano 2015.

[15] Id., *Slow Agony*, Diogenes, Zürich 1983.

[16] Id., *Das Große Liederbuch*, Diogenes, Zürich 1975.

[17] Id., *Il perché dei miei libri* cit., p. 68.

[18] A. Faeti, *Il pennino del funambolo*, in Vassalli (a cura di), *Tomi Ungerer* cit., p. 16.

[19] Si veda la nota 2.

[20] T. Ungerer, *Flix*, Diogenes, Zürich 1997; *Flix*, Mondadori, Milano 1998. Dalla storia è nata nel 2023 una serie animata per la televisione tedesca.

[21] Id., *Der Mondmann*, Diogenes, Zürich 1966; *Moonman*, Harper & Row, New York 1966; *L'uomo sulla luna*, Bompiani, Milano 1975; poi *L'uomo della luna*, Nord-Sud, Milano 2007.

[22] Id., *Non-stop*, Diogenes, Zürich 2019; *Non-stop*, Orecchio Acerbo, Roma 2020.

[23] *Ibid.*, epilogo.

Tomi Ungerer | Non-stop (2019)

Carlo Collodi | Le Avventure di Pinocchio (1911)
illustrato da Attilio Mussino

Pinocchio e la sua immagine

Roberto Innocenti
Lorenzo Mattotti

Considerato un classico di tutti i tempi e tradotto in molte lingue, *Pinocchio* è un'icona universale e probabilmente il capolavoro della letteratura italiana dell'Ottocento più conosciuto e amato nel mondo. Nato dalla penna del fiorentino Carlo Lorenzini, in arte Carlo Collodi, *Pinocchio* diventa una storia illustrata già dalla sua prima comparsa a puntate sul «Giornale per i Bambini» del 7 luglio 1881. Raccolto in volume nel 1883 con il titolo *Le Avventure di Pinocchio*[1], sarà uno dei libri più pubblicati ma soprattutto più illustrati della storia dell'editoria per ragazzi e non solo.

Enrico Mazzanti, unico disegnatore a cimentarsi con l'edizione in volume delle *Avventure* mentre Collodi è ancora in vita, è con Carlo Chiostri uno dei primi *figurinai*, come li chiamerà agli inizi degli anni settanta lo studioso Antonio Faeti nel saggio *Guardare le figure*[2], che traccia la storia del visivo nella letteratura per l'infanzia in Italia fino agli anni cinquanta del Novecento. Entrambi operano in un ambito editoriale e attingono, con una forte vocazione pedagogica, all'iconografia popolare. Certamente sono gli unici a lavorare immersi nello stesso clima sociale in cui nasce *Pinocchio*, ma non potrebbero in realtà essere più diversi. Se, nell'edizione illustrata del 1883, Mazzanti interpreta l'ambiente delle *Avventure* immergendole in una atmosfera favolistica, nel 1901 Chiostri non tradisce lo spirito dell'opera restituendole una dimensione realistica; ne rivela anzi la verità più profonda arricchendola di una visionarietà in bilico fra un rassicurante realismo e un sottile straniamento. E riesce così a interpretare lo spirito più autentico di Collodi.

Carlo Collodi | The Adventures of Pinocchio (1988) illustrato da Roberto Innocenti

Ma è con Attilio Mussino, nel 1911, che le *Avventure* perdono definitivamente il segno grafico tracciato da Mazzanti e approfondito con maestria da Chiostri per dare l'avvio a una serie di interpretazioni lunghe più di un secolo. Quella di Mussino, la prima in assoluto a colori, è una vera e propria opera di riscrittura che guarda al mondo del circo ma anche al lavoro di McCay, il già citato illustratore americano, papà di *Little Nemo* di cui Mussino cura la riduzione italiana, pubblicata in quegli anni sul «Corriere dei Piccoli». Guardando ai cartoonisti americani suoi contemporanei, Mussino impara a usare sequenze di immagini in movimento, quasi cinematografiche, e realizza quella che molti critici giudicheranno l'edizione principe del secolo. Un secolo di riscritture, una vicenda eccezionale che il lettore può approfondire consultando il catalogo della mostra realizzata per il centenario da Valentino Baldacci e Andrea Rauch[3].

> Libro evocativo e suggestivo piuttosto che descrittivo, testo che molto lascia al rapporto tra lettura e fantasia individuale; basti considerare l'indeterminatezza, quasi onirica, del paesaggio dove si collocano *Le Avventure* [...]. Paradossalmente è proprio per questa evidente difficoltà di interpretazione che *Pinocchio* è libro adattissimo a essere illustrato[4].

Tornano alla memoria le visioni di due tra i grandi disegnatori delle *Avventure*: Mussino, certamente, ma anche Roberto Innocenti nell'edizione del 1988. Distanti tra loro non solo temporalmente, i due illustratori sono tra i maggiori innovatori dell'iconografia pinocchiesca. Mussino è attento al tratteggio dei personaggi che con lui perdon l'aria dimessa per acquisire un fare estroverso, gioioso e ridondante. Mentre Innocenti si immerge nel paesaggio degradato e ferito della Toscana di fine Ottocento.

Nelle illustrazioni dell'artista fiorentino il paesaggio fa da protagonista assoluto delle *Avventure*[5] e sembra offrirgli il pretesto per un «viaggio sentimentale» all'interno della propria terra. Il suo è il primo *Pinocchio* ambientato nella Toscana di fine secolo, quasi l'autore si muovesse alla ricerca di una memoria storica e insieme della propria storia personale. Negli acquerelli di Innocenti nulla è lasciato al caso, tutto è inventariato con puntiglio.

> Collodi scriveva in Toscana ed era importante riportare il racconto in quell'epoca e in quell'ambiente. In ogni caso in tutta la campagna toscana e forse italiana l'Ottocento è finito nel 1960. Ero curioso di andare a guardar quei vecchi, quelli che erano nella mia memoria, quando erano bambini. Così ho riesumato le vecchie foto dell'Ottocento […]. Collodi non aveva bisogno di descrivere il paesaggio perché come i suoi lettori, vivendolo, lo conosceva bene. Io mi sono divertito a mettere le cose al loro posto[6].

Maestro della luce, Innocenti ama illuminare i vuoti della storia e si diverte, anzi non può fare a meno, qui come altrove, di creare contesti, di subire il paesaggio, di usare l'occhio come una macchina da presa che inquadra i protagonisti con un campo lungo e seleziona impietosamente tutto ciò che c'è dietro di loro.

Altra storia è quella che ha inizio negli anni novanta, quando vede la luce il *Pinocchio* di Lorenzo Mattotti. In realtà le prime due tavole nascono su iniziativa della Giannino Stoppani, li-

Carlo Collodi | Pinocchio (1990) illustrato da Lorenzo Mattotti

Carlo Collodi | The Adventures of Pinocchio (1988)
illustrato da Roberto Innocenti

Carlo Collodi | Pinocchio (1990)
illustrato da Lorenzo Mattotti

breria e cooperativa culturale che nel 1985 realizza a Bologna una mostra sui classici della narrativa per ragazzi nuovamente illustrati. Accettano la sfida le migliori matite del fumetto italiano dell'epoca e nasce *Doctor Pensil e Mister China. Vecchie finzioni e nuovi illustratori*[7]. Con la forza che lo contraddistingue, Mattotti realizza due tavole esemplari che certo parlano delle proprie *Avventure*: Mangiafuoco che interroga Pinocchio mentre muove le marionette e, la seconda, il burattino impiccato in una notte senza stelle. Qualche anno più tardi la casa editrice Albin Michel pubblica il *Pinocchio* di Mattotti[8], grazie a un editor d'eccezione, Jacques Binsztok, che ne curava allora la collana «Jeunesse». L'artista realizza una storia quasi astratta, dove si respira fortissima la dimensione di vuoto e di paura nella quale si muove il burattino.

> Mi colpiscono il dolore e il romanticismo di episodi come l'impiccagione o la scoperta della tomba della Bambina dai capelli turchini, che si svolgono in paesaggi inusuali. Pinocchio è un piccolo bambino che passa il tempo a prendere iniziative […]. Sono impressionato dalla sua grande solitudine. Pinocchio è un sognatore, la sua immaginazione è vagabonda e credo sia questo che ho tanto amato nella sua storia. Non sempre c'è un legame logico fra i diversi episodi […]. Il testo non permette di collocarlo in un luogo e in un tempo definiti. Vive in uno spazio immaginario, un luogo dell'anima e… di paura. È così che l'ho pensato […]. Quello che conta nel lavoro per i bambini è evocare il mistero, le luci, le ombre, l'atmosfera che tocca la loro fantasia. Un'immagine descrittiva non lascia posto al sogno. È necessario andare oltre la visione immediata per dare spazio a ricordi duraturi[9].

Mattotti predilige il lato oscuro, romantico e visionario; privilegia i momenti drammatici della storia nella quale ritrova le proprie inquietudini di bambino e abbandona ogni realismo per restituire la componente lirica cara all'autore. A molti anni di distanza, Mattotti rivisita *Pinocchio* in un'edizione del 2012 per il film animato con la regia di Enzo Dalò che gli affida la realizzazione dei disegni. Qui a catturare il pubblico è il colore mentre sono evidenti le ascendenze pittoriche dell'artista: i paesaggi futuristi, il colore espressionista, le atmosfere surreali e quasi metafisiche.

E veniamo all'oggi, nel 2019, per scoprire l'ultimo *Pinocchio*[10] di Mattotti che vede la luce in casa Bompiani con l'aggiunta di tavole paesaggistiche, studi in bianco e nero e il tono antico di un «classico per tutti», bambini e adulti, come è nella vera natura delle *Avventure*. Chiude il volume la postfazione di Grazia Gotti – pedagogista e libraia tra le animatrici della Giannino Stoppani, oggi dell'Accademia Drosselmeier[11] – che ha anche il merito di tracciare la storia editoriale del *Pinocchio* di Mattotti.

Molti artisti si sono cimentati con le *Avventure* in questo nuovo secolo. Tra questi, impossibile non ricordare il *Pinocchio* di Guido Scarabottolo[12],

183

Carlo Collodi | Le Avventure di Pinocchio (2019)
illustrato da Lorenzo Mattotti

che fa vivere il burattino nel suo universo digitale solitario e silenzioso, colorato con tinte tenui. Un universo epico per una narrazione che segue la storia sul filo della *pietas*, mentre si è coinvolti in un lamento muto. L'occasione è preziosa perché con questo titolo Scarabottolo tiene a battesimo la casa editrice Prìncipi & Princípi, nata nel 2010 da una costola dello studio grafico di Andrea Rauch che con Scarabottolo progetta gli arredi dell'Ospedale pediatrico Meyer di Firenze e quelli della Biblioteca di Scandicci. Perché diverse sono le abilità di questo artista gentile che conserva le parole e molto racconta nel suo vocabolario di segni e colori, ricchi di poesia. Grafico e illustratore, i suoi disegni sono regolarmente sulle pagine di «Internazionale» e «Il Sole 24 Ore». Grande comunicatore di idee, sue sono le copertine per la casa editrice Guanda e, non a caso, è sua la copertina di questo libro.

«Per essere una "bambinata" – direbbe a questo punto Innocenti – Pinocchio ha fatto molta strada, saltando fossi, macchie e muriccioli. Ma – aggiunge – il finale di *Pinocchio* non l'ho mai ammesso». L'artista non ha fiducia nella trasformazione di Pinocchio da burattino ribelle a bambino integrato e, per così dire, sconfitto. Si spiega, così, l'immagine conclusiva della rappresentazione del grande illustratore toscano, dove il «ragazzino perbene» è accompa-

Andrea Rauch | Pinocchio. Le mie avventure (2016)
illustrato da Guido Scarabottolo

gnato dall'ombra del burattino. Così Innocenti, che ancora oggi si indigna per ogni ingiustizia, si prende una licenza poetica e disegna «l'ombra di Pinocchio che liberatasi dall'intruso gira ancora per le strade e corre per i campi di questa Toscana».

Note

[1] C. Collodi, *Le Avventure di Pinocchio. Storia di un burattino*, ill. da E. Mazzanti, Felice Paggi, Firenze 1883.

[2] A. Faeti, *Guardare le figure. Gli illustratori italiani nei libri per l'infanzia*, Einaudi, Torino 1972; poi Donzelli, Roma 2012, 2021. Come chiarisce A. Faeti nell'introduzione del suo saggio, i veri figurinai, secondo il vocabolario, sono «venditori ambulanti di figurine e simili».

[3] V. Baldacci - A. Rauch, *Pinocchio e la sua immagine*, catalogo della mostra, Giunti Marzocco, Firenze 1981; poi Giunti, Firenze 2006. Si veda A. Rauch, *Uno, cento, mille Pinocchi. Le tre vite di un burattino tra illustrazione, pittura, scultura, design, musica, teatro, cinema, fabulazione. 1881-2023*, La Casa Usher («I libri di Omar»), Firenze 2023.

[4] *Ibid.*, pp. 17-8.

[5] C. Collodi, *The Adventures of Pinocchio*, ill. by R. Innocenti, The Creative Company, Mankato (MN) 1988; *The Adventures of Pinocchio*, Jonathan Cape, London 1988 (coprod.).

[6] P. Vassalli, *Conversazione con Roberto Innocenti*, in *Roberto Innocenti. Le prigioni della storia*, catalogo della mostra a cura di P. Vassalli e M. Cochet, art director A. Rauch, Grafis, Bologna 1989, p. 18. Per l'edizione taiwanese: art director F. Orecchio, Grimm Press, Taipei, Taiwan 1998. La mostra è stata esposta al Salone del libro di Bordeaux, nel 1989, anno in cui l'Italia era «paese ospite»; alla Galleria d'Arte moderna di Bologna (primavera 1990); al Mausoleo di Chiang Kai-shek a Taipei (inverno 1998). Se non altrimenti indicato, le parole dell'artista sono tratte da questo libro-incontro.

[7] *Doctor Pensil e Mister China. Vecchie finzioni e nuovi illustratori*, catalogo della mostra a cura della cooperativa Giannino Stoppani alla Galleria d'Arte moderna di Bologna (16 novembre-30 dicembre 1985), Grafis, Bologna 1985.

[8] C. Collodi, *Pinocchio*, ill. de L. Mattotti, Albin Michel, Paris 1990; *Pinocchio*, Rizzoli, Milano 1991; poi Fabbri, Milano 2002; *Le Avventure di Pinocchio*, Einaudi («i Millenni»), Torino 2008.

[9] C.-A. Parmegiani - P. Muñoz, *Entretien avec Lorenzo Mattotti*, in «La revue des livres pour enfants», Gallimard («Jeunesse»), Paris 1992, p. 147. Si veda E. Chieregato, *Lavori laterali: Mattotti cartoonist, illustratore, pittore*, tesi di laurea discussa all'Università degli Studi di Bologna, 1997.

[10] C. Collodi, *Le Avventure di Pinocchio. Carlo Collodi visto da Lorenzo Mattotti*, ill. da L. Mattotti, postfazione di G. Gotti, Bompiani, Milano 2019.

[11] L'Accademia Drosselmeier è un centro studi della letteratura per ragazzi e una scuola per i futuri librai fondata nel 2003, anno del ventennale della Cooperativa culturale Giannino Stoppani (https://www.accademiadrosselmeier.com/, ultima visualizzazione 18 settembre 2019).

[12] A. Rauch, *Pinocchio. Le mie avventure*, ill. da G. Scarabottolo, Prìncipi & Princípi, Firenze 2010; poi Gallucci, Roma 2016.

Štěpán Zavřel | Un sogno a Venezia (1977)

Quadragono di libri e figure

Štěpán Zavřel
Ralph Steadman

Correva l'anno 1974 quando ha inizio l'avventura editoriale della Quadragono, già galleria d'arte e prima agenzia di grafica e pubblicità in Conegliano nel Veneto. A darle il nome che fa riferimento a una figura immaginaria, a un oggetto impossibile, è forse il numero dei fondatori che sono quattro, almeno alle origini. Ma l'anima della casa editrice è Mario Vigiak che ha in mente un libro-oggetto, meglio un libro-progetto. E il progetto doveva essere davvero impossibile: un libro illustrato per tutti, adulti e bambini, con una nuova attenzione al mondo della grafica e della sperimentazione. Un progetto visionario per un'epoca effervescente, che in quegli anni vede l'editoria di settore muovere i primi passi nella direzione di un libro di qualità, nei contenuti e nella forma. Nato a Zara in Dalmazia, classe 1937, Vigiak fino a quel momento stampatore, grafico e pubblicitario dà vita a una avventura editoriale brillante e innovativa la cui scintilla si esaurisce in ogni caso nell'arco di pochi anni, fra il 1974 e il 1980. Certo non unica nel suo genere, l'esperienza della Quadragono resta tuttavia esemplare: in anticipo sui tempi – o forse troppo indietro come propone lo stesso Vigiak[1] –, registra adesioni e riconoscimenti importanti insieme a un significativo successo fra gli addetti ai lavori e gli amatori, presso i quali i suoi libri diventano oggetti di culto. Non regge però l'urto delle leggi di mercato.

La prima collezione Quadragono, «Libri & Immagini», si caratterizza tra l'altro per uno speciale grande formato verticale, assai originale anche se di difficile gestione. Collabora, anche come autore, lo studioso Ferruccio Giromini[2]

Štěpán Zavřel | Un sogno a Venezia (1977)

per una collana che si avvale di grandi firme: Umberto Eco, Marcello Bernardi, Ettore Sottsass Jr., Tullio Kezich. E di artisti di fama internazionale: Dino Battaglia, Flavio Costantini, Guido Crepax, Lele Luzzati, Karel Thole, Sergio Toppi. Tuttavia, l'esperienza si esaurisce dopo soli dodici titoli che rimarranno come una meteora nella storia dell'editoria italiana.

Nel frattempo, nasce una proposta per i più piccoli che presenta per lo più traduzioni o coproduzioni con altri paesi e con editori amici, per contenere i costi. È il caso di Štĕván Zavřel, già consulente di Vigiak il quale contribuirà a far conoscere l'artista boemo in Italia. *Un sogno a Venezia*[3] di Zavřel è il libro che inaugura nel 1977 la collana per bambini «Cieli & Azzurri». Pubblicato in prima edizione dalla casa editrice Bohem Press, di cui l'autore è cofondatore oltre che art director, il libro è un grido di allarme per la città che scompare sotto le sue acque, e insieme il suo manifesto artistico. Un titolo che rimane nella storia della casa editrice e non solo, vince nel 1989 il Premio europeo di letteratura giovanile Pier Paolo Vergerio – dedicato al grande umanista che auspicava studi liberali sin dalla più giovane età – e viene presentato al MoMA.

Bohem Press «imprime una discreta svolta all'illustrazione per l'infanzia nell'affidare largo spazio ad artisti dell'Europa dell'Est. […] Acquerelli sfumati, toni spirituali, colori bassi e velati, atmosfere orientaleggianti, preziosità bizantine, composizioni verticali, uno speciale spleen di sottofondo – queste le caratteristiche tradizionali della pur composita confraternita zavrelista»[4].

Tradizione e segno inequivocabili, dunque, che lasciano una forte impronta nei molti giovani illustratori formati grazie all'esperienza della casa-laboratorio di Sàrmede, fondata da Zavřel nel Trevigiano, non lontano da Conegliano, dove nel 1983 nasce la mostra internazionale *Le immagini della fantasia* e nel 1988 la scuola di illustrazione, entrambe ancora oggi attive.

Ma l'artista boemo deve molto anche alla scuola di Emanuele Luzzati e Giulio Gianini, che incontra nello studio d'animazione di Roma, dove collabora con i due maestri. «Da Luzzati Zavřel ricava una grande lezione di colorismo: quel colore "mediterraneo", solare, sconosciuto alla cultura slava dei paesi dell'Est e destinato a imprimere una decisiva svolta all'illustrazione europea per l'infanzia»[5].

Così, come contrappunto alle melanconie, nel segno di una scuola che ha alle spalle la grande tradizione est-europea, arrivano in quegli anni le allegrie degli autori brillanti e pieni di humour dell'innovativa tradizione britannica.

Tra gli altri, la collana propone *Prontopo Soccorso*[6] di Ralph Steadman, un albo moderno e divertente che narra il sogno del piccolo Enrico ambientato nel Pronto soccorso di un ospedale per topi. Di Steadman, fra i più rappre-

Bernard Stone | Emergency Mouse (1978)
illustrato da Ralph Steadman

Olivo Bin | 1905: Bagliori a Oriente (1979)
illustrato da Roberto Innocenti

sentativi illustratori e fumettisti della scena visiva anglosassone, attivo per lo più nel mondo del design e della stampa periodica, non si può non ricordare qui – sia pur fuori contesto – una raffinata e ironica *Alice in Wonderland*[7] del 1967. Una Alice psichedelica dall'ambientazione pop, esuberante nel ritmo e nella forma, che nel 1969 si aggiudica una menzione all'allora Premio Grafico per la Gioventù alla Fiera di Bologna.

Nella storia della Quadragono resta memorabile anche la collana «I Papermint». Questa volta la proposta, oltre che innovativa e coraggiosa, sembra particolarmente riuscita anche nel progetto grafico che porta la firma di

John Alcorn. Collana di letture storiche per adulti, «I Papermint» propone con un timbro narrativo e insieme divulgativo testi e illustrazioni di autori diversi, italiani e stranieri, che affrontano pagine poco note o controverse della storia ufficiale. Un titolo di Roberto Innocenti resta nella storia della casa editrice: *1905. Bagliori a Oriente*[8]. Sarà quello che meglio ne rappresenta l'immagine e l'identità e Vigiak lo regala spesso come biglietto da visita. Ancora oggi lo si trova in libreria per la Margherita nella collana «I libri di Roberto Innocenti».

Al numero cinque della collana l'artista narra la vicenda della guerra russo-giapponese, lo scontro di due potenze in espansione sul territorio della Manciuria, una guerra moderna che muove enormi masse di uomini e mezzi. Innocenti inquadra, attraverso l'occhio implacabile del teleobiettivo, la sofferenza di una folla di uomini mentre su di essa procede indifferente la macchina da guerra, per distruggere. Eliminata la prospettiva, tutti, uomini e macchine, sono sullo stesso piano e a tutti viene restituita uguale dignità. Un ampio dettaglio della scalinata di Odessa, inquadrata prima e dopo il massacro – irrinunciabile citazione di *La corazzata Potëmkin* di Ejzenštejn – rende con grande forza narrativa lo scorrere del tempo, conferendo alla storia l'ineluttabile e onirica fissità di un incubo. Con questo titolo si scopre anche il pubblico d'elezione di un grande artista come Innocenti che da autodidatta comincia a lavorare a vent'anni nel campo del graphic design, del cinema e dell'animazione.

> Il pubblico, il mio lettore [...] lo vedo al di là dell'editore che invece è molto spesso un vero ostacolo. [...] Io illustro per adulti e naturalmente per ragazzi, ma oltre i dieci anni, i soli che conosco e con i quali posso comunicare. Ai bambini, al contrario, non saprei cosa e come raccontare perché semplicemente non li conosco. Per il mio pubblico, in ogni caso, in Italia non esiste un vero «spazio editoriale»[9].

Una dichiarazione di poetica per Innocenti che qui rivela un segreto prezioso: si può narrare quello di cui si ha esperienza, mentre è difficile dar voce a un'infanzia negata.

Ancora un grande merito di Vigiak e della Quadragono: aver svelato la cifra stilistica più autentica dell'illustratore toscano e proposto un libro di figure per tutti, adulti e ragazzi. Un libro di cui ancora oggi si sente la mancanza e si vorrebbe trovare sempre più spesso in libreria sullo scaffale degli «illustrati per grandi lettori».

Olivo Bin | *1905: Bagliori a Oriente* (1979)
illustrato da Roberto Innocenti

Note

[1] Si veda M. Vigiak, *L'avventura del Quadragono*, in *Disegnare il libro. Grafica editoriale in Italia dal 1945 ad oggi*, a cura di A. Colonnetti, A. Rauch, G. Tortorelli, S. Vezzali, Grafis, Bologna 1989, pp. 124-7.

[2] Cfr. F. Giromini, *Conegliano 1974-1980: Furori e immortalità*, in *Una storia in forma di Quadragono*, a cura di L. De Giusti, Biblioteca dell'Immagine, Pordenone 2000.

[3] Š. Zavřel, *Venedig Morgen*, Bohem Press, Zürich 1974; *Un sogno a Venezia*, Quadragono Libri, Conegliano (TV) 1977.

[4] F. Giromini, *Un Quadragono di Cieli &Azzurri*, in *I nostri anni '70. Libri per ragazzi in Italia*, catalogo della mostra al Palazzo delle Esposizioni (Roma, 20 marzo-20 luglio 2014), a cura di S. Sola e P. Vassalli, Corraini, Mantova 2014, pp. 77-79.

[5] L. Sossi, *L'itinerario artistico di Štěpán Zavřel: per una nuova cultura dell'illustrazione per l'infanzia*, in *Štěpán Zavřel. 30 anni di illustrazioni per l'infanzia*, Centro studi di letteratura giovanile A. Alberti, Trieste 1991, p. 17.

[6] B. Stone, *Emergency Mouse*, ill. by R. Steadman, Andersen Press, London 1978; *Prontopo Soccorso*, Quadragono Libri, Conegliano (TV) 1978.

[7] L. Carroll, *Alice in Wonderland*, ill. by R. Steadman, Dobson, London 1967; Firefly Book, Buffalo (NY) 2006.

[8] O. Bin, *1905: Bagliori a Oriente*, ill. da R. Innocenti, Quadragono («I Papermint», 5), Conegliano (TV) 1979; poi la Margherita, Cornaredo (MI) 2009; *1905: L'Orient Fulmine*, Quadragono Cimarron, Conegliano (TV) 1980.

[9] Vassalli, *Conversazione con Roberto Innocenti* cit., pp. 15-22.

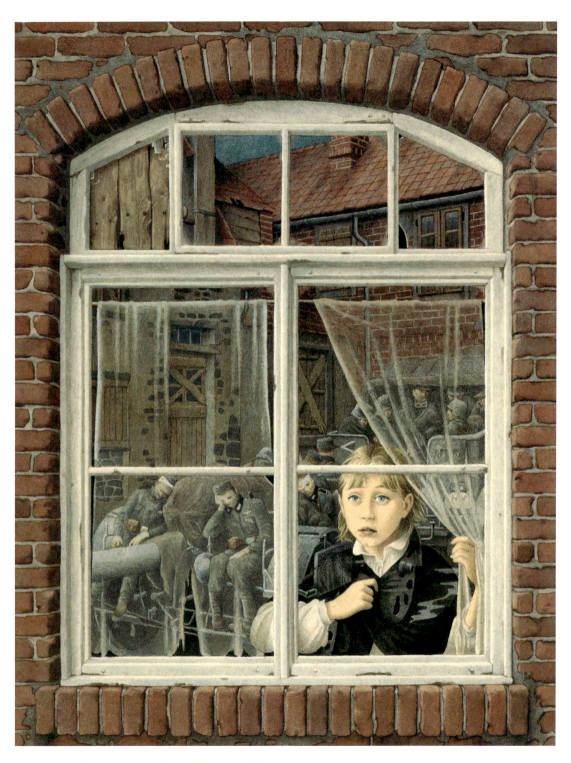

Roberto Innocenti | Rose Blanche (1985)

Rose Blanche
e le prigioni della storia

Roberto Innocenti

Rose Blanche vive in una città tedesca e saluta festosa la partenza dell'ultima leva dei soldati, mentre dalle prime ore del mattino la fila davanti al negozio del pane è già lunga e silenziosa. Un giorno però assiste alla cattura di un bambino e, seguendo il camion che lo ha prelevato, scopre in una radura baracche di legno recintate da filo spinato in cui è segregato un popolo di spettri vestiti di abiti a righe con una stella gialla sul petto. La bambina porta loro il suo cibo, finché un giorno non trova più nessuno; sono rimasti solo i solchi dei cingoli nel fango. Anche lei muore, colpita dalla pallottola di un soldato in fuga che ha paura delle ombre. La guerra è quasi finita, seguirà un'esplosione di colori e la primavera cancellerà le ultime tracce di tanta insensata desolazione.

In *Rose Blanche*[1], il capolavoro di Roberto Innocenti e insieme il suo vero debutto nel mondo dell'editoria per ragazzi nel 1985, l'artista racconta una pagina dolorosa della nostra storia: l'Olocausto. Denuncia una guerra e una violenza che non si possono tacere. Nel titolo fa riferimento a un episodio storico: la vicenda di un gruppo di giovani pacifisti, Die Weiße Rose (La Rosa Bianca), studenti dell'Università di Monaco che intorno al 1942, durante l'ultima fase della guerra, pagavano con la vita la propria capacità di resistenza e opposizione al nazismo. *Rose Blanche* è un libro di figure e rivela la cifra stilistica più autentica dell'artista fiorentino, alla cui forza nulla aggiunge il testo.

A proposito di *Rose Blanche*, mi sento un vecchio alla ricerca della propria infanzia. Al di là del mio interesse per la storia, è legata a ricordi personali, alla memoria della guerra che ho visto da bambino. Per un'età in cui normalmente non si ricorda nulla, io conservavo al contrario ben impresse nella memoria le immagini

THERE WAS a gentleman who married, for his second wife, the proudest and most haughty woman that was ever seen. She had, by a former husband, two daughters who were, indeed, exactly like her in all things. He had, by another wife, a young daughter, but of unparalleled goodness and sweetness of temper, which she took from her mother, who was the best creature in the world.

No sooner were the ceremonies of the wedding over than the stepmother began to show herself in her true colors. She could not bear the good qualities of this pretty girl, especially because they made her own daughters appear the more odious. She employed the girl in the worst work of the house, making her scour the dishes and tables and clean the stepmother's chamber, as well as those of her daughters.

Charles Perrault | Cendrillon (1983)
illustrato da Roberto Innocenti

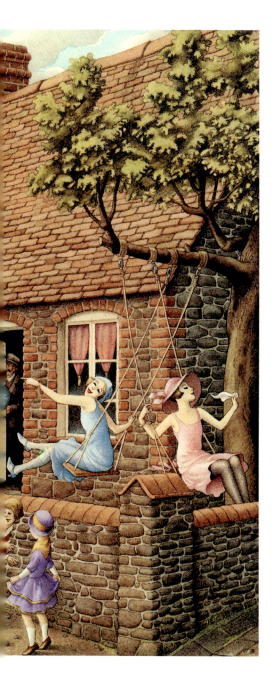

della guerra. E fra le immagini più forti il paesaggio, prima e dopo quella devastazione. *Rose Blanche* è una fiaba ma allo stesso tempo ha uno scopo: è un invito a riflettere su questioni importanti troppo spesso taciute. Racconta l'ultima pagina di storia moderna, la prima di storia contemporanea, quel 9 maggio 1945. Una pagina importante della nostra storia che la scuola ignora. È preferibile dimenticare, non vedere, chiudere gli occhi. Questo mio libro aiuta a parlare di alcune cose difficili con i ragazzi[2].

Racconta Innocenti di aver mostrato le prime tavole del libro all'illustratore svizzero Etienne Delessert. Un progetto che ha nel cassetto da anni al quale nessun editore italiano sembra interessato «perché troppo difficile». Delessert arriva a lui grazie al graphic designer americano John Alcorn. Si narra che la risposta sia semplice: «Questo libro va fatto». È l'aprile del 1983 quando Delessert incontra Innocenti nello studio fiorentino con Rita Marshall, book designer dallo stile raffinato e fuori dalle mode. Affascinata dalla particolare cifra stilistica dell'illustratore, Rita lo invita a creare una *Cenerentola* moderna per la collana «Grasset Monsieur Chat»[3], l'originale lettura delle fiabe classiche rivisitate da artisti contemporanei. Innocenti si diverte a inquadrare la fiaba in un contesto storico e realizza una personalissima e ironica versione di *Cenerentola*[4] ambientata in una Londra fine anni venti nei pressi di Buckingham Palace. Una tavola in particolare ha un elemento curioso e del tutto originale: «L'allu-

Roberto Innocenti | Rose Blanche (1985)

sivo passaggio del cieco con cane e bastone e il giuoco a mosca cieca dei bambini sono rafforzati dalla volontà di vedere che Cenerentola esprime attraverso la simbolica pulizia dei vetri»[5].

Ma chi sarà mai il cieco guidato dal cane? Dice l'artista: «Io mi comporto come un pittore del Rinascimento, lavoro per un mecenate, anche se non so ancora chi sarà. Mentre trovo che il pittore oggi è solo». In un'epoca in cui il mecenate è impegnato ad allargare il proprio potere e la comunicazione, sempre meno libera, sembrerebbe che la ricerca, la possibilità di vedere oltre siano davvero vietate. L'artista però non è solo, ha trovato la bambina che gli consente di non credere alla legge delirante che vorrebbe imporre un *verboten*, un categorico e omicida «È vietato vedere». Lui stesso conferma: «In realtà quando nella storia c'è un'Alice mi interessa di più […] credo che tutti abbiano quest'Alice che vuole andare oltre. È una guida che funziona».

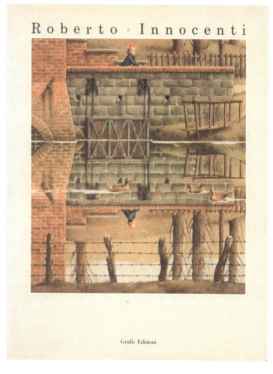

Paola Vassalli e Michèle Cochet | Roberto Innocenti. Le prigioni della storia (1989)

Nella primavera del 1990, la Galleria nazionale d'Arte moderna di Bologna propone la prima grande personale di Innocenti, che sarà in seguito presentata a Taipei[6]. Per i curatori la mostra vuole essere una sfida a infrangere quelle prigioni che avevano relegato Innocenti fuori dai confini del suo paese. Sfida per altro in perfetta sintonia con la trasparenza verso la quale tende tutta l'opera dell'artista. La possibilità di vedere la realtà al di là e nonostante le opacità che le ideologie depositano sulla storia. Dice Innocenti: «Le mie letture preferite sono i libri di storia […]. Trovo che accadano cose molto più strane nella realtà che nella fantasia».

Fra il 1985 e il 1987 Innocenti collabora al progetto del «Time Life», *The Enchanted World*. L'iniziativa ha il merito di proporre le prime tavole di quello che sarà uno straordinario *Schiaccianoci*[7], svelando – come suggerisce

E. T. A. Hoffmann | Nutcracker (1996)
illustrato da Roberto Innocenti

Roberto Innocenti | The Last Resort (2002)

Antonio Faeti – una componente stilistica determinante del nostro autore, quella hoffmanniana. In perfetta sintonia con lo spirito del grande E. T. A. Hoffmann, Innocenti tratteggia a forti tinte il clima inquietante di un Natale borghese. E insiste sulla psicologia dei protagonisti, delineando un doppio binario tra realtà materiale e dimensione inconscia, a sottolineare quel tragico dissidio tra mondo adulto realistico e mondo infantile fantastico.

A proposito del suo modo di narrare per immagini, meglio di rappresentare, mettere in scena, dare luce al testo, Innocenti procede con un'adesione alla realtà esasperata, quasi maniacale, mai realistica, a volte surreale, spesso trasgressiva. E confessa:

> Quando costruisco una storia ho bisogno di inquadrarla nella realtà circostante e di subirla finché la storia si svolge. È un po' una prigionia, perché sono costretto a guardare tutto quello che c'è intorno e annotarlo […]. Se nei miei disegni c'è molto realismo significa semplicemente che non ho lavorato abbastanza bene.

A differenza di Maurice Sendak che coglie il momento di maggior tensione narrativa del testo[8], Innocenti sceglie due piani paralleli, realtà e immaginazione, creando continui rinvii e straniamenti. Preferisce «sottolineare i vuoti della storia per riempire questi spazi con annotazioni che sembrano marginali, ma preparano il terreno ad altre situazioni. Per me – dice Innocenti – le storie del racconto sono sempre due, una principale e l'altra secondaria».

Così *L'ultima spiaggia*[9] nel 2002 è insieme l'autobiografia letteraria dell'autore e una dichiarazione di poetica sul tema della creatività. Come per tutti i suoi libri, Innocenti usa con maestria l'acquarello «alla ricerca di un'espressione tutta personale, anche sul piano formale». Nel pieno di una crisi creativa, dopo aver smarrito la capacità di immaginare, l'artista intraprende un viaggio che lo porta a Finisterre dove in uno strano albergo incontrerà i personaggi che hanno nutrito la sua biografia di lettore. Potente macchina narrativa, il libro presenta un campionario di ritratti legati alla dimensione del narrare e, soprattutto, del narrare per immagini. Con il ragazzo pescatore, forse l'Huckleberry Finn nato dalla penna di Mark Twain, ritroverà lo stupore mentre con la Sirenetta recupererà la capacità di *sentire*. E quel signor Grigio Grigi, certo con l'aiuto del tenace commissario Maigret, gli permetterà di mettere insieme le tessere del puzzle. Con lui ritroverà i colori e insieme il vero significato delle cose. Alla fine del viaggio, avrà di nuovo «l'abilità di rendere reale quel che si immagina».

Innocenti utilizza linguaggi diversi: la fotografia e il cinema, la scenografia e l'architettura, la grafica e la cartellonistica, con una cifra stilistica in linea con lo stile tardo-romantico. O postmoderno, come nella sua versione della fiaba di Cappuccetto Rosso[10], dove la bambina vive in una volgare metropoli dei nostri giorni, mentre la nonna è un ologramma e il bosco il centro commerciale. Una fiaba contemporanea e di denuncia politica che evidenzia il coinvolgimento dell'autore nelle problematiche sociali. L'opera di Innocenti racconta l'onda lunga del Novecento mentre l'artista accetta il ruolo del testimone e lo declina in chiave estetica, etica e politica.

Nato a Bagno a Ripoli il 16 febbraio del 1940, Innocenti vive e lavora nella sua amata campagna toscana. Autodidatta, pubblica i primi lavori di grafica sul *Graphis Annual*. Il successo arriva grazie alla stima e all'amicizia di Tom Peterson, raffinato editore indipendente di Mankato, nel Minnesota, che per i tipi della Creative Company pubblicherà i suoi libri aprendogli le porte del mercato internazionale. Per il giovane Tom, Roberto Innocenti e il suo *Rose Blanche* costituiscono il primo ricordo e il debutto nel mondo dei libri per ragazzi[11]. Mentre sarà ancora un piccolo editore indipendente, Alfredo Stoppa delle edizioni C'era una volta…, a pubblicarli in Italia[12].

Roberto Innocenti | The Girl in Red (2012)

Numerosi i riconoscimenti internazionali: fra i più prestigiosi la Golden Apple di Bratislava ricevuta nel 1985 per *Rose Blanche* e nel 1991 per il dickensiano *Canto di Natale*, tra i suoi libri di maggior successo da consigliare a piccoli e grandi lettori. Sempre nel 1985 il premio Gustav Heinemann per la pace. Nel 2008 Innocenti viene insignito dell'Andersen Award, secondo italiano nella storia dopo Gianni Rodari. Nell'autunno del 2020 gli viene assegnato il Premio Maestro d'Arte e Mestiere (Mam) nella categoria «illustrazione e fumetto», un riconoscimento alle eccellenze tra i Maestri d'Arte italiani, un omaggio alle «mani intelligenti» del *bel paese*.

Note

[1] R. Innocenti, *Rose Blanche*, écrit par C. Gallaz, Script, Neuchâtel 1985 - 24 Heures, Lausanne 1985; The Creative Company, Mankato (MN) 1985 (coprod.); *White Rose*, written by I. McEwan, Jonathan Cape, London 1985; *Rosa Weiss*, Alibaba Verlag, Frankfurt a.M. 1986; *Rosa Bianca*, C'era una volta…, Pordenone 1990.

[2] P. Vassalli, *Conversazione con Roberto Innocenti*, in *Roberto Innocenti. Le prigioni della storia*, a cura di P. Vassalli e M. Cochet, Grafis, Casalecchio di Reno (BO) 1989, pp. 15-22. Se non altrimenti indicato, le parole dell'artista sono tratte da questa conversazione.

[3] Si veda *supra*, p. 105.

[4] C. Perrault, *Cendrillon*, ill. de R. Innocenti, Grasset «Monsieur Chat», Paris 1983; *Cinderella*, The Creative Company, Mankato (MN) 1983 (coprod.).

[5] P. Pallottino, *Il muro e lo specchio*, in Vassalli - Cochet (a cura di), *Roberto Innocenti* cit., p. 36.

[6] La mostra *Roberto Innocenti. Le prigioni della storia* a cura di P. Vassalli e M. Cochet, art director A. Rauch viene presentata al Salon du Livre di Bordeaux (autunno 1989), alla Galleria d'Arte moderna di Bologna (primavera 1990); al Chiang Kai-shek Memorial Hall di Taipei, Taiwan (inverno 1998).

[7] E. T. A. Hoffmann, *Nutcracker*, ill. by R. Innocenti, The Creative Company, Mankato (MN) 1996.

[8] Si vedano di M. Sendak le illustrazioni per le fiabe dei Fratelli Grimm e quelle per I. B. Singer, *Zlateh la capra e altre storie*, trad. it. di E. Zevi, Adelphi, Milano 2021 (ed. or. *Zlateh the Goat and Other Stories*, Harper & Row, New York 1966).

[9] R. Innocenti, *The Last Resort*, written by J. P. Lewis, The Creative Company, Mankato (MN) 2002; *L'ultima spiaggia*, C'era una volta…, Pordenone 2002.

[10] R. Innocenti, *The Girl in Red*, written by A. Frisch, The Creative Company, Mankato (MN) 2012; *Cappuccetto Rosso. Una storia moderna*, la Margherita, Cornaredo (MI) 2019.

[11] Cfr. T. Peterson, *La gratitudine di un editore*, in *Bologna Ragazzi Award. Quarant'anni di premi della Fiera del libro per Ragazzi in Biblioteca Sala Borsa*, a cura di E. Massi e V. Patregnani, Clueb, Bologna 2007, pp. 31-5.

[12] Oggi i libri di Innocenti sono pubblicati in Italia dalla casa editrice la Margherita.

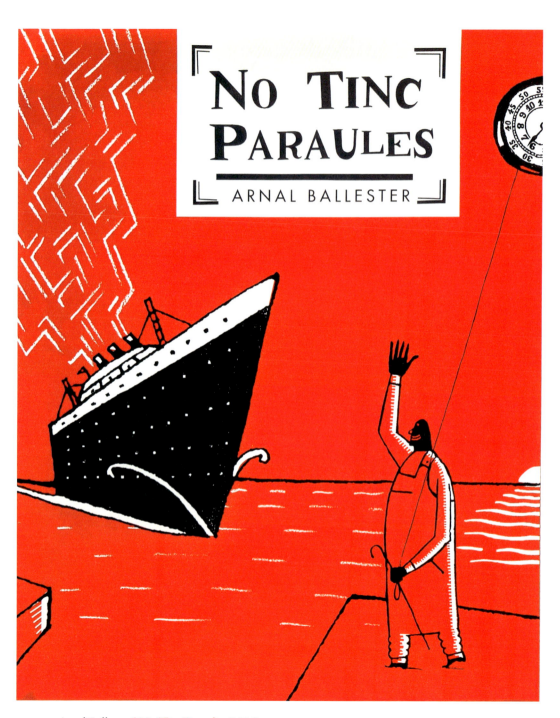

Arnal Ballester | No Tinc Paraules (1998)

Silentbook: la voce dei libri senza parole

Iela Mari
Mitsumasa Anno
Arnal Ballester
David Wiesner
Shaun Tan
Suzy Lee

I libri senza parole sono «meraviglie mute»[1] dalla voce potente che nasce e cresce nel dialogo silenzioso fra lettore e autore. E sono libri trasversali grazie al linguaggio delle immagini che per sua natura è senza limiti né confini: non geografici, non di età. Ancora una volta il parallelo viene naturale con il cinema, meglio con il cinema muto, ma non solo, anche con il teatro, la musica, la poesia visiva. Scrive Marcella Terrusi nel suo saggio dedicato ai *silentbook*:

> La storia degli albi illustrati senza parole – i *silentbook* – è frutto del coraggio di editori, autori e artisti che offrono all'infanzia nuove possibilità di visione. Illustrazione, pittura, fumetto, fotografia, cinema, letteratura, pantomima, musica confluiscono nel linguaggio narrativo dei libri per immagini. I libri muti concorrono così a educare il nostro sguardo, ci invitano a provare meraviglia e spaesamento, dispongono nuove immersioni nell'immaginario e al contempo determinano un nuovo rapporto con la parola[2].

Del resto «non esiste lettura più universale e insieme più personale del racconto per immagini», aggiunge la studiosa di letteratura per l'infanzia Sophie Van der Linden.

> L'albo senza parole è un libro certamente di non immediata lettura: può allontanare i genitori, a volte dissuade i bambini, perché chiede di abbandonare il comfort di una lettura abituale per, letteralmente, costruire senso! In ogni caso questi libri non

sono poi così difficili. Prendere coscienza del tipo di libro a cui ci si avvicina, leggere, veramente, le immagini, creare senso a partire da queste, soffermarsi a comprendere quello che accade nel passaggio dall'una all'altra: ecco niente di più facile, questa la chiave di lettura. Di fronte al continuo flusso di immagini, è importante far leggere ai bambini libri senza parole, per invitarli a un atteggiamento attivo di lettori appassionati di figure[3].

La storia del libro senza parole corre parallela alla storia del picturebook quando gli illustratori, non più al servizio del testo, si sentono liberi di scrivere una nuova grammatica della narrazione visiva e svelare la partitura del racconto per sole immagini. Ricordando Maurice Sendak, si può dire che questi artisti sono in grado di trovare quella musicalità, quel «ritmo autentico che costituisce l'essenza di un picturebook»[4], con o senza parole.

Per tracciare a grandi passi un percorso nell'universo del *silent book* contemporaneo, si può partire da quegli anni sessanta quando a Milano, patria italiana del design, Rosellina Archinto – nata Marconi – al ritorno da un viaggio in America fonda nel 1966 la sua Emme Edizioni[5]. Genovese, Rosellina non solo porta in Italia il meglio della produzione internazionale, ma pubblica anche all'estero gli artisti italiani, stimolando e valorizzando quelli che sono gli esiti mi-

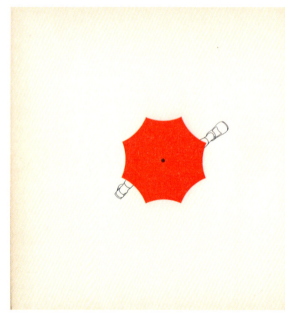

Iela Mari | Il palloncino rosso (1967)

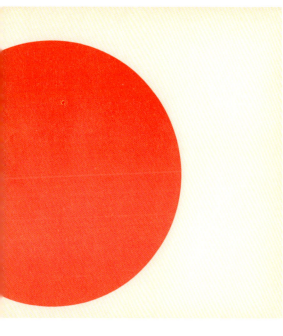

gliori di questa tradizione. Nel tentativo di cambiare il volto dei libri per bambini, l'editrice decide di fare buoni libri da guardare e da leggere grazie al lavoro di scrittori, illustratori, grafici, fotografi che vengono da altri mondi ma scelgono l'editoria per ragazzi come territorio di ricerca e sperimentazione. In anticipo sui tempi, la Emme pubblicherà per vent'anni libri di autori che operano a cavallo fra l'Europa e l'America come Lionni, Sendak, Ungerer, Carle, ma anche Munari, Luzzati e Mari, Iela e Enzo. Sono «libri per i figli degli architetti», come li chiamano in quegli anni non senza una buona dose di ironia, a volte criticati, certamente accettati con difficoltà per l'alto tasso di innovazione. Molti di questi titoli sono libri senza parole, libri che hanno fatto scuola e creato un medium, il *silentbook* narrativo, oggi sempre più all'avanguardia. Perché come Rosellina sa bene: «Il pensiero del bambino è prevalentemente visivo [...] l'aspetto grafico, l'originalità del segno, il colore, la fantasia, l'alternarsi di reale e magico si propongono di corrispondere ai bisogni più profondi dell'universo infantile»[6].

Così insieme a *Piccolo blu e Piccolo giallo* la esordiente Emme Edizioni pubblica *Il palloncino rosso*[7], il primo libro di Iela Mari[8]. Gabriela Ferrario, detta Iela, è già autrice di alcuni titoli per piccolissimi realizzati con il marito Enzo,

Mitsumasa Anno | Il viaggio incantato (1978)

conosciuto all'Accademia di Brera quando frequentava il corso di pittura di Aldo Carpi. Insieme progettano innovativi libri senza parole che narrano i cicli della natura, oggi grandi classici per lettori di tutte le età. *Il palloncino rosso* è un libro, insieme filosofico e poetico, sulla metamorfosi: una bolla di chewing-gum si trasforma in pallone, mela, farfalla, fiore e infine nell'ombrello del bambino che ci soffiava dentro. Colori tersi e campiture piatte, il verde e il rosso del palloncino, guidano il lettore in un mondo bianco e silenzioso dove tutto è in movimento mentre il bambino scopre il ciclo continuo della vita. I suoi libri, come spesso i *silentbook*, sono circolari e cioè senza un inizio e una fine, tutto accade e può accadere ancora perché così è nel succedersi, tramandarsi, della vita.

Circolare è anche *Il viaggio incantato*[9] del 1978 a firma di un grande maestro, il giapponese Mitsumasa Anno. Una cultura antica e una poetica assai personale per narrare il viaggio dell'uomo nel tempo sospeso della vita che scorre. Un cavaliere medievale attraversa l'Europa, arriva dal mare e al mare ritorna dopo un lungo viaggio in sella al suo cavallo. Un racconto corale dalle immagini minuziose, immerso nelle brume del Nord. Un viaggio dalla campagna alla città ricco di citazioni dal mondo delle fiabe e dalla storia dell'arte. Nella tradizione della pittura giapponese su rotolo, l'immagine scorre a piena pagina con una inquadratura «a volo d'uccello» che genera continuità. Anno nasce in un villaggio nell'Ovest del Giappone e insegna arte alla scuola primaria prima di dedicare il suo tempo a scrivere e illustrare libri, con cui diventa una star dal successo internazionale. Riceve l'Andersen Award come miglior illustratore nel 1984. I suoi fantastici picturebook sono ancora oggi amati da piccoli e grandi lettori.

E il secolo si chiude con la casa editrice Media Vaca che lancia nel 1998 la propria collana per ragazzi con un libro che già nel titolo è un manifesto programmatico, *No Tinc Paraules*[10] del catalano Arnal Ballester. Un *silentbook* di ben centoventi pagine in una raffinata bicromia, un linguaggio per sole immagini indipendente e trasgressivo, festoso e ironico che guarda alla Pop Art e ancor più al fumetto americano del primo Novecento.

Così, scorrendo la linea del tempo, si entra nel nuovo millennio per trovarsi in piena *nouvelle vague*[11] del libro di sole immagini di genere narrativo. E si rimane letteralmente senza parole nell'incontro con i *silentbook* dell'americano David Wiesner. In *Flotsam*[12] protagonista del racconto è l'occhio, o meglio lo sguardo. Sulla riva del mare un ragazzino trova un relitto: una vecchia macchina fotografica di nome Melville e dal rullino gli vengono incontro, insieme a fantastici universi paralleli sottomarini, i volti dei ragazzi che prima di lui hanno avuto fra le mani questa strana macchina del tempo. Come in una matrioska, una ragazzina sorridente mostra una foto di un ragazzino che sorride, e via così indietro nel tempo. Il protagonista accetta la sfida: restituirà Melville all'oceano, ma solo dopo aver lasciato una nuova foto-traccia di sé e del suo volto. Con uno stile fotografico, realistico e insieme visionario, l'autore regala storie fantastiche fornendo al lettore sempre nuovi indizi ma lasciandolo libero di trovare la propria personalissima voce. Un libro-manifesto[13], un capolavoro per il quale l'artista riceve per la terza volta la Caldecott Medal.

A proposito di grandi riconoscimenti, nel 2007 *The Arrival*[14] dell'australiano Shaun Tan vince una menzione speciale del Braw per la Fiction. Separazione e migrazione sono i temi del racconto: un uomo lascia la sua terra per andare altrove e nell'incontro con l'altro comunica senza parole, semplicemente disegnando, e scopre l'unica lingua in grado di unire persone tra loro straniere, quella dell'accoglienza. Ancora un capolavoro frutto di anni di lavoro, un flusso di immagini surreali, oniriche, con continue variazioni di rit-

David Wiesner | Flotsam (2006)

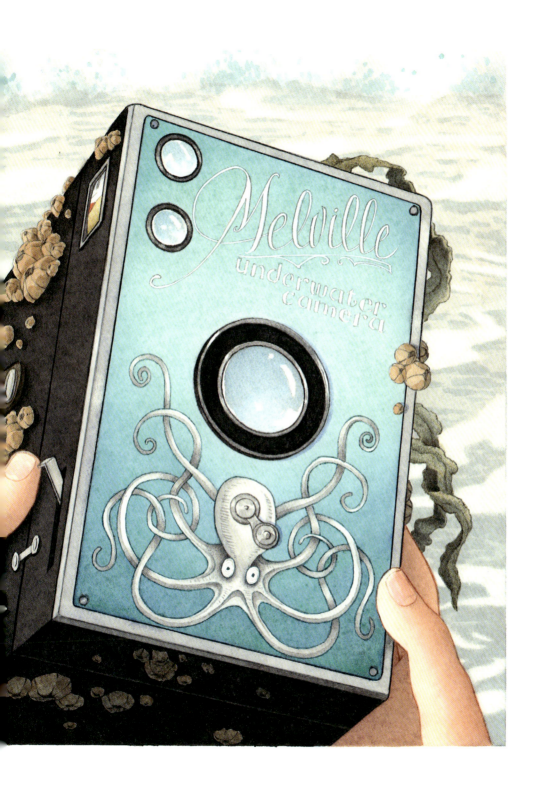

Suzy Lee | Wave (2008)

mo. Una toccante storia attualissima: un *unicum*, un graphic novel senza parole per grandi lettori. Tan vive a Melbourne dove lavora come autore, illustratore e film-maker. Grafite, china, pastelli, collage e pittura contribuiscono a rendere ogni suo libro un esperimento di narrazione e di ricerca visiva e verbale. Il suo stile è sempre imposto dal testo e centrale nella sua poetica resta il tema dell'appartenenza e dell'identità[15]. Nel 2011 vince il prestigioso Lindgren Memorial Award per essere riuscito a coniugare «una brillante capacità narrativa con una profonda umanità».

    Ma non si può chiudere senza passare per Suzy Lee, l'artista coreana in bilico tra tradizione e modernità, tra poesia e racconto. Il suo libro di maggior successo, *L'onda*[16] è la storia dell'incontro fra due mondi: la bambina e il mare. Su una spiaggia deserta in una giornata estiva, in compagnia della mamma, una bambina corre verso la riva. Curiosa osserva il mare che la invita a giocare. Vorrebbe avventurarsi, superare il limite che divide il mondo terrestre da quello acquatico ma la paura è tanta… Qui il centro del libro, la rilegatura, funziona come confine tra realtà e fantasia e l'intero oggetto partecipa alla narrazione: dal formato all'uso della doppia pagina, dal colore nelle sfumature del grigio sabbia e blu mare fino alla tecnica, carboncino e acrilici rielaborati digitalmente. La bambina di Suzy attraversa il confine, supera il limite per entrare in una nuova dimensione e lo fa con poetici albi illustrati senza parole. Per l'artista il disegno è lo strumento per conoscere il mondo. E lì, su quel confine, da quel limite, oltre quell'orizzonte, per l'artista nasce

la creatività insieme alla curiosità e al coraggio. In quella che l'autrice chiama *La trilogia del limite*[17], composta dagli albi *Mirror*, *L'onda* e *Ombra*, è «il libro stesso a diventare parte dell'esperienza di lettura». Nel 2022 anche Suzy Lee riceve il Premio Andersen e queste sono le domande che l'artista pone nel discorso di accettazione:

> Un'immagine è un'illusione? Un palcoscenico è il confine fra fantasia e realtà? [...] È quello che fanno i bambini quando giocano: stanno al confine tra fantasia e realtà, ne entrano e ne escono facilmente. Un libro illustrato è il «palcoscenico». [...] Quando apri il libro, il mondo immaginario inizia a muoversi. E quando lo chiudi il sipario si chiude. Hai rimesso questo mondo sullo scaffale[18].

Il linguaggio dei libri senza parole riscopre il silenzio per favorire l'incontro con le storie, con l'altro, ma anche con sé stessi. Questi libri sono stati raccolti, insieme a molti altri partiti da tutto il mondo, grazie al progetto *Libri senza parole. Destinazione Lampedusa*[19] realizzato da Ibby Italia con il Palazzo delle Esposizioni di Roma, alla sua decima edizione nel 2022. Un progetto che ha fatto nascere e vivere una biblioteca sull'isola al centro del Mediterraneo. Come scriveva Giusi Nicolini, allora sindaco di Lampedusa: «Una biblioteca per i bambini dell'isola, che possano imparare a distinguere l'orizzonte dal confine; per i bambini che passano perché Lampedusa non sia soltanto la tappa di un viaggio. Perché attraverso i libri è possibile costruire una cultura dell'accoglienza, del rispetto, della partecipazione»[20].

Libri senza parole. Destinazione Lampedusa (2013)
a cura di Ibby Italia e Palazzo delle Esposizioni, Roma

Note

[1] M. Terrusi, *Meraviglie mute. Silent book e letteratura per l'infanzia*, Carocci («Frecce»), Roma 2017. Per la genesi dell'espressione «meraviglie mute» presa in prestito da Franco Maria Ricci, editore d'arte, si veda *ibid.*, p. 13.

[2] *Ibid.*, dalla presentazione dell'autrice in bandella e più diffusamente a p. 53.

[3] *Libri senza parole. Destinazione Lampedusa/Silent Books. Final Destination Lampedusa*, taccuino di lavoro prodotto dal Palazzo delle Esposizioni con Ibby Italia in occasione dell'omonima mostra (Roma, 7 maggio-21 luglio 2013), PdE, Roma 2013.

[4] Cfr. M. Sendak, *Caldecott & Co. Note su libri e immagini*, trad. it. di G. Nutini, Edizioni Junior, Modena 2021.

[5] Si veda *Alla lettera Emme: Rosellina Archinto editrice*, Giannino Stoppani edizioni, Bologna 2005; *La casa delle meraviglie. La Emme Edizioni di Rosellina Archinto*, a cura di L. Farina, Topipittori, Milano 2013.

[6] R. Archinto, dalla premessa al catalogo Emme del 1985, cit. da I. Tontardini, *Senza Parole: Il respiro delle immagini*, in Farina, *La casa delle meraviglie* cit., p. 134.

[7] I. Mari, *Il Palloncino Rosso*, Emme Edizioni, Milano 1967; poi Babalibri, Milano 2004.

[8] Si veda *Iela Mari. Il mondo attraverso una lente*, a cura di Hamelin Associazione culturale, Babalibri, Milano 2010.

[9] M. Anno, *My Journey*, Fukuinkan Shoten, Tokyo 1977; *Il viaggio incantato*, Emme Edizioni, Milano 1978 (II ed. 1983); poi Babalibri, Milano 2018.

[10] A. Ballester, *No Tinc Paraules*, Media Vaca («Libros para Niños»), València 1998.

[11] Terrusi, *Meraviglie mute* cit.

[12] D. Wiesner, *Flotsam*, Clarion Books, New York 2006; *Flutti*, Orecchio Acerbo, Roma 2022.

[13] Cfr. M. Terrusi, *Il mare delle Immagini: un libro manifesto*, in *Meraviglie mute* cit., p. 24.

[14] S. Tan, *The Arrival*, Lothian, Melbourne 2007; *L'approdo*, Elliot, Roma 2008; poi Tunué, Latina 2016.

[15] Si veda M. Negri, *Fiabe di periferia. Le molte vie del racconto nei libri di Shaun Tan*, in *Scrivere, leggere, raccontare… La letteratura per l'infanzia tra passato e futuro. Studi in onore di Pino Boero*, a cura di A. Antoniazzi, Franco Angeli, Milano 2019, pp. 199-214.

[16] S. Lee, *Wave*, Chronicle Books, San Francisco 2008; *L'onda*, Corraini, Mantova 2008.

[17] Ead., *La trilogia del limite*, Corraini, Mantova 2011; poi *The Border Trilogy*, Corraini, Mantova 2018.

[18] S. Lee dal discorso di accettazione del Premio Andersen, tenutosi a Putrajaya in Malesia durante il Congresso Ibby nell'agosto 2022.

[19] Si veda E. Zizioli - G. Franchi, *I tesori della lettura sull'isola. Una pratica di cittadinanza possibile*, Sinnos, Roma 2017.

[20] G. Nicolini, in Ibby Italia - Palazzo delle Esposizioni (a cura di), *Libri senza parole. Destinazione Lampedusa* cit.

Shaun Tan | The Arrival (2006)

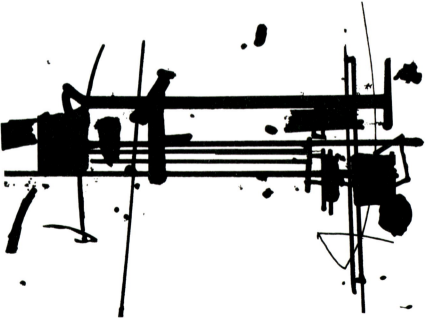

Giulio Gianini e Emanuele Luzzati | Opera buffa (inedito, 1984)
Květa Pacovská | Alphabet (1996)

Teatro, che passione!

Emanuele Luzzati
Květa Pacovská

Si è a teatro in questa immagine di Luzzati che è fondale, bozzetto, illustrazione e già spettacolo. Mentre la partitura in bianco e nero della Pacovská invita all'ascolto della colonna sonora, per sentire il brusio della folla, l'eccitazione dell'attesa, il fervore che precede l'attimo di silenzio mentre si alza il sipario. Quinte, palchi affollati in un teatro settecentesco dove gli attori stanno per entrare in scena. «Che lo spettacolo abbia inizio... è il teatro, bellezza!».

Emanuele Luzzati e Květa Pacovská sono accomunati da una straordinaria passione per lo spazio: lo spazio scenico e quello della pagina stampata. Fra i massimi artisti del panorama internazionale, si collocano entrambi nella tradizione visiva della cultura mitteleuropea e fanno propria la lezione delle avanguardie storiche del Novecento. Secolo che attraversano calcando le scene dello spettacolo e della ricerca artistica contemporanea, da protagonisti anche dell'editoria per ragazzi in Europa e nel mondo.

Scenografo, costumista e disegnatore di fama internazionale, Emanuele Luzzati, per gli amici Lele, nasce in una casa tipicamente genovese. Se ne allontana solo quando, a seguito delle leggi razziali, si trasferisce a Losanna dove studia all'École des Beaux-Arts et des Arts Appliquées e, a metà degli anni quaranta, dà vita con gli amici Alessandro Fersen e Aldo Trionfo alla propria attività teatrale. Realizza scenografie e costumi per la prosa, la lirica e la danza e ottiene i massimi riconoscimenti internazionali anche grazie alla collaborazione con la Biennale di Venezia e il Maggio Musicale Fiorentino. Nel 1975 dal sodalizio con Tonino Conte, autore e regista teatrale, nasce il Teatro della Tosse, che apre le porte ai ragazzi e alla scuola. La mostra *Il sipario magico*[1], rea-

Emanuele Luzzati | Ubu incatenato (1978)
locandina per il Teatro della Tosse

lizzata nel 1980 con la partecipazione attiva dell'artista, è il primo grande riconoscimento. Mentre dieci anni più tardi con *Le mille e una scena*[2] si fa il punto sulla sua opera nel mondo del teatro, del cinema e dell'illustrazione. Una ricerca artistica che è una grande narrazione per uno dei protagonisti della creatività italiana del Novecento.

Lele è un principe della scena e il rapporto con il teatro è sempre presente nella sua opera dal segno fortemente riconoscibile, sia che accompagni libri per ragazzi, strutture per il palcoscenico, imperdibili film d'animazione. Luzzati ha basato il suo lavoro su una eccezionale capacità di mescolare linguaggi, tecniche, stili, materiali e culture. Lo fa inseguendo un gioco di metamorfosi e citazioni di cui egli stesso svela il segreto quando parla del «leggero mutamento che subiscono tutti questi temi e i loro personaggi cambiando tipo di raffigurazione» e specifica che «ogni tecnica ha le sue esigenze e le sue regole ed è molto interessante e appassionante ricavarne l'essenzialità, avendo già un tema, dei colori e delle forme»[3]. Ed è questa la cifra stilistica più autentica di Luzzati, che approfondisce:

> Ogni cosa mi porta a qualche altra cosa, spontaneamente, senza diaframmi, con fluidità. Il tutto tondo della ceramica, ad esempio, mi è stato utile per raggiungere una migliore inquadratura dello spazio teatrale. Da questo spazio ho derivato cose utili per il cartone animato, le cui soluzioni mi erano di fondamentale supporto per la creazione delle illustrazioni. Ogni mezzo mi è servito a saggiarne in profondità tutte le «offerte», per trasferirle poi su un piano contiguo. Teatro e cinema, ad esempio, sono per me attività intercambiabili[4].

Nei suoi diversi codici espressivi, Luzzati è sempre alla ricerca dell'essenza, come quando abbandona la pastosità dei pastelli a cera per il collage e isola le figure per spostarle in uno spazio nuovo, quasi fossero citazioni, elementi diversi di un'unica narrazione[5]. Tecnica d'elezione è il *découpage* che l'artista utilizza in particolare nel cinema d'animazione, fra le forme espressive a lui più congeniali, certo quella in cui si muove meglio perché a suo dire è la più completa. Non è un caso che sia *Pulcinella* che la *Gazza ladra* ricevano una nomination all'Oscar. Entrambi realizzati con Giulio Gianini nello studio romano dove i due danno vita a un sodalizio professionale che li vede debuttare nel 1959 con la pubblicità per il Carosello Barilla, *La tarantella di Pulcinella*. Un incontro nato sotto una buona stella per una coppia di artisti complementari: Gianini regista e animatore; Luzzati inventore e creatore di mondi. Come racconta Antonella Abbatiello, autrice e illustratrice tra i nomi di spicco del panorama italiano, che – diplomata in scenografia all'Accademia di belle arti di Roma con Toti Scialoja – collabora con i due maestri per otto anni, fino alla realizzazione nel 1985 dell'*Opera buffa*. Il progetto però non viene mai portato a termine e alla metà degli anni ottanta segna la fine del fortunato sodalizio.

All'editoria per ragazzi Luzzati arriva più tardi grazie a un disegno animato, quando nel 1962 *I paladini di Francia, ovvero il tradimento di Gano di Maganza* viene pubblicato da Mursia. E realizza libri imperdibili con la Emme Edizioni di Rosellina Archinto, a cominciare da *La tarantella di Pulcinella*[6], maschera napoletana e personaggio della commedia dell'arte che attraversa tutta la sua opera. Così è per *Il flauto magico*[7], la celebre fiaba musicale di Mozart che, confessa l'artista, «ho fatto vivere dal manifesto al film, alla scenografia teatrale, alle tavole dei libri. Sono le stesse storie che passano

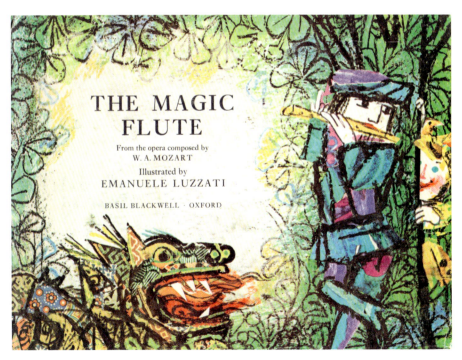

Wolfgang Amadeus Mozart | The Magic Flute (1971)
illustrato da Emanuele Luzzati

Wolfgang Amadeus Mozart | Il flauto magico (1978)
scena dal film in animazione di Giulio Gianini e Emanuele Luzzati

Gianni Rodari | La storia di tutte le storie (1974)
locandina di Emanuele Luzzati

dal palcoscenico allo schermo televisivo, dai fotogrammi alle pagine stampate». Luzzati visita le fiabe dei Grimm, ma anche di Calvino e Rodari, interpreta nella sua personalissima lingua Pinocchio e Alice e, sempre per Nuages – galleria d'arte e casa editrice milanese –, il *Candido* di Voltaire. E non dimentica gli archetipi e le leggende della cultura ebraica, a partire dagli amati libri di Singer. Nel 2001 viene nominato Grande Ufficiale della Repubblica da Ciampi. Artista totale e interprete dei personaggi della tradizione, per Luzzati il libro illustrato è una piccola macchina teatrale da vivere e praticare[8], così come sempre praticabile è, per Květa Pacovská, lo spazio della pagina dei suoi albi illustrati. Un comune agire, nel teatro e sulla carta stampata, che è insieme sperimentazione e giocosa pratica artigianale.

Un mondo esuberante e sorprendentemente ricco è quello che Pacovská propone nel suo *Spettacolo di mezzanotte*[9]. Nel libro la luna esce dalla pagina e va a teatro dove segue attori famosi come Leo Leoni e Carolina Carosello. È notte: «Il teatro è immerso nell'oscurità. Tutti, attrici e attori, stanno dormendo». Ma la luna con i suoi raggi si insinua nel teatro e, su invito del pagliaccio, scende dal cielo, entra in scena e va a conoscere gli attori. Un gioco di ritagli, trasparenze, riflessi, collage, sovrapposizioni di carte, che costruiscono una scenografia fantastica dove i personaggi si scambiano le parti per raccontare storie sempre nuove. Nei suoi libri oltre alle forme e ai colori l'artista introduce un terzo elemento, lo spazio. E sia pure al limite dell'astrazione, propone un'esperienza sempre concreta.

> Per me nulla è più carico di significato dello spazio. Io sono incapace di lavorare se non conosco lo spazio al quale il mio lavoro è destinato. Se si tratta di un libro, devo conoscerne il formato. Io spreco i miei preziosi colori quando questi non corrispondono allo spazio: è per me una regola di vita. Se mai esistesse un colore sporco, basterebbe metterlo in un bello spazio per trasformarlo in molto bello[10].

E nello spazio l'artista si muove per lacerare, strappare, bucare la carta, materiale leggero e sensibile sul quale compie i suoi gesti di azzeramento e insieme di costruzione. I suoi tagli che ricordano i ben più drammatici tagli di Lucio Fontana si trasformano in quinte teatrali. Qui tutto è teatro: gli armadi, i cassetti, le finestre che accolgono le sue scenografie e invitano a visitare mondi sconosciuti per ascoltarne le storie. Storie di carta.

> Mi piace il mondo di carta. Mi aiuta a creare rapporti e valori nuovi. Ci possono vivere animali e colori. E carta, esseri di carta. […] Ho dedicato il mio lavoro ai bambini anche quando non si poteva fare altro. Ho trovato in questo mondo tanta bellezza da capire che non voglio e non posso abbandonarlo. La tecnica. Tempera, acrilico, matita, pastelli, scarabocchi su litografie. Tagliando, incollando, aggiungendo, togliendo[11].

Květa Pacovská | *Mitternachtsspiel* (1992)

Květa fa sue le ricerche artistiche delle avanguardie del primo Novecento, fedele al credo del Bauhaus per cui la forma è contenuto. Nei suoi lavori si può ascoltare l'eco delle tesi di Kandinskij sugli archetipi; si ritrovano gli studi di Klee sul colore, i precari equilibri di Calder tra leggerezza e pesantezza, i funambolismi di Miró nel delineare le forme, il rigore formale di Albers, la ricerca sul segno di Motherwell, il rapporto tra tipografia e scrittura nella poesia visiva di fine anni ottanta[12].

In *Un livre pour toi*[13] Květa crea un oggetto d'arte da collocare nello spazio: libro-casa che accoglie per svelare il suo dentro e il suo fuori, libro-teatro dove i protagonisti diventano personaggi dello spettacolo dell'arte. Un percorso di sperimentazione da praticare seguendo le piste indicate dall'autrice. E c'è *Verde, rosso, tutti quanti*[14], una vera iniziazione al mondo dei colori realizzato con le più sofisticate tecniche di fabbricazione. La sua palette è ricca di forti tensioni: il bianco e il nero e soprattutto i rossi, i verdi e i gialli. Una composizione di colori che dialoga con la forma e genera il ritmo della pagina grazie a una sequenza di assonanze e contrasti. In *Ponctuation*[15] l'arte si muove al servizio della scrittura – che nelle sue opere ha sempre e solo una valenza grafica, di segno – facendo danzare, in una fantastica Ponctuationville, Madame Virgule con Monsieur Point; sullo sfondo, una coreografia di straordinario impatto visivo per un libro di grande formato che raccoglie buona parte della ricerca artistica di Pacovská. I suoi personaggi rispondono alle leggi di un animismo magico, persino i numeri e le lettere, come nel suo *Alphabet*[16] – di cui esiste anche una stupefacente versione in digitale – con pagine tattili tono su tono e raffinatissimi pop-up. La sua poetica è pervasa da un gioco di metamorfosi e assemblaggi di elementi disparati ai quali l'artista regala un'anima e una voce narrante. Con le parole della studiosa fiorentina Carla Poesio, i suoi sono «effetti di cui possiamo rintracciare le remote origini nel gusto e nell'inventiva dei prodigiosi artigiani di Norimberga e un po' di tutta la Mitteleuropa, che creavano bambole, carillon, automi, orologi con figure mobili […]. Per questo l'opera di Květa Pacovská ha il sapore di certe atmosfere e personaggi di Hoffmann, magari rivisitati dalla musica di Offenbach…»[17].

I libri di Květa Pacovská sono puro teatro, sono un viaggio, una performance in cui entrare attraverso speciali gallerie d'arte. Del resto, come suggerisce l'artista che nel 1992 riceve l'Andersen Award: «un libro illustrato è la prima galleria d'arte che un bambino può visitare»[18].

Květa Pacovská | Grün, rot, alle (1992)

Květa Pacovská | *Ponctuation* (2004)

Note

[1] *Il sipario magico di Emanuele Luzzati*, catalogo della mostra promossa dall'allora Istituto del teatro e dello spettacolo della Sapienza (Palazzo delle Esposizioni, Roma), a cura di S. Carandini e M. Fazio, Officina Edizioni, Roma 1980.

[2] *Le mille e una scena. Teatro, cinema, illustrazione di Emanuele Luzzati*, catalogo della mostra a cura di S. Davoli (Cavriago, Montecchio, S. Ilario d'Enza, Reggio Emilia, 1990), Fondazione I Teatri, Provincia di Reggio Emilia 1990.

[3] E. Luzzati, *Luzzati parla di Lele*, in «LG Argomenti», Genova 1981, pp. 21-2. Si veda anche P. Pallottino, *Ascoltare le figure. I linguaggi dell'illustrazione nel mondo dell'infanzia*, in *Multipli forti. Sei illustratori contemporanei in Italia: Altan, Costantini, Innocenti, Lionni, Luzzati, Testa*, Carte Segrete, Roma 1990, p. 14.

[4] C. Poesio, *Un artista multimediale. Conversazione con E. Luzzati*, in «Liber», Campi Bisenzio (FI) 1991, 13, pp. 35-6.

[5] M. Quesada, *Illustrazione e arte contemporanea*, in *Mutipli forti* cit., p. 29.

[6] E. Luzzati, *La tarantella di Pulcinella*, Emme Edizioni, Milano 1971.

[7] W. A. Mozart, *The Magic Flute*, ill. by E. Luzzati, Blackwell, Oxford 1971; *Il flauto magico*, Nugae, Genova 2004; poi Gallucci, Roma 2016. Il film d'animazione è del 1978, diretto da G. Gianini e E. Luzzati e basato sull'omonimo *Singspiel* in due atti del 1791 musicato da W. A. Mozart sul libretto di E. Schikaneder.

[8] *Ibid*. Si veda l'incontro «Buon compleanno Lele» durante la Fiera di Bologna 2021, in occasione dei cento anni dalla nascita, con gli interventi di A. Abbatiello, P. Boero, L. Cantatore, P. Vassalli, https://www.youtube.com/watch?v=pe2QWYfq3ug.

[9] K. Pacovská, *Mitternachtsspiel*, Michael Neugebauer, Gossau (ZH) 1992; *Spettacolo di mezzanotte*, C'era una volta…, Pordenone 1993.

[10] B. Noël, *Květa Pacovská*, Seuil, Paris 1994, p. 43.

[11] K. Pacovská in *Květa Pacovská/Colore e spazio*, brochure della mostra alla Galleria comunale d'Arte moderna (Bologna, 21 marzo-26 aprile 1992).

[12] P. Vassalli, *La principessa del colore*, in *Il libro illustrato è una galleria d'arte. Beatrice Alemagna, Květa Pacovská, Chris Raschka*, catalogo della mostra a cura di G. Gotti e S. Sola per il festival Fieri di Leggere, Giannino Stoppani edizioni, Bologna 2005, pp. 30-1.

[13] K. Pacovská, *Un livre pour toi*, Seuil («Jeunesse»), Paris 2004.

[14] Ead., *Grün, rot, alle*, Ravensburger Buchverlag, Ravensburg 1992; *Verde, rosso, tutti quanti: un viaggio fra i colori*, Ravensburger Buchverlag, Ravensburg 2000.

[15] Ead., *Ponctuation*, Seuil («Jeunesse»), Paris 2004.

[16] Ead., *Alphabet*, Ravensburger, Ravensburg 1996; Seuil («Jeunesse»), Paris 1996; Holp Shuppan Edition, Tokyo 1996.

[17] C. Poesio in *Květa Pacovská/Colore e spazio* cit.

[18] B. Scharioth, *A Pointed Paper World*, in *The Art of Kveta Pacovská*, Michael Neugebauer, Gossau (ZH) 1994.

Květa Pacovská | Der kleine Blumenkönig (1991)

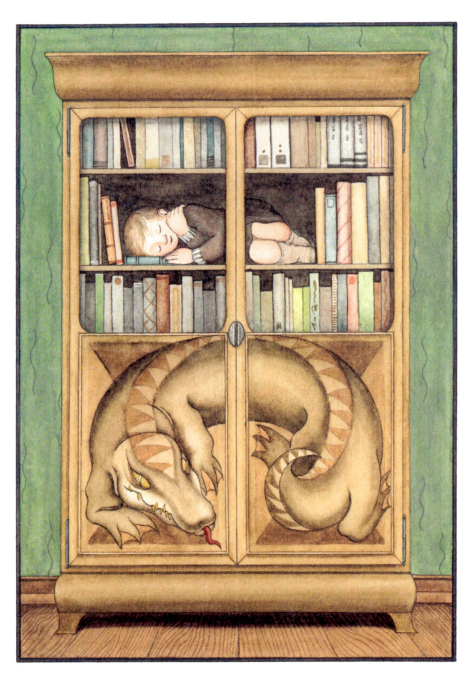

Nikolaus Heidelbach | In die Bibliothek (1997)

Ursula, gli amici
e i racconti d'infanzia

Nikolaus Heidelbach
Eric Carle

Per entrare nello straordinario mondo di Nikolaus Heidelbach si possono visitare le case delle bambine e dei bambini che abitano i suoi libri. L'importante è procedere in punta di piedi, senza fare rumore, perché i suoi personaggi sono coinvolti in attività impegnative, non alla portata di tutti. A un primo sguardo potrebbero sembrare extraterrestri ben attenti a non farsi riconoscere e impegnati a sostituire umani ignari. Perché, si sa, i bambini non sanno tenere un segreto. Così in ordinatissimi abecedari dove il silenzio la fa da padrone, maschi e femmine accendono i riflettori sui mondi dell'altro – in effetti si potrebbe essere anche a teatro – nel tentativo di svelarne la vera natura per metterla in bella mostra. E molto si scopre sui loro giochi più o meno segreti, più o meno solitari, più o meno inconfessabili, sfogliando le pagine di due dei suoi libri: *Cosa fanno le bambine?*[1] e *Cosa fanno i bambini?*[2].

Ursula, indossate le pelli della domatrice, con apposito frustino, si prepara per un ballo in maschera intenta a gonfiare il suo gigantesco elefante di gomma. «Ingrid vorrebbe non essere disturbata» recita il testo a fronte mentre la bambina legge un libro e il pavimento è invaso dai ratti. «Ugo si esercita», per scoprire cosa si prova, mentre fa il morto in un cimitero. Samuele è alle prese con una scoperta sorprendente sotto le coperte. Ortensia gioca a minigolf e a fare da buca sarà il suo docile fratellino. Anche Prisca bada a suo fratello facendolo roteare nell'atto che precede il lancio del peso. Martino e Matteo si preparano alla lotta con lunghi bastoni, però a occhi bendati. Tutto accade sempre dalla A alla Z ma in due universi paralleli dove le differenze

Nikolaus Heidelbach | Was machen die Mädchen? (1993)

fra il femminile e il maschile non sono così evidenti. Perché loro, bambine e bambini, sono liberi, concentrati sulle proprie attività e lontani da occhi indiscreti. Certo sono bambini soli, non sorridono mai e non hanno nessuno intorno, nemmeno gli occhi di quegli adulti che ormai guardano senza vedere, occhi che non sanno più riconoscere in una scatola un'auto, una casa, un mondo. È anche a questi occhi che l'artista parla mentre mette alla prova il lettore affinché quello strano disagio, quel perturbante che invade ogni sua immagine alla fine lo interroghi, ricordandogli le antiche carte da parati, le cattiverie fra fratelli, le sfide, le scoperte, le paure, le sorprese, il coraggio. Così l'artista svela, anche ai lettori adulti, lontane, forse dimenticate, storie d'infanzia. Mentre le mostra ai bambini che finalmente possono riconoscersi, senza vergogna, senza paura di essere troppo diversi da come quegli strani «esseri giganti» li vorrebbero[3].

Di lui, Henriette Zoughebi, allora direttrice del Centro per il libro e la lettura della Seine-Saint-Denis, in occasione di una delle prime mostre dedicate all'artista in Francia, a Bagnolet, in una biblioteca della periferia parigina, scriveva:

Nikolaus Heidelbach | *Was machen die Jungs?* (1993)

Nikolaus Heidelbach è un autore-illustratore che rinnova l'immagine d'infanzia nei libri per ragazzi. La sua intera opera è costruita tra fantasia e realismo. Il rapporto testo-immagini funziona sulla sorpresa. Osservatore attento del mondo dell'infanzia, rifiuta ogni pedagogismo. Per il suo coraggio di rappresentare bambini fuori dalla norma, per il suo preferire la città, per il suo stile ricco di humour e d'ironia, è un erede dell'anticonformismo nel libro per ragazzi dei primi anni settanta[4].

Heidelbach studia letteratura tedesca, storia dell'arte e teatro a Berlino e a Colonia, mentre suo padre Karl, pittore, lo inizia al disegno. Suoi grandi maestri, confessa, sono Wilhelm Busch, l'arcinoto papà di Max e Moritz[5], e Roland Topor di cui, da bravo aspirante extraterrestre, ama senza riserve il film animato di fantascienza *La planète sauvage*[6]. Con il suo primo libro per bambini del 1982, *Das Elefantentreffen*[7], vince l'Oldenburger Jugendbuchpreis, dando il via a una lunga serie di importanti riconoscimenti. In Italia viene pubblicato per la prima volta quando illustra il *Nuovo Pinocchio*[8] di Christine Nöstlinger per i tipi delle Nuove Edizioni Romane.

Per scoprire cosa fanno oggi bambine e bambini, esce una riscrittura[9] del suo grande classico, sempre per i tipi di Beltz & Gelberg, il suo editore di ri-

Nikolaus Heidelbach | Was machen die Mädchen? (1993)

ferimento. Ancora una volta sono libri imperdibili per indagare la poetica di questo artista che, superato qualsivoglia tabù, continua a trattare con l'abituale humour nero temi fino ad allora ignorati dalla letteratura per l'infanzia: la morte, il sesso, la violenza e non ultimo il cibo. *Das Elefantentreffen* parla di un «incontro di elefanti» quando cinque amici si ritrovano; sono bambini sovrappeso, però piccoli spacconi disinibiti[10].

Di cibo parla anche Eric Carle nel suo libro di culto *The Very Hungry Caterpillar*[11]. Ma si è decisamente su un altro pianeta: per cominciare, con questo titolo si torna alle soglie degli anni settanta e ci si sposta negli Stati Uniti d'America. In compagnia di un artista i cui libri sono oggi grandi classici dal tratto fortemente iconico, riconoscibili nelle librerie di tutto il mondo dove sono venduti alla velocità di uno al secondo, o almeno così si dice. La storia di *Il piccolo Bruco Maisazio* è semplice, geniale è la sua realizzazione in forma di pop-up, un vero capolavoro di ingegneria cartotecnica, mentre si impara a contare e «si visitano» i giorni della settimana. Un bruco sguscia fuori dall'uovo per cercare il cibo: una mela il lunedì, due pere martedì e così via fino al sabato, quando manda giù un'enorme quantità di cibo. Domenica mangia soltanto una foglia e sta subito meglio; così il bruco si trasforma in bozzolo e dal bozzolo nasce la farfalla. La morale è chiara: anche un piccolo bruco, all'apparenza insignificante, può trovare la propria strada per trasformarsi in una meravigliosa farfalla e volare libera per il mondo.

Certo vengono alla mente i libri di Iela Mari, Paul Rand, Bruno Munari e dell'amico e mentore Leo Lionni[12]. E sono gli anni in cui si fanno strada, dall'Italia con Maria Montessori, le nuove idee pedagogiche che mettono al centro il gioco come principale motore di apprendimento, mentre nell'editoria per ragazzi si sperimentano linguaggi, tecniche e materiali diversi. Sono

Eric Carle | The Very Hungry Caterpillar (1969)

gli anni in cui la tavolozza dei colori diventa sempre più accesa, le idee sono sempre più effervescenti e la sensazione di poter cambiare il mondo serpeggia nell'arte, anche nell'arte dei libri per bambini.

Ancora una volta si ha a che fare con un autore a cavallo fra l'Europa e l'America, figlio di immigrati tedeschi che tornano a Stoccarda quando Eric ha solo sei anni. Ed è così che Carle cresce e si forma sotto il regime nazista, purtuttavia gli capitano alcune fortune insperate come quando il suo maestro all'Academy of Fine Arts, Herr Kraus, gli dà una lezione d'arte e una grande prova di coraggio. Pur di assolvere al proprio compito, rischia la vita introducendolo all'arte moderna e facendogli conoscere l'espressionismo tedesco, Picasso, Matisse e Klee, considerate dai nazisti forme artistiche degenerate. Carle torna in America solo nel 1952 dove farà tesoro di questi insegnamenti[13].

Cinquanta anni più tardi, nel 2002, con la seconda moglie Barbara (Bobbie) Morrison, fonda un museo che porta il suo nome, The Eric Carle Museum of Picture Book Art, nella cittadina di Amherst, in Massachusetts, con il progetto di promuovere il libro illustrato e l'opera dei grandi illustratori. I suoi coloratissimi libri per bambini molto piccoli utilizzano il collage e hanno uno stile assai personale e riconoscibile. Particolarmente vibranti, poetici e originali sono i «paesaggi» delle sue carte, di cui lo stesso artista svela il processo creativo:

> Inizio con la carta velina e la dipingo con colori diversi, usando la vernice acrilica. A volte dipingo con un pennello largo, a volte con un pennello stretto. A volte le mie pennellate sono dritte, a volte ondulate. A volte dipingo con le dita. Altre metto la vernice su un pezzo di tappeto, spugna o tela e lo uso come un timbro sulle mie carte veline per creare trame diverse.

Sarebbe bello mettere in mostra questi suoi paesaggi, per cominciare si potrebbe esercitarsi a creare personalissimi collage con *You Can Make a Collage. A Very Simple How-to Book by Eric Carle*[14].

Note

[1] N. Heidelbach, *Was machen die Mädchen?*, Beltz & Gelberg, Weinheim 1993; *Cosa fanno le bambine?*, trad. it. di V. Starnone, Donzelli, Roma 2010.
[2] Id., *Was machen die Jungs?*, Beltz & Gelberg, Weinheim 1993; *Cosa fanno i bambini?*, trad. it. di V. Starnone, Donzelli, Roma 2011.
[3] Si veda S. Van der Linden, *I libri di Nikolaus Heidelbach, o la bambina che una volta era in me*, in *Quasi solo. Disegni per tutti*, catalogo della mostra a cura di Hamelin con l'Istituto per i Beni artistici culturali e naturali della Regione Emilia-Romagna, Editrice compositori, Bologna 2011.
[4] H. Zoughebi, *Nikolaus Heidelbach*, catalogo della mostra del Centre de promotion du livre de jeunesse, Seine-Saint-Denis, Bibliothèque municipale, Ville de Bagnolet 1997, p. 3.
[5] W. Busch, *Max und Moritz: eine Bubengeschichte in Sieben Streichen*, Diogenes, Zürich 1977.
[6] *Il pianeta selvaggio* è un lungometraggio in animazione del 1973, nato dalla collaborazione di due artisti visionari, diretto dallo psichiatra René Laloux e disegnato da Roland Topor.
[7] N. Heidelbach, *Das Elefantentreffen oder 5 dicke Angeber*, Beltz & Gelberg, Weinheim 1982.
[8] C. Nöstlinger, *Der Neue Pinocchio*, Beltz & Gelberg, Weinheim 1988; *Nuovo Pinocchio*, Nuove Edizioni Romane, Roma 1991.

Eric Carle | The Very Hungry Caterpillar (1969)

⁹ N. Heidelbach, *Was machen die Jungs heute?*, Beltz & Gelberg, Weinheim 2014; *Was machen di Mädchen heute?*, Beltz & Gelberg, Weinheim 2014.

¹⁰ Si veda D. Petre, *Le monde a besoin de Nikolaus Heidelbach et le jeune public mérite ses improbables albums*, in «Ricochet», 25 novembre 2019, https://www.ricochet-jeunes.org/articles/le-monde-besoin-de-nikolaus-heidelbach-et-le-jeune-public-merite-ses-improbables-albums.

¹¹ E. Carle, *The Very Hungry Caterpillar*, Penguin, New York 1969; *Il baco molto affamato*, Emme Edizioni, Milano 1969; poi *Il piccolo Bruco Maisazio*, trad. it. di G. Arneri, Mondadori, Milano 1989.

¹² Si veda L. S. Marcus, *Eric Carle in Pictured Worlds. Masterpieces of Children's Book Art by 101 Essential Illustrators from Around the World*, Abrams, New York 2023, pp. 88-91.

¹³ Si veda S. Cascone, *Eric Carle, the Illustrator and Children's Book Author Whose «Very Hungry Caterpillar» Sold More Than 55 Million Copies, Is Dead at 91*, in «Artnet News», 27 maggio 2021, https://news.artnet.com/art-world/eric-carle-obituary-1973806.

¹⁴ E. Carle, *You Can Make a Collage. A Very Simple How-to Book by Eric Carle*, Klutz, Palo Alto (CA) 1998.

Grazia Nidasio | *Valentina Mela Verde* (1996)

Valentina Mela Verde, Trollina e Perla

Grazia Nidasio
Donatella Ziliotto

I sessanta del secolo scorso sono anni di grande fermento culturale, di importanti cambiamenti sociali e di una particolare effervescenza creativa, anni entusiasmanti che in Italia diventeranno presto però anni bui. Per il momento ci sono i Beatles e i Rolling Stones, Battisti e Baglioni e nel mondo dei giovani tutto cambia. A scuola si occupa per fare la rivoluzione mentre ci si divide fra i primi amori e il ciclostile, le minigonne e i pantaloni a zampa d'elefante, il Sessantotto e la contestazione giovanile. E c'è Valentina Mela Verde che si presenta così: «Mi chiamano Mela Verde perché sono una ragazzina, una mela acerba, appunto. A me non sembra di essere tanto acerba e immatura, anzi mi sembra di capire tante cose che loro, i grandi, neanche si immaginano. Naturalmente sono piena di problemi, voi no, forse?»[1].

Valentina Morandini, nome d'arte Mela Verde, esce per la prima volta il 12 ottobre del 1968, sulle pagine del «Corriere dei Piccoli» per passare, dopo solo un anno, su quello «dei Ragazzi». È un'adolescente del suo tempo; in un certo senso è una *influencer* ante litteram, con il suo «club delle mele verdi» nel quale si riconoscono molte ragazzine della sua età, mentre i maschi simpatizzano[2]. Valentina ha una famiglia come tante: un papà che lavora in

Grazia Nidasio | La Stefi (2014)
«Corriere della Sera»

Donatella Ziliotto | Trollina e Perla (1984)
illustrato da Grazia Nidasio

banca, una mamma sempre indaffarata, a volte distratta, un fratello dispettoso, una zia che è il suo mito e si occupa di moda e un cane trovatello di nome Po-poff. Valentina ha anche una sorellina che con il tempo la sostituirà e si affac-cerà nelle vignette realizzate per il «Corriere della Sera». Valentina e Stefi, per-sonaggi di carta, sono create entrambe dalla matita sapiente e prestigiosa di Grazia Nidasio. Nel 1996, vent'anni più tardi dall'ultima uscita in edicola, Sa-lani pubblicherà i capitoli più significativi del suo diario[3] nella cui introduzione si legge che «i sogni dei ragazzi erano disperati e intensi come adesso».

Nei primi anni ottanta era possibile incontrare Grazia a Milano in com-pagnia di Guido Scarabottolo, con cui aveva contribuito a fondare l'Associa-zione Illustratori che lei presiedeva. E la si poteva visitare alla Fiera del Libro per ragazzi di Bologna, che già nelle prime edizioni ospitava le grandi firme del fumetto italiano. Ma anche a Lucca, dove si scoprivano le sue creature di carta, perché Grazia è stata tanto impegnata e appassionata, esigente e diret-ta, quanto schiva e riservata. Di sicuro la incontriamo nelle pagine dei libri di Donatella Ziliotto, da lei illustrati magistralmente, perché le due signore dell'editoria italiana sembravano perfettamente in sintonia, parlavano la stes-sa lingua: brillante, colta, pungente.

Così l'uscita di *Trollina e Perla*[4] per Editoriale Libraria, diretta da Orietta Fatucci, è diventata allora – si era a metà degli anni ottanta – un'occasione preziosa per una chiacchierata[5] con Donatella e Grazia, per indagare come era nato e funzionava il loro connubio artistico:

Un buon romanzo fa venire voglia di scoprire cosa ha dietro, le esperienze da cui è nato.

D. Una volta conoscevo una bellissima signora danese con una bambina decisa-mente bruttina. «Deve essere un Troll, mi sono detta, una bambina scambiata». E di lì è nata l'idea per *Trollina e Perla*, da una situazione reale che si è poi arricchita senza volerlo di spunti autobiografici. Del resto io non invento mai del tutto le mie storie. Mi piacciono le situazioni anche se poi non mi diverte svilupparle. Preferisco la dimensione del racconto e questo libro in fondo è il primo che ha una storia.

E tu Grazia, per chi crei le tue storie a fumetti?

G. Credo di rivolgermi a un bambino di città, un po' solo, che vive in un appar-tamento ed è pieno di nemici. Ha tante cose intorno che sembrano amiche ma non lo sono: ha i pattini per pattinare nel corridoio di casa, la bici da cross, e non sa dove andare. Tutto quello che posso proporgli è una terapia della risata.

Esiste secondo voi una particolare predisposizione per chi si rivolge a un pubblico giovane? Si tratta cioè di un lavoro per specialisti?

D. Almeno per me non c'è nulla di premeditato, tutto quello che scrivo diventa automaticamente per bambini. La componente che in me cerca un dialogo con il lettore è quella di un bambino di otto/dieci anni. Forse perché sono di origine dal-mata e, si sa, i dalmati sono giocherelloni e un po' infantili.

Donatella Ziliotto | Trollina e Perla (1984)
illustrato da Grazia Nidasio

G. Non la chiamerei specializzazione, piuttosto è un problema di comunicazione e sintonia. È necessario creare un rapporto, che poi è un ingrediente indispensabile anche tra autore e illustratore. Non può mancare una certa affinità, in qualche modo bisogna essere complici. È questo uno dei compiti che l'editore spesso ignora per problemi economici o peggio di scuderia. Ma il libro per ragazzi deve essere un'opera completa.

Donatella, qual è stata la tua infanzia di lettrice e quali gli autori preferiti?

D. Da bambina il libro era per me un oggetto straordinario. Durante la guerra compravo i libri di Frassinelli affascinata dalla carta, l'odore, la forma, la grafica, l'illustrazione. Poi ho amato i libri-ribellione, come le storie di Gianburrasca e Bibi e tutto quanto avesse sapore di nordico, rarefatto, ironico, mentre non sopportavo la cultura mediterranea di mia mamma, dannunziana. Solo più tardi ho scoperto l'amore per il fantastico e per libri come Peter Pan.

Il libro è oggi – a metà degli anni ottanta – alla base di un sistema di lettura apparentemente superato o comunque in crisi. Principale colpevole sembra essere l'immagine o, meglio, una comunicazione per immagini decisamente aggressiva. Non vi sembra un falso problema e che sia invece possibile trovare nuovi equilibri e rinvii fra linguaggi diversi?

G. Io penso per immagini ma amo moltissimo leggere, quindi non è facile per me trovare un punto di incontro. Direi che sono due campi molto diversi: mentre il libro è *un libro*, il fumetto ad esempio è essenzialmente teatro. Ma la crisi è delegata ad altro: oggi è difficile leggere perché il libro resta un oggetto ancora circoscritto al mondo della scuola e non esistono strutture alternative per una corretta promozione alla lettura. Spesso la colpa è degli editori e degli scrittori che hanno dell'infanzia una visione deformata. Ma se i libri sono come quelli di Donatella, ricchi di un'ironia contenuta e surreale, fantastici anche se piacevolmente legati al quotidiano, allora non ci sono problemi perché si fanno strada da soli e ovunque.

La televisione in particolare sembra essere responsabile della distruzione del libro e addirittura di una ipotetica scomparsa dell'infanzia. Vi sembra poi così colpevole?

D. Non sono d'accordo. Credo che in qualche modo la televisione sostituisca in termini di comunicazione l'antica narrazione orale. E poi, il morbo, il virus, insomma questa strana malattia che ha come oggetto d'amore il libro non è mai stato così dilagante. Anzi oserei dire che proprio in contrapposizione alla grande facilità di consumo di immagini, nasce oggi nei giovani un bisogno di isolamento che li ricondurrà forse, alla lettura.

Che li abbia davvero ricondotti alla lettura[6] è, almeno in questi ultimi anni, parzialmente vero, mentre è certo che a sostituire la narrazione orale oggi sia piuttosto la rete come direbbe Donatella Ziliotto, scrittrice, traduttrice e consulente editoriale, autrice per la Rai di una serie di raffinati programmi per ragazzi. Grande viaggiatrice, donna ironica e curiosa, dalle scelte coraggiose e originali. Per Salani, Donatella cura le collane «Gli Istrici» e «I Criceti» che coincidono con un momento di particolare rinnovamento nell'editoria italiana contemporanea e pubblica grandi firme dell'infanzia come Astrid Lindgren e Roald Dahl. Dice di lei Francesca Lazzarato:

> I suoi libri sono carichi di allusioni colte e di giochi di specchi, e capaci di mostrare la vita quotidiana e il rapporto con l'infanzia sotto una luce insolita ma estremamente rivelatrice. Non sono molti i libri per ragazzi degni di questa duplice lettura[7].

La saga di Valentina e della sorellina contestatrice Stefi così come i libri di Grazia e Donatella sono luoghi «dove si definivano e precisavano con acutezza e libertà i territori della crescita, della presa di coscienza di sé e del mondo»[8], luoghi dove queste due artiste si sono incontrate per narrarci di sé e insieme di un'epoca particolare che ha visto le bambine diventare protagoniste della propria vita ma anche delle proprie storie. E così si può salutare Grazia con le parole di Donatella in *Le bambine non le sopporto*[9], la cui dedica recita: «A Grazia N. che dà vita ai miei fantasmi».

Donatella Ziliotto | Le bambine non le sopporto (1997)
illustrato da Grazia Nidasio

Note

[1] Si veda T. Buongiorno, *Dizionario della letteratura per ragazzi*, Fabbri, Milano 2001, p. 487.

[2] Si veda S. Sola, *Compagni di viaggio, Valentina, Pimpa e i Barbapapà*, in *I nostri anni '70. Libri per ragazzi in Italia*, a cura di S. Sola e P. Vassalli, Corraini, Mantova 2014, p. 89.

[3] G. Nidasio, *Valentina Mela Verde. Il club delle mele verdi*, Salani, Milano 1996, 2. Si veda anche Ead., *Il libro della Stefi*, Rizzoli, Segrate (MI) 2019.

[4] D. Ziliotto, *Trollina e Perla*, ill. da G. Nidasio, E*L* («Un libro in tasca»), Trieste 1984.

[5] Da una conversazione tra G. Nidasio, P. Vassalli, D. Ziliotto, in «riforma della scuola», Editori Riuniti, Roma 1984, settembre-ottobre.

[6] Si vedano i dati presentati alla Fiera di Bologna nell'edizione 2023 dall'Associazione Italiana Editori. Nell'Italia, in uscita dalla pandemia, non solo bambini e ragazzi leggono di più, ma in famiglia c'è una sempre maggiore attenzione e preparazione all'educazione alla lettura.

[7] Si veda la voce «Ziliotto Donatella» in T. Buongiorno, *Dizionario della letteratura per ragazzi*, Fabbri, Milano 2001, pp. 519-20.

[8] W. Fochesato, *Grazia Nidasio signora e maestra del segno*, in «Andersen», Genova, 2 febbraio 2004, 200, p. 28. Si veda anche P. Pallottino, *Le figure per dirlo. Storia delle illustratrici italiane*, Treccani, Roma 2019, p. 94.

[9] D. Ziliotto, *Le bambine non le sopporto*, ill. da G. Nidasio, E*L* («Un libro in tasca»), Trieste 1997.

James M. Barrie | Peter Pan (2004)
illustrato da Tony Ross

Wendy e Peter, o della leggerezza

Tony Ross
Quentin Blake

Wendy è l'amica che Peter vorrebbe portare con sé sull'«Isola che non c'è» dove vive con i «ragazzi smarriti»[1]. È la primogenita della famiglia Darling che, non potendo permettersi una bambinaia, si affida a Nana, la Terranova trovata nei giardini di Kensington, per badare ai figli quando i genitori sono fuori. Qualche pagina dopo l'inizio della storia, ecco Wendy pronta a ricucire l'ombra di Peter perché Nana nell'addentarlo l'ha strappata via. Lei non vede l'ora di diventare grande, mentre Peter è un bambino e vuole rimanere così com'è.

Nati dalla penna di James Matthew Barrie, sono tra i protagonisti dei due romanzi *Peter Pan in Kensington Gardens* e *Peter Pan and Wendy*[2]. Quest'ultimo si guadagna ben presto la fama internazionale perché Disney ne fa uno dei suoi lungometraggi in animazione mentre, più avanti, con Spielberg, sarà un film di successo distribuito in tutto il mondo[3]. Barrie, che ricorda in qualche modo il Carroll di Alice per quella particolare predilezione verso i bambini, compagni di gioco preferiti, somiglia al suo personaggio e come Peter proprio non vuole diventare grande.

Forse ha ragione Donatella Ziliotto quando scrive: «Esistono due categorie di bambini: quelli che vogliono crescere e quelli che desiderano rimanere piccoli» perché «capiscono che la "situazione bambina" è preziosa, insostituibile, magica e a volte rimangono infantili per sempre, e non di rado accade che per questo diventano scrittori per bambini»[4]. Scrittori, illustratori e autori proprio come i protagonisti di questo capitolo.

Tony Ross | I Want my Potty (1986)

Di Tony Ross sono le immagini del *Peter Pan* che Donatella propone per «Gli Istrici», collana di classici illustrati da grandi artisti contemporanei che cura per Salani. Il segno di Ross è inconfondibile anche nel raffinato bianco e nero con il quale dà forma al salotto ottocentesco della famiglia Darling senza perdere la sua inguaribile verve ironica. Dice l'artista:

> La linea è l'elemento più importante nel mio lavoro. Ho lavorato come incisore, dove hai a che fare con una linea nera, e per me la linea è alla base di tutto. Se l'immagine funziona con la linea, funzionerà. Se con la linea non funziona, non andrà bene. Per me, il colore viene quasi sempre in secondo piano[5].

Però sarà soprattutto il colore ad animare il lavoro di Tony Ross o, meglio, il segno lieve e gli acquarelli sfumati come per la sua principessina, protagonista di *I Want my Potty*[6], che mette a soqquadro l'intera corte per avere il suo vasino; alla fine arriverà, solo troppo tardi. Le storie che illustra parlano spesso di ordinaria e straordinaria quotidianità per imparare a guardare la realtà da prospettive diverse, però sempre con un sorriso, come in *Susan Laughs*[7] di Jeanne Willis, in cui la protagonista, Susan, ride, va sull'altalena, fa le boccacce «proprio come te, proprio come me».

Figure eleganti, gioiose e dinamiche per un autore che sa anche deformare cose e personaggi con uno stile dal sapore caricaturale. Un segno che richiama per certi aspetti Saul Steinberg, di cui l'artista apprezza il tratto divertito e i toni pastello, insieme all'abilità nel praticare stili assai diversi, che è poi la cifra dei più grandi. Anche se per Tony il capolavoro assoluto sarà sempre il *Winnie the Pooh*[8] illustrato da Shepard, suo maestro, noto anche per essere uno dei prolifici fumettisti del «Punch».

Tony, principe della leggerezza – per alcuni *understatement*[9] –, nasconde però un suo doppio, che conosce il grottesco e affila le armi nei veleni della *nursery* vittoriana[10]. Come nel caso della sua amara versione di *Hansel e Gretel*[11]. Tony, i cui libri hanno registrato nel 2015 il numero più alto di vendite nel Regno Unito, si forma presso la Scuola di Arte e Design di Liverpool e pubblica il suo primo albo illustrato, *Goldilocks and the Three Bears*[12], nel 1976 per la casa editrice Andersen Press diretta da Klaus Flugge, con cui ancora oggi collabora.

Sarà proprio con questo libro che Flugge darà il via a una eccezionale avventura editoriale che lo vede premiato, a quarant'anni dal debutto, come miglior editore d'Europa per ragazzi del 2016[13]. Flugge, nato in Germania nel 1934, lavora come libraio a Lipsia negli anni cinquanta. Nel 1957 arriva a New York e si afferma come editor per Abelard-Schuman che gli chiederà poi di aprire gli uffici di Londra, città nella quale Flugge fonderà la propria casa editrice. Da allora, intorno a lui si riunisce un gruppo di artisti e amici tra cui Tony Ross e David McKee, che fanno comunità e insieme a Quentin Blake costituiscono la «nuova scuola inglese»[14] con opere diverse e originali, che raccontano e illustrano storie contro ogni stereotipo

Jeanne Willis | Susan Laughs (1999)
illustrato da Tony Ross

e pregiudizio, innovative anche per forma e struttura. Leonard Marcus, noto storico di letteratura per l'infanzia, scrive:

> In parte grazie a nuove economie di scala, nate dagli accordi per le coedizioni durante le fiere internazionali, a un numero sempre maggiore di artisti viene concessa la libertà di lavorare a colori. Tra questi, Quentin Blake, Tony Ross e David McKee, cresciuti in Gran Bretagna negli anni grigi e cupi dell'austerità del secondo dopoguerra, si ritrovano capifila di una nuova era di illustrazioni piene di brio, ispirate ai fauves e aperte a colori vivaci e luminosi[15].

Ed è una imperdibile lezione di stile quella di Sir Quentin, nominato baronetto dalla regina d'Inghilterra, Elisabetta II, per meriti artistici; una lezione che ricorda i comics e le caricature inglesi grazie a un tratto che è quasi uno schizzo, un *work in progress*, meglio un gesto teatrale: perché l'artista ama «considerare la pagina come il palcoscenico su cui si svolge la storia»[16]. Un lavoro minuzioso, accurato, solo apparentemente frutto di un segno rapido e immediato. Un segno che ha contribuito al successo di Roald Dahl da lui magistralmente illustrato in più di venti titoli con una speciale sintonia che dà vita a «un vero duo comico», come racconta Felicity, la moglie di Dahl, per la quale i due – autore e illustratore – sono decisamente «una strana coppia»[17]. E molti sono gli scrittori ai quali Blake ha prestato le sue figure dal segno fluido realizzate a pennino, inchiostro e acquarello. Tra i tanti Russell Hoban e Michael Rosen, John Masefield e John Yeoman fino all'italiana Bianca Pitzorno.

Quentin Blake modula continuamente il proprio stile pur restando sempre riconoscibile. Così c'è un Blake malinconico in quel capolavoro senza parole che è *Clown*[18], la storia di un pagliaccio di pezza gettato nella spazzatura insieme a vecchi giocattoli, e del suo lungo viaggio per mettersi in salvo insieme ai suoi compagni. Una parabola sugli emarginati della società in forma di pantomima, dove anche l'infanzia è sostanzialmente invisibile. A missione compiuta il pagliaccio tornerà un giocattolo, inanimato sì, ma solo agli occhi distratti degli adulti. E c'è un Blake giocoso da leggere a voce alta per imparare a far di conto in *Mister Magnolia*[19] che suona la tromba e ha due sorelle brave musiciste e una scarpa sola, la qual cosa non sembra affatto turbarlo.

Quentin Blake si laurea in Letteratura inglese al Downing College di Cambridge e solo più tardi studia arte, ma già a sedici anni invia le sue vignette umoristiche al «Punch»; seguiranno poi i disegni per «Spectator». Per oltre vent'anni insegna presso il Royal College of Art dove dirige il Dipartimento di Illustrazione. Da ricordare, tra i vari riconoscimenti, che nel 1999 sarà il primo British Children's Laureate e nel 2002 riceverà l'Andersen

Russell Hoban | Monsters (1989)
illustrato da Quentin Blake

Award. Nel 2014 l'artista si impegna per far nascere la House of Illustration che nel 2022 trova una nuova sede a Islington, quartiere a nord di Londra, dove nasce il Quentin Blake Center for Illustration, la prima galleria londinese dedicata all'illustrazione.

Una magistrale lezione di stile per questi autori che ci lasciano un ritratto – e una lezione di vita – all'insegna del gioco e della leggerezza, come quando mettono in scena una performance di disegno collettivo alla maniera dei surrealisti, nel gioco grafico del *cadavre exquis*, e sembrano divertirsi, senza riserve, come solo i bambini sanno fare[20]. Perché il loro sguardo è sempre innocente e insieme crudele, a volte spietato proprio come quello dei bambini.

Quentin Blake | Clown (1995)

Roal Dahl | Matilda (1988)
illustrato da Quentin Blake

Note

[1] J. M. Barrie, *Peter Pan*, ill. da A. Rackham, Mondadori, Milano 1991.

[2] J. M. Barrie è autore delle due opere in serie *Peter Pan in Kensington Gardens* e *Peter Pan and Wendy*. La prima storia è parte del libro *The Little White Bird* (*L'uccellino bianco*) del 1902, mentre la seconda esordisce nel 1904 come opera teatrale e viene pubblicata solo nel 1911.

[3] *Hook* di S. Spielberg (Stati Uniti 1992) con R. Williams nei panni di Peter, J. Roberts in quelli di Campanellino e D. Hoffman come Capitan Uncino. Mentre sulla vita di J. M. Barrie il regista tedesco M. Forster realizza nel 2004 un film, protagonista l'attore J. Depp, dal titolo *Finding Neverland* (*Neverland, un sogno per la vita*).

[4] D. Ziliotto, *Quel tragico bambino*, in J. M. Barrie, *Peter Pan*, ill. da T. Ross, Salani («Gli Istrici d'oro»), Milano 2004.

[5] T. Ross, in *Magic Pencil. Children's Book Illustration Today*, selected by Q. Blake, catalogo della mostra (1° novembre 2002-31 marzo 2003) The British Council-The British Library, London 2002-2003, p. 92.

[6] T. Ross, *I Want my Potty*, Andersen Press, London 1986; *Voglio il mio vasino* («Storie di una Principessina»), Lapis, Roma 2012.

[7] J. Willis, *Susan Laughs*, ill. by T. Ross, Andersen Press, London 1999; *Questa è Susanna*, Mondadori, Segrate (MI) 2000; poi *Susan ride*, Piemme («Il Battello a Vapore»), Segrate (MI) 2015.

[8] A. A. Milne, *Winnie the Pooh*, ill. by E. H. Shepard, Methuen & Co., London 1926; E. P. Dutton & Company, New York 1926. Rispettivamente la prima edizione inglese e americana.

[9] Si veda A. Rauch, *Libri con figure. Illustrare nel XXI secolo: i classici, il comico, la storia, gli animali, la città, l'ambiente, il disagio*, La Casa Usher («I libri di Omar»), Firenze 2021.

[10] Per approfondire si veda *Pictures. Illustratori inglesi per bambini*, Giannino Stoppani edizioni, Bologna 1991.

[11] Brüder Grimm, *Hansel and Gretel*, ill. by T. Ross, Andersen Press, London 1989; *Hansel e Gretel*, EL («Un libro in tasca»), Trieste 1994.

[12] T. Ross, *Goldilocks and the Three Bears*, Andersen Press, London 1976.

[13] Nel 2016 la Andersen Press riceve il Bologna Prize Best Children's Publishers of the Year (Bop). Il premio nasce nel 2013 in occasione del cinquantesimo anniversario della Bologna Children's Book Fair ed è un riconoscimento annuale assegnato alla migliore editoria nei diversi continenti, giudici gli stessi editori e le associazioni di settore.

[14] Si veda M. Salisbury, *I picturebook in Gran Bretagna negli ultimi cinquant'anni*, in G. Grilli, *Cinquant'anni di libri per ragazzi da tutto il mondo*, Bologna University Press, Bologna 2013, pp. 227-40.

[15] L. S. Marcus, *Occhi aperti, porte aperte. La Mostra degli illustratori di Bologna*, in *Artisti e capolavori dell'illustrazione*, a cura di P. Vassalli, Corraini, Mantova 2016, p. 23.

[16] Si veda J. Uglow, *The Quentin Blake Book*, Thames & Hudson; London 2022; *Il libro di Quentin Blake*, L'ippocampo, Milano 2022, p. 31.

[17] *Ibid.*, pp. 88-109.

[18] Q. Blake, *Clown*, Jonathan Cape, London 1995; Gallimard («Jeunesse»), Paris 1995; Camelozampa, Monselice (PD) 2018.

[19] Id., *Mister Magnolia*, Jonathan Cape, London 1980; *Uno, due, tre signor Magnolia*, EL («i Lupetti»), Trieste 1997.

[20] In occasione della mostra-evento *Il Giardino Segreto* durante la Fiera di Bologna, McKee e Ross con altri improvvisavano al Caffè Illustratori il gioco del *cadavre exquis* che consiste nel comporre in sequenza una frase o un disegno, raccontando una storia in più persone senza che nessuno possa tener conto del lavoro di chi lo ha preceduto. Accadeva il 13 aprile 1996.

Bruno Munari | Nella nebbia di Milano (1968)

X è l'ora di Mister Munari

Bruno Munari

Bruno Munari «ovvero l'apolide fantasista del design, il triplo concentrato di materia cerebrale creativa […]. Studioso di "agitatori di code per cani pigri", scultore di sculture da viaggio, progettista di ore X». Dice di lui Alessandro Mendini: «È proprio un gioco sugli equivoci del tempo che egli mi ha proposto, quando gli ho chiesto di disegnare uno Swatch. Nella mente di Munari, che vuole bene alle persone e non le costringe a sapere che ore sono, le ore sono come palline liberamente vaganti nello spazio fra il vetro e il quadrante dell'orologio: un breve scuotere del polso, e ogni volta il tempo è una magica sorpresa»[1].

Il tempo è una sorpresa per Munari che si presenta al mondo così: «Sono quello nato a Milano nel 1907. All'improvviso, senza che alcuno mi avesse avvertito, mi ritrovai completamente nudo, in piena città». Come recita la sua biografia, una città che impara presto ad amare per «il suo impasto di pragmatismo e di creatività, di serietà e di comunicativa sempre aperta all'ironia. Una città ideale per chi ha qualche progetto in testa». La Milano che, già capitale dell'arte, dell'architettura e del design negli anni fra le due guerre, lo vede attraversare il Novecento da protagonista, fra i primi al mondo a concepire l'arte come produzione in serie. E si spinge oltre, perché Munari, visual designer, narratore, educatore e teorico dell'arte, «per primo dà la possibilità al libro d'artista di diventare libro per bambini destinato a un'ampia tiratura». Come testimonia lo studioso Lorenzo Cantatore mentre indaga la natura del libro per bambini quale opera d'arte totale. E approfondisce: «Lo chiarirà [Munari] più di cinquant'anni dopo, nel 1987, presentando con grande lucidità il catalogo ragionato della casa editrice milanese La Coccinella»[2].

Una volta i libri erano di solo testo, con qualche illustrazione in bianco e nero, e la comunicazione avveniva attraverso la letteratura; anche le poche illustrazioni non erano progettate per completare la comunicazione verbale, ma solo come ornamento aggiunto. Il libro non era considerato come oggetto comunicativo in sé, ma come supporto per la letteratura. Oggi invece si è finalmente scoperto che l'immagine comunica, anche il colore, le forme, il tipo di carta o cartone, la grandezza dei caratteri tipografici e la forma stessa delle lettere, e comunica anche tutta la tecnologia editoriale e cioè le fustellature, gli spessori, la rilegatura... Oggi siamo finalmente nella comunicazione visiva e non solo visiva ma anche tattile, termica, plurisensoriale[3].

Vicino alle avanguardie storiche del Novecento, Munari è tra i maggiori esponenti del gruppo futurista milanese, dal quale prenderà presto le distan-

Bruno Munari | Libro illeggibile «MN 1» (1984)

ze con leggerezza e ironia. Del 1930 è la sua scultura aerea che darà il via alla fortunata serie delle «macchine inutili». Nel 1948 a Milano fonda con altri il Movimento Arte Concreta (Mac), che partecipa allo svecchiamento dell'arte italiana restituendo alle arti pari dignità: dalla pittura all'architettura, dal graphic design all'industrial design. Sono del 1949 i primi «libri illeggibili»: sia pure ancora oggetto artistico più che prodotto editoriale, contengono già tutti gli elementi dell'opera seriale[4]. Nel 1940, ispirato dalla nascita del figlio Alberto, comincia a pensare a un progetto per i bambini e qualche anno più in là pubblica con Mondadori i suoi innovativi libri per i più piccoli. Dall'attenzione di Munari per l'infanzia nascono, nel 1977, presso la Pinacoteca di Brera, i laboratori d'arte per bambini «Giocare con l'arte» che faranno poi il giro del mondo. Un metodo che insieme agli inediti esperimenti editoriali costituisce una straordinaria occasione di educazione al visivo. Dice l'artista rispondendo a domande su cosa è per lui la creatività e come si insegna o meglio si fa in modo che i bambini imparino a essere creativi:

> Credo si tratti solo di uno degli aspetti dell'intelligenza, noi abbiamo diversi settori per orientare la nostra attività e uno di questi è l'invenzione, un altro la fantasia, un altro l'immaginazione e un altro è la creatività. [...] Il non creativo è un ripetitivo che fa cose che ci sono già; il creativo è invece uno che fa una cosa che prima non c'era. [...] Secondo me il genitore è il bambino adulto che aiuta il bambino piccolo, perché anche lui è stato bambino e quindi saprà bene come fare per aiutarlo, quello però che è importante è fare in modo di non cancellare l'identità del bambino[5].

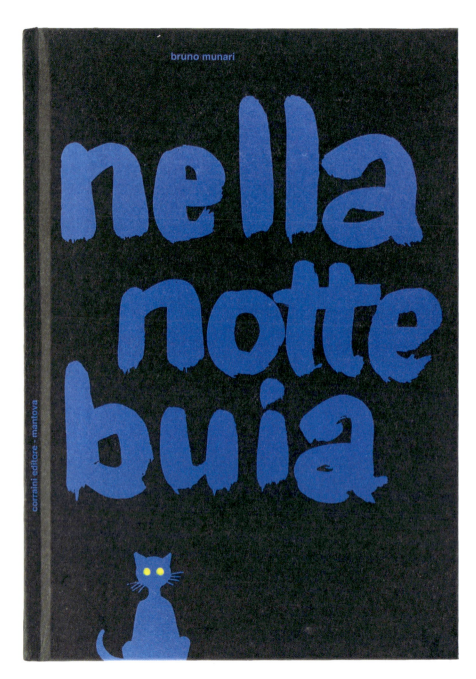

Bruno Munari | Nella notte buia (1956)

Dalla sintesi tra i «libri illeggibili» e i «libri Munari» nasce nel 1956 *Nella notte buia*[6], che aggiunge all'esperienza tattile e multisensoriale l'elemento del racconto. Rifiutato da molti editori «perché privo di testo», il libro viene pubblicato con innegabile maestria dal tipografo-editore Giuseppe Muggiani a Milano. Un primo capitolo di cartoncino nero guida il lettore nella notte buia mentre lui segue un gatto che fa capolino per curiosare nella pagina successiva; un secondo di carta semitrasparente lo immerge nel chiarore dell'alba; e ancora un ultimo sedicesimo di carta da pacchi (che è la terra) lo catapulta nella grotta dove scopre una scena di caccia dipinta sulle pareti della roccia e svela che l'artista sta raccontando la storia dell'uomo, lì dove nasce la creatività.

Mentre è necessario aspettare più di dieci anni per l'affettuoso omaggio alla sua città: *Nella nebbia di Milano*[7] è un libro per seguire il lettore nell'atmosfera rarefatta della Milano avvolta nella nebbia e finire abbagliati dalle luci colorate del Gran Circo. Scrive Munari: «D'inverno la natura dorme e quando sogna appare la nebbia. Camminare dentro la nebbia è come curiosare nel sogno della natura».

Gianni Rodari | Filastrocche in cielo e in terra (1960) illustrato da Bruno Munari

Un libro d'arte che invita a entrare nello spazio della pagina, in un luogo non più narrato, non più illustrato ma vissuto, praticato e rappresentato. Lo spazio di una pagina dove le emozioni del viaggio nella città sono sottratte al potere evocativo della parola e restituite alla forza delle immagini. Ancora una volta lo spazio è ricreato grazie all'uso di originali soluzioni cartotecniche: carte di tipo e colore diversi, fustellature e tagli. Per dirlo con le parole dell'autore, «un capitolo di carta da lucido (quella usata da architetti e ingegneri per i loro progetti) dà un senso di nebbia: sfogliando quelle pagine è come entrare nella nebbia»[8].

L'incontro con Gianni Rodari avviene in casa Einaudi nei primi anni sessanta, quando realizza i disegni per le *Filastrocche in cielo e in terra*[9] e dà il via a un felice sodalizio – un vero «binomio fantastico», vale a dire straordinario – che vede gli schizzi di Munari danzare con i giochi di parole dello scrittore di Omegna, liberi come scarabocchi[10]. Sempre su invito di Giulio Einaudi, tra il 1972 e il 1978 pubblica la collana «Tantibambini» coinvolgendo nel progetto artisti, poeti, architetti, scenografi, educatori, fotografi e persino graphic designer come Tovaglia e Iliprandi. Oltre sessanta i titoli realizzati in un formato quadrato, che è poi il suo formato d'elezione, rilegati con punto metallico e privi di copertina.

> E pensare che nacque quasi per caso. Durante una riunione del comitato di redazione mi accorsi, infatti, che tutti parlavano di libri per bambini confondendoli con quelli per ragazzi. Lo dissi, e Giulio Einaudi prese la palla al balzo. «Falla tu, allora, una collana di libri per bambini!». E io la feci. Con Molina, che allora dirigeva l'ufficio grafico della casa editrice, studiammo una formula, si può dire, rivoluzionaria. Il libro non aveva cartonatura (che incideva molto sul prezzo di vendita) e il racconto cominciava direttamente dalla prima pagina-copertina. Non era questo

il solo motivo di novità. Il racconto seguiva quasi sempre un taglio cinematografico che poteva con facilità essere capito dai bambini[11].

Un progetto editoriale originale e ambizioso che propone libri di qualità ma decisamente a basso costo, tanto economici però da non incentivarne la vendita; libri che tuttavia fanno scuola e restano nella storia dell'editoria per ragazzi in Italia e non solo. Da non dimenticare il suo *Alfabetiere*[12] realizzato con lettere ritagliate dove i lettori, seguendo il gioco futurista dell'*objets trouvés*, sono invitati a intervenire per completare l'opera. E la serie dei Cappuccetto «Verde, Giallo e Blu» seguiti nel 1999 da uno «Bianco»[13]. Un Cappuccetto che non si vede a un primo sguardo perché tutto – il bosco, la nonna, il lupo, il cacciatore – è coperto dalla neve, «mai vista tanta neve». Dedicato a

Bruno Munari | «Tantibambini» (1972-78)

Bruno Munari | I Prelibri (1980)

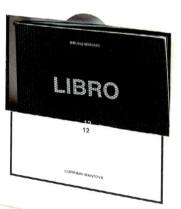

Marco Ferreri e Bruno Munari | Libro Letto (1993)

Remy Charlip e John Cage[14], il libro è pubblicato da Corraini che continua a impegnarsi con successo nella riedizione quasi completa dell'opera di Munari.

Dopo anni di ricerche e sperimentazioni intorno all'oggetto-libro, nascono nel 1980 «I Prelibri»[15]: dodici piccoli libri (10×10 cm), ognuno con un titolo inequivocabile, *Libro*, conservati in una scatola-biblioteca. «Oggetti a forma di libro fatti con dei materiali diversi: uno di carta, uno di plastica, uno di panno, uno di gomma-spugna, uno di cartone. Ognuno è rilegato in modo diverso. [...] Ci sono i colori, ci sono i buchi [...]. Per esempio c'è un libro che ha dentro delle sorprese»[16]. Perché, spiega l'autore, «se un bambino trova una sorpresa in un libro quando è piccolo, continuerà a cercarne per tutta la vita». Nati dall'incontro con Jacqueline Vodoz e Bruno Danese – editori e galleristi con cui progetta oggetti di industrial design che gli varranno più di un Premio Compasso d'oro – sono libri senza parole per bambini che non sanno leggere, a metà strada tra ricerca artistica e progetto pedagogico, che è poi la cifra stilistica più autentica di Bruno Munari. Libri da smontare e ricostruire proprio come un gioco perché, come dice anche Piaget, si impara solo facendo.

E c'è il *Libro Letto*[17], in un certo senso un prelibro di grande formato (70×70 cm) che è insieme un letto e un libro da abitare: sei cuscini rivestiti in tessuti diversi, separabili e bordati da micro-storie, brevi frasi combinabili fra loro per nuovi racconti.

Molto vicino alla filosofia e al pensiero orientale – del resto «Mu» e «nari» in giapponese vuol dire proprio «fare dal nulla» –, già negli anni sessanta diventano sempre più frequenti i suoi viaggi in Giappone dove è tra i protagonisti del Castello dei bambini a Tokyo[18]. Non è un caso se oggi è un giapponese, Katsumi Komagata, l'artista e designer che meglio interpreta l'eredità di Munari. Sua è la realizzazione del catalogo della mostra presso l'Itabashi Art Museum di Tokyo[19] per il centenario della nascita dell'artista milanese. Ed è con un suo omaggio al maestro *1, 2, 3 Komagata* che si apre sempre nel 2007 il Laboratorio d'arte del Palazzo delle Esposizioni di Roma[20]. Dieci anni più tardi una grande esposizione celebra *Bruno Munari. L'artista totale* presso il Mef di Torino[21].

Munari, l'artista che più di ogni altro appartiene al Novecento, il «secolo delle avanguardie» e il «secolo della sintesi delle arti», progetta un oggetto libro dove «ieri, domani, dopodomani, per i bambini è sempre oggi». Un vero, inguaribile, Mister X.

1, 2, 3 Komagata. Dedicato a Munari (2007)
Palazzo delle Esposizioni, Roma

Note

[1] A. Mendini, *Tempo libero*, in *Su Munari. 104 testimonianze + 152 inediti di Bruno Munari*, a cura di B. Finessi, grafica di I. Lupi, Abitare Segesta, Milano 1999, p. 8.

[2] L. Cantatore, *Il libro per bambini come opera d'arte totale: Bruno Munari, Lele Luzzati, Maria Lai*, in *Scrivere, leggere, raccontare... La letteratura per l'infanzia tra passato e futuro*, a cura di A. Antoniazzi, Franco Angeli, Milano 2019, p. 163.

[3] L. Farina, *Che cos'è un libro gioco?*, in Hamelin, *Ad occhi aperti. Leggere l'albo illustrato*, Donzelli, Roma 2012, p. 172.

[4] Si veda B. Munari, *Libro illeggibile («MN 1»)*, Corraini, Mantova 1984.

[5] B. Munari al Caffè Illustratori della Bologna Children's Book Fair il 14 aprile 1996 in occasione della mostra *Bruno Munari. Swing into books*.

[6] B. Munari, *Nella notte buia*, Muggiani, Milano 1956; poi Corraini, Mantova 1996.

[7] Id., *Nella nebbia di Milano*, Emme Edizioni, Milano 1968; poi Corraini, Mantova 1996.

[8] Id., *Da cosa nasce cosa*, Laterza, Roma-Bari 1981. Si veda anche G. Maffei, *Munari. I libri*, Sylvestre Bonnard, Milano 2002.

[9] G. Rodari, *Filastrocche in cielo e in terra*, disegni di B. Munari, Einaudi, Torino 1960.

[10] Si veda *Munari per Rodari. Segni sghembi, sghiribizzi, macchie, colori e scarabocchi*, Corraini, Mantova 2020 e *Rodari a colori. Tavole, disegni, figure*, a cura di G. Gotti, Mondadori («Meridiani»), Milano 2020.

[11] A. Rauch, *Il mondo come design e rappresentazione. Ritratti d'occasione per ventisette maestri della grafica e dell'illustrazione*, La Casa Usher, Firenze 2009, p. 174.

[12] B. Munari, *Alfabetiere*, Einaudi («Tantibambini»), Torino 1972; poi Corraini, Mantova 1998.

[13] Id., *Cappuccetto Bianco*, Corraini, Mantova 1999.

[14] Si veda E. Lortic, *Des livres, de l'art, des enfant...*, in *Quand les artistes créent pour les enfants des objets livres pour imaginer*, in «Mook», Autrement, Paris 2008. Edizione per i vent'anni dell'associazione Les Trois Ourses.

[15] B. Munari, *I Prelibri*, Danese, Milano 1980; poi Corraini, Mantova 2002.

[16] *Continuità di Bruno Munari*, in «Artout», a cura di Centro per l'arte contemporanea Luigi Pecci (Prato), maschietto & musolino («Gli Ori»), Firenze 1999.

[17] B. Munari - M. Ferreri, *Libro Letto*, Interflex, Trecate (NO) 1993.

[18] B. Munari, *Il Castello dei bambini a Tokyo*, Einaudi, Torino 1995.

[19] *Bruno Munari*, catalogo della mostra a cura di K. Matsuoka per il centenario dalla nascita dell'artista, Itabashi Art Museum, Tokyo 2007.

[20] Si veda, a documentazione dell'esperienza, *Educare all'Arte*, a cura di C. Francucci e P. Vassalli, Electa, Milano 2005.

[21] *Bruno Munari. Artista totale*, catalogo della mostra al Museo Ettore Fico (Mantova, 16 febbraio-11 giugno 2017), a cura di C. Cerritelli, Corraini, Mantova 2017.

George Dunning | Yellow Submarine (1968)
art director Heinz Edelmann

Yellow Submarine, una rivoluzione in musica

Heinz Edelmann
Seymour Chwast

Quando, alla fine degli anni sessanta, Paul McCartney scrive il ritornello di «Yellow Submarine» non può certo immaginare di aver innescato una scintilla la cui fiamma avrebbe brillato di vita propria superando persino la fama dei quattro ragazzi di Liverpool. Già nel 1966 il singolo, con «Eleanor Rigby», si afferma al primo posto nelle classifiche, ma la vera storia ha inizio all'uscita del film presentato a Locarno nel luglio del 1968. In occasione dei cinquant'anni, sulle pagine di «la Repubblica» Ernesto Assante, critico musicale, scrive:

> Il Sottomarino Giallo è parte integrante dell'immaginario collettivo: c'è sempre, è ovunque, è sulle t-shirt e sulle tazze, può essere costruito con i Lego e gonfiato come un materassino, gode di una popolarità immensa e duratura, tutto per merito di un film animato che arrivò nelle nostre vite, per non andarsene mai più[1].

Yellow Submarine è una produzione anglo-canadese la cui regia viene affidata dai Beatles a George Dunning da un soggetto, tra gli altri, di Erich Segal, che qualche anno più tardi avrebbe firmato la sceneggiatura di *Love Story*, quasi in simultanea romanzo e film. La storia del Sottomarino Giallo è ambientata in fondo all'oceano nella meravigliosa isola di Pepelandia (*Pepperland*) dove gli abitanti vivono in pace e allegria fino al momento in cui subiscono l'invasione dei terribili Biechi Blu (*Blu Meanies*), umanoidi dall'aspetto mostruoso che indossano alti stivali e rendono l'isola triste e silenziosa. Unico superstite, il capitano Fred approda con il suo sottomarino giallo a Liverpool dove chiede l'aiuto dei Beatles perché liberino la sua terra da-

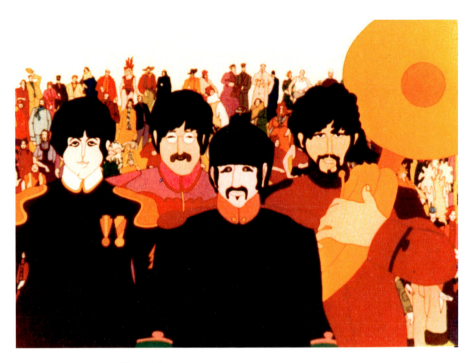

George Dunning | Yellow Submarine (1968)
art director Heinz Edelmann

gli invasori. E così la band parte per un'avventura dal sapore epico, fino a raggiungere l'isola e contagiare i mostruosi Biechi con la magia della musica, riportando pace, amicizia e amore. Trainato dal successo dei Beatles, il film diventa il manifesto di un'epoca grazie all'art director Heinz Edelmann che mescola abilmente «cultura pop e psichedelia, umorismo e infantile leggerezza, cultura hippie e soluzioni grafiche d'avanguardia, talmente innovative da aver cambiato per sempre le regole del gioco dell'animazione»[2]. Ma l'artista non si ferma qui.

Tedesco di origini cecoslovacche, Edelmann si trasferisce in Inghilterra negli anni sessanta e, sull'onda del successo del film, supera sé stesso con un libro *Andromedar SR1*[3], dove atmosfere di un gioioso pop floreale, illustrate con gli acquarelli, convivono con un segno festosamente liberty. Nelle pagine del libro il colore si alterna al bianco e nero mentre la lingua gioca a nascondino con un sottotesto che dichiara i differenti piani di lettura. In un sotterraneo della città di Geloburgo, il perfido Oktobus sta facendo costruire il missile Andromeda per portare i primi uomini su Marte e andare a caccia dei meravigliosi fiori blu cobalto che crescono solo su quel pianeta. Tradotto in Italia da Emme Edizioni nel 1971, vince nello stesso anno il Premio Grafico

Martin Ripkens - Hans Stempel | Andromedar SR1 (1970)
illustrato da Heinz Edelmann

Heinz Edelmann | Bad Bunny (1977)

a Bologna; per la casa editrice milanese il titolo è un manifesto di intenti, con la sua storia fantascientifica e, insieme, di critica politica, ispirata al motto pacifista «mettete un fiore nei vostri cannoni»[4].

Considerato tra i massimi illustratori e designer tedeschi, Edelmann riceve una formazione grafica di tutto rispetto all'Accademia di belle arti di Düsseldorf, scuola d'avanguardia negli anni cinquanta, dove studia con Joseph Beuys. È sua la mascotte per l'Esposizione universale di Siviglia del 1992, *Curro*, diminutivo di Francesco, pappagallo con becco e cresta multicolore. Nel tempo l'artista cambia tecnica – dall'acquarello ai colori acrilici – e stile, superando il gusto pop che lo aveva caratterizzato, per prediligere un segno espressionista dal sapore sarcastico e malinconico. Produce manifesti per la cultura, che spaziano dal Theater der Welt di Colonia ai programmi della televisione per bambini, e disegni per l'editoria tedesca, come la «Frankfurter Allgemeine Zeitung». Soprattutto, insegna a Francoforte, Colonia e Stoccarda, perché «l'arte pura – dice – va così male che non posso fare a meno di trovare il tempo per mostrare ai miei studenti come esprimere le ombre e le luci del nostro presente»[5].

Edelmann[6] ha saputo guardare ai comics americani anni trenta mentre si immergeva in una cultura visiva tutta europea, con una forte autoironia, entrambe componenti che lo hanno portato a essere in Europa l'equivalente dei Push Pin Studios in America. Artisti che hanno segnato la cifra stilistica di un'epoca, interrogandone le contraddizioni. E, acceso il cerino di una vera e duratura rivoluzione del segno e del gusto, hanno formato una generazione di illustratori a cavallo tra vecchio e nuovo continente. Chiudono infatti, con maestria, il decennio: il primo con un film dal successo planetario, i secondi con una mostra storica: *The Push Pin Style*. Nella primavera del 1970, la mostra, dopo il riconoscimento in casa, arriva al Musée des Arts Décoratifs di Parigi e l'anno successivo a cura della Fondazione Olivetti al Castello Sforzesco di Milano[7].

Tra i fondatori dello studio newyorchese, la cui produzione spazia tra grafica editoriale e pubblicitaria fino ai manifesti culturali, insieme a Milton Glaser e Edward Sorel si incontra un prolifico, giocoso e ossessivo Seymour Chwast. Cresciuto nel Bronx, Chwast si forma alla Cooper Union e per i Push Pin dirige tra il 1955 e il 1981 la rivista dello studio «Push Pin Graphic»[8]. Per saperne di più si può dare un'occhiata al ritratto che ne traccia Steven Heller[9], art director e coautore con Chwast di quindici libri tra i tanti nella biografia dello storico americano che si occupa di satira e politica.

> Seymour è la sua arte. Egli è davvero ciò che fa. Le sue mani sono sempre coperte d'inchiostro, i suoi abiti sono sporchi di colore, i suoi capelli intricati di pigmenti; per dire che la sua vita è tutt'uno con la sua espressività e al di fuori di quella nulla può meritare un briciolo di attenzione...[10].

Il suo linguaggio è essenziale e raffinato, in perfetto equilibrio tra registro ironico e grottesco, ricco di colori saturi e privo di prospettiva. A testimonianza del suo impegno sociale e politico, Chwast firma alcuni dei manifesti più iconici del secondo Novecento. Uno per tutti, *End Bad Breath* del 1968 dove lo zio Sam, simbolo del patriottismo americano, è usato per condannare l'intervento statunitense nel conflitto in Vietnam.

Tra i padri fondatori della controcultura visiva, che affonda le radici nella Pop Art e ancora oggi esprime la propria vitalità con un linguaggio contemporaneo nel transgenerazionale New Pop[11], Chwast lavora come graphic desi-

Seymour Chwast | La Divina Commedia di Dante (2019)

gner e illustratore con incursioni di tutto rispetto nel graphic novel, come quando si cimenta nella *Divina Commedia*[12], in un bianco e nero che ricorda le pagine psichedeliche dell'Andromedar di Edelmann, però con un tratto pulito e sobrio.

Chwast non dimentica di fare omaggio della sua creatività ai lettori più giovani, a partire da due titoli pubblicati in Italia nel catalogo Emme degli anni settanta: *Le storie di Mamma Ooooooca*[13] e *Tante Riiiiime*[14], libri flip-flap dove la piega della pagina permette di nascondere per poi svelare le immagini che si muovono al ritmo del gioco di parole. Scrive Andrea Rauch, graphic designer, studioso, docente e anche editore: «Un gioco, si dirà, ma i *limericks* e le *nursery rhymes* sono giochi che hanno intrigato, negli anni, le forze migliori dell'illustrazione anglosassone, da Maurice Sendak[15] a Etienne Delessert»[16]. Fino all'italiano Toti Scialoja, che si diverte con i giochi di parole con cui fa dialogare i suoi «amati topini cari», e non solo.

Sempre per i più piccoli è il Seymour Chwast di *L'uomo sulla luna*[17], che vede tutto da lassù e trova la ricetta per trasformare una realtà triste e senza colori in un mondo variopinto, una ricetta semplice: unire le proprie forze, tutti insieme. Un messaggio che ha, ancora una volta, un'eco volutamente pacifista.

Del resto non è un caso se la produzione degli anni sessanta è oggi oggetto di un «ripescaggio» abbastanza dichiarato nelle uscite in libreria: ritorni più o meno ambiziosi, più o meno motivati, sempre accolti con gioia. Perché gli anni a cavallo fra i sessanta e i settanta, quando Gaber cantava «libertà è partecipazione», furono anni difficili, senza dubbio, ma con guizzi prolifici e felici. Anni in cui si poteva sognare di cambiare il mondo con la musica e le filastrocche, persino con i libri per bambini, una manciata di anni in cui quel sogno sembrava proprio non essere solo una magnifica utopia.

Seymour Chwast | End Bad Breath (1968)

Seymour Chwast | L'uomo sulla Luna (2019)

Note

[1] E. Assante, *I Beatles e l'Odissea psichedelica di «Yellow Submarine»*, in «la Repubblica», 24 luglio 2018.

[2] *Ibid.*

[3] H. Stempel - M. Ripkens, *Andromedar SR1*, ill. von H. Edelmann, Middelhauve, Köln 1970; *Andromedar SR1*, Emme Edizioni, Milano 1971.

[4] Si veda A. Faeti, *C'era una volta in Italia*, in *Alla lettera Emme: Rosellina Archinto editrice*, Giannino Stoppani edizioni, Bologna 2005, pp. 8-23. E ancora *La casa delle meraviglie. La Emme Edizioni di Rosellina Archinto*, a cura di L. Farina, Topipittori, Milano 2013.

[5] H. Edelmann, in *Rétrospective Heinz Edelmann Noirs Desseins*, esposizione a cura della Fondation La Littérature en Couleurs con la direzione artistica di E. Delessert e W. Jeker, Espace Arlaud (Lausanne, 26 giugno-2 agosto 2015).

[6] Si veda *Direct Access. One Hundred and Sixty-five Ideas and Fifty-five Posters for the Westdeutschen Rundfunk Köln*, ill. by H. Edelmann, Hermann Schmidt, Mainz 1993.

[7] Si veda L. Boyer, *Les images libres. Dessiner pour l'enfant entre 1966 et 1986*, MeMo, Nantes 2021.

[8] S. Chwast, *The Push Pin Graphic*, Chronicle Books, San Francisco 2004.

[9] Steven Heller, autore, curatore e coautore di oltre duecento libri su design, tipografia, arte e illustrazione, ha lavorato per trentatré anni al «New York Times» dove è stato art director e ha scritto di libri. È codirettore del corso di laurea in Design della School of Visual Arts di New York.

[10] S. Heller, *The Obsessive Images of Seymour Chwast*, Chronicle Books, San Francisco 2009.

[11] Si veda E. Balzaretti, *I turbamenti del giovane Seymour Chwast*, in «Fumettologica», 26 febbraio 2020, https://fumettologica.it/2020/02/seymour-chwast-divina-commedia/.

[12] S. Chwast, *Dante's Divine Comedy*, Bloomsbury, London 2010; *La Divina Commedia di Dante*, trad. it. di F. Conte, Quodlibet, Macerata 2019.

[13] Id., *Mother Gooooooose*, Random House, New York 1974; *Le storie di Mamma Ooooooca*, Emme Edizioni, Milano 1974.

[14] Id., *Limerickricks*, Random House, New York 1975; *Tante Riiiiime*, Emme Edizioni, Milano 1975.

[15] Si veda di M. Sendak, *Hector Protector and as I Went Over the Water* (Harper & Row, New York 1965) e *I Saw Esau* (Walker Books, London 1992).

[16] A. Rauch, *Il racconto dell'illustrazione. Grandi illustratori e personaggi dell'immaginario tra la metà dell'Ottocento e la fine del Novecento*, La Casa Usher, Firenze 2019, p. 255. Si veda anche *Seymour Chwast, Le ossessioni di Seymour*, in Id., *Il mondo come design e rappresentazione*, Usher Arte, Firenze 2009.

[17] S. Chwast, *L'uomo sulla Luna*, Corraini, Mantova 2019.

Toti Scialoja | La zanzara senza zeta (1974)

Zz, la zanzara senza zeta

Toti Scialoja

Vive a Zara, anzi vi langue,
la zanzara senza zeta,
non si azzarda a succhiar sangue
ma nient'altro la disseta.

Zanzara è parola fragile, incorporea, attraversata dalla luce. Perché le parole hanno densità, colori, nervature: sono figure in loro stesse. In effetti, la parola zanzara somiglia all'insetto cui fa allusione e con cui convive nella nostra mente, o meglio è l'insetto che somiglia a questa bella parola. La parola è, certo, più straziante ed enigmatica di quel tormentino da nulla che ronzando ci teneva desti nelle notti d'estate della nostra infanzia[1].

Come ci anticipa l'autore in questo breve testo, «Zanzara» è un insetto ma è soprattutto una parola molto cara a Toti Scialoja[2]: pittore-poeta che disegna poesie abitate da animali, «commenti per immagini» come lui stesso chiama quelle figure tratteggiate a china nera con pochi segni di colore a pastello, a volte solo accennato, a volte scarabocchiato. Agli inizi le scrive quasi per gioco, le sue poesie, come espediente per comunicare con i tre nipoti: per James Demby prima, poi per Alice e Barbara Drudi. Nipoti lontani perché in quegli anni – erano i primi anni sessanta – l'artista vive a New York, poi a Parigi e, nella solitudine parigina, scrive per esorcizzare la nostalgia della propria lingua e per divertire il nipotino; ma sa di rivolgersi anche alla moglie che, a Roma, leggerà al piccolo James. Lontano da tutti, solo, Toti scrive e disegna, grato ai grandi illustra-

> Due oche di Ostenda
> in guanti e mutande
> pedalano in tandem
> all'ombra dei dolmen
> e in meno di un amen
> imboccano un tunnel.

Toti Scialoja | La zanzara senza zeta (1974)

tori usciti dalle pagine del «Corriere dei Piccoli» che hanno nutrito la sua infanzia: Mussino, Rubino, Angoletta e naturalmente Doré e Grandville. E non dimentica le sue prime letture, l'Enciclopedia dei Ragazzi dove ha imparato ad amare i giochi fonetici e le allitterazioni alla Carroll, i *limericks* e i nonsense inglesi di Edward Lear. Così, nelle poesie di quegli anni parigini, il suono va oltre il senso della parola e permette all'artista di sentirsi nuovamente a casa.

Ne nascono quattro titoli per i più piccoli, tra il 1971 e il 1979. Il primo, *Amato topino caro*[3], lo pubblica Emanuela Bompiani nella sua bella collana di poesie per l'infanzia; il secondo *La zanzara senza zeta*[4] piace tanto a Bruno Munari che lo propone come albo illustrato nella collana «Tantibambini», dedicato alla bambina Giovanna Calvino, figlia di Italo, grande fan e amica dell'autore; il terzo *Una vespa! Che spavento*[5] ospita, insieme alla vespa, la zanzara di Zara ma anche quella di Zanzibàr, nel pieno rispetto della geografia fantastica tracciata dai suoi tanti, oltre cento, amici animali; per finire con *Ghiro ghiro tonto*[6], trentasei poesie con animali pubblicato da Stampatori. La poesia di Toti Scialoja fa dono di parole «come gioco» che diventano enigma, mistero, esorcismo e assenza di significato, pur rimanendo «una delle chiavi che aprirà la porta del mistero sulla vita adulta».

Pittore, poeta, critico d'arte, scenografo, Scialoja insegna scenografia all'Accademia di belle arti a Roma. Uomo di teatro, «con spirito e versatilità teatrale – racconta sua nipote Barbara – non solo leggeva i suoi versi, ma insegnava loro a "recitarli"». E Teresa Buongiorno, scrittrice e firma del giornalismo italiano prestata alla letteratura per ragazzi, ricorda Toti «mentre parlava di poesia ai bambini seduti in terra, alla libreria dell'Oca di Roma[7]. Era vestito come il Cappellaio Matto di Alice, e tirava fuori da un misterioso scatolone un nastro verde smeraldo, che si fece annodare al collo da una piccolina, a mo' di cravatta, e degli incredibili guanti di filo rosa, che si affrettava a infilare sulle mani. Poi una parrucca. Diceva che per leggere delle poesie occorreva mettersi in maschera, altrimenti si perdeva metà della magia»[8].

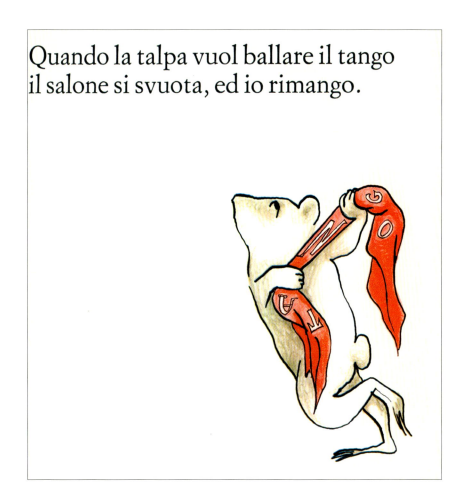

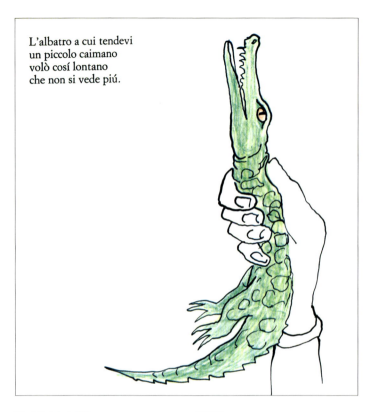

Toti Scialoja | La zanzara senza zeta (1974)

Torna alla mente l'artista mentre legge le sue poesie con animali a una folla di bambini al Museo del folklore, nel cuore di Trastevere, dove andava in scena una mostra speciale dedicata alla poesia e ai poeti per l'infanzia, *Il gioco della rima*[9]. Era il 1984 e il catalogo della mostra, con in copertina un'illustrazione di Enrico Pinochi, sarà uno degli ultimi titoli pubblicati da Rosellina Archinto, fra i preziosi saggi della casa editrice Emme Edizioni, questa volta in collaborazione con l'assessorato alla Cultura del Comune di Roma. Erano nate in quegli anni in Italia le biblioteche di pubblica lettura, centri culturali che per la prima volta vedevano accanto al bibliotecario una nuova figura di operatore culturale il cui compito consisteva nell'aprire la biblioteca al territorio e trasformarla in un luogo di sperimentazione per un pubblico nuovo, più attivo, più partecipe, più colto. A Roma il progetto è di Renato Nicolini che, da assessore alla Cultura, lavora per riaprire la città dopo i tempi bui del terrorismo. Architetto urbanista, ricordato per l'Estate romana, riporta il pubblico in strada e in piazza per fargli vivere di nuovo, insieme e senza paura, l'incanto di una città magica. Nasce così la mostra con l'obiettivo di far conoscere e leggere poesia, da un'idea di Francesca Lazzarato che diventerà presto una delle figure di spicco della letteratura per ragazzi in Italia.

In quegli anni usciva *Pin Pidìn*[10], antologia curata da due grandi poeti, Antonio Porta e Giovanni Raboni. Mentre Gabriella Armando pubblicava per le Nuove Edizioni Romane un poeta ancora inedito, il milanese Roberto Piumini. Scrive Lazzarato nel catalogo della mostra romana:

> Se Piumini appare come un poeta vero che gioca, sì, con le parole, ma senza perdere mai di vista una elaborazione interamente risolta, una forma poetica intensa e piena (*Io mi ricordo*[11], *Quieto Patato*[12]) e si rivela come uno dei pochi che realmente si misurino, in modo continuo e diretto con il bambino che legge/scrive poesia, l'antologia di Raboni e Porta raccoglie poesie per l'infanzia che rifiutano di essere catalogate come «genere a sé stante, coltivato in esclusiva da specialisti che non siano anche e prima di tutto, poeti» (*Pin Pidìn*), e che vogliono tenere conto di due elementi fondamentali: «primo la straordinaria creatività e disponibilità fantastica e linguistica dei bambini; secondo: la capacità della poesia di creare comunque decisivi stimoli e reazioni al di là e persino a prescindere da una completa comprensione dei suoi contenuti logici» (*Pin Pidìn*). Su queste premesse, nel 1982, Antonio Porta scriverà l'*Emilio*[13].

Insomma, l'idea di fondo era quella «di un radicale rifiuto della poesia per bambini come genere a sé stante», coltivato esclusivamente da specialisti della *minore* età. La poesia, che fosse per grandi e che fosse per piccini, la dovevano scrivere i poeti[14]. Così i poeti scrivono e incontrano i bambini, in mostra, in biblioteca, a scuola, insieme a registi, come Marco Baliani – perché la poesia va messa in scena –, e graphic designer come Giovanni Lussu, che con i ragazzi sa scrivere «poesia disegnata»[15]. Scrive invece poesia narrativa Antonio Porta e, dalla costruzione di giochi con le parole, passa a raccontare storie difficili di nascite e bambini nuovi. Storie uniche, come quella di Emilio che porta «il nome di ogni bambino nuovo». Poesia difficile e coraggiosa, come quella di Roberto Piumini, che nasce dall'esperienza e dal vissuto, reale o fantastico, affettivo o immaginario, per narrare la vita con parole concrete, corporee e cariche di significato.

Forse i bambini cominciavano a chiedere storie difficili? Sembra di sì, ai poeti l'arduo compito di rispondere, come sa fare Toti Scialoja, come sa fare Gianni Rodari già nelle sue filastrocche, pubblicate tra la fine degli anni quaranta e i primi cinquanta, quando sceglie di mettersi al servizio dei bambini. «Non al servizio della poesia – precisa Rodari – ma al servizio dei bambini, dell'infanzia: perché la poesia viene avanti da sé»[16], antitesi preziosa al *trantran*.

Giovanni Lussu | Laboratorio di poesia disegnata (1982)
scuola elementare Luigi Settembrini, Roma

In un racconto di Rodari, un personaggio, il professor Grammaticus, a un certo punto trova un cartello con uno sbaglio di ortografia, *tran* al posto di *tram*, e si arrabbia molto. Tanto valeva, dice con rabbia, scrivere *trantran*. Un signore che passa lo consola così: «Certo. Il *tram* è pericoloso, ma il *trantran* è più pericoloso ancora. Il *tram* può spezzare una gamba, ma il *trantran* può uccidere il pensiero…»[17].

Note

[1] T. Scialoja, *Come nascono le mie poesie*, in «il verri», Milano 1988, 8. Si veda anche A. Abbatiello, *Toti Scialoja. Topi, lucciole, conigli e formiche… Un pittore, un poeta che ha incontrato i bambini*, Corraini, Mantova 2002, p. 30.

[2] Si veda *Animalie. Disegni con animali e poesie*, catalogo della mostra alla Galleria comunale d'Arte moderna (Bologna, 30 marzo-24 aprile 1991); poi al Palazzo delle Esposizioni (Roma, 12 giugno-1° luglio 1991), a cura di A. Rauch, Grafis, Bologna 1991.

[3] T. Scialoja, *Amato topino caro*, Bompiani, Milano 1971.

[4] Id., *La zanzara senza zeta*, Einaudi («Tantibambini», 37), Torino 1974.

[5] Id., *Una vespa! Che spavento*, Einaudi, Torino 1975.

[6] Id., *Ghiro ghiro tonto*, Stampatori, Torino 1979.

[7] Sono gli anni in cui nascono le prime librerie per ragazzi: a Milano grazie all'opera di Roberto Denti e Gianna Vitali, a Roma in via dell'Oca a cura di Gina Bellot.

[8] T. Scialoja, *Tre chicchi di moca*, a cura di T. Buongiorno, Lapis, Roma 2002.

[9] *Il gioco della rima. Poesia e poeti per l'infanzia dal 1700 ad oggi*, catalogo della mostra al Museo del folklore (Roma, aprile-maggio 1984), a cura di S. Fabri, F. Lazzarato, P. Vassalli, Emme Edizioni, Milano 1984.

[10] A. Porta - G. Raboni, *Pin Pidìn. Poeti d'oggi per i bambini*, Feltrinelli, Milano 1978.

[11] R. Piumini - C. Mariniello, *Io mi ricordo. Poesie ai bambini*, Nuove Edizioni Romane, Roma 1980.

[12] R. Piumini, *Quieto Patato*, Nuove Edizioni Romane, Roma 1983.

[13] F. Lazzarato, *Storia brevissima della poesia per l'infanzia*, in *Il gioco della rima* cit., p. 17.

[14] E. Donzelli, *Il senso perso dei bestiari per bambini: poesia e infanzia*, in «le parole e le cose», 3 aprile 2012, https://www.leparoleelecose.it/?p=4244.

[15] Si veda G. Lussu, *Il laboratorio di poesia disegnata*, in *Il gioco della rima* cit., pp. 144-51.

[16] Oggi la poesia a firma di poetesse e poeti che scrivono per l'infanzia è sugli scaffali delle librerie e biblioteche del *bel paese*; riceve grande attenzione in manifestazioni culturali come la Fiera di Bologna, che le ha recentemente dedicato una sezione speciale del Bologna Ragazzi Award, presentando il meglio della produzione di poesia dal mondo. Non poteva mancare un festival *ad hoc*: the Junior Poetry, nato nel 2019, primo festival internazionale di poesia per bambini e ragazzi in Italia, diretto da Bernard Friot, dall'aprile 2023 pubblica the «Junior Poetry Magazine». Ideazione e organizzazione sono dell'Accademia Drosselmeier con Lèggere leggére, libreria di Castel Maggiore alle porte di Bologna.

[17] T. De Mauro, *Introduzione*, in G. Rodari, *Parole per giocare*, Manzuoli, Firenze 1979.

C'è un micio
d'agosto
che dorme
di gusto
su un cencio
all'ombra
di un busto
del Pincio.

Toti Scialoja | La zanzara senza zeta (1974)

Chiara Carrer | Progetto Alice (2008)
Palazzo delle Esposizioni, Roma

L'abecedario di Paola Vassalli

di Lorenzo Cantatore

Ci sono diversi motivi per accogliere con grande favore la pubblicazione di questo libro di Paola Vassalli. Prima di tutto, va ricordato l'importante ruolo che l'autrice ha svolto nel dibattito critico sul valore artistico, storico e pedagogico della letteratura per l'infanzia, a lungo esclusa dai ranghi della cultura cosiddetta «alta». Nell'Italia degli anni settanta, mentre Antonio Faeti affermava la dignità accademica di questa disciplina, mentre l'editoria affinava la qualità e la specificità dei prodotti per il pubblico più giovane e librai-intellettuali aprivano luoghi a essi interamente dedicati, mentre la Fiera di Bologna guadagnava una sempre più robusta visibilità internazionale e la critica specialistica conquistava piccoli ma significativi spazi sulla stampa periodica o sui supplementi dei quotidiani, in quegli stessi anni anche le amministrazioni locali più lungimiranti cominciavano a dedicare alla letteratura per l'infanzia iniziative temporanee e permanenti all'interno dei loro servizi culturali. In particolare, Paola è stata una delle protagoniste di quella straordinaria stagione di rinnovamento che, a partire dalla seconda metà degli anni settanta, ha interessato la città di Roma. La forza politico-culturale della giunta guidata da Giulio Carlo Argan (1976-1979) e la geniale creatività del suo assessore alla Cultura, Renato Nicolini, hanno prodotto risultati senza precedenti anche nel campo della promozione del libro e della lettura e, di conseguenza, nella valorizzazione della letteratura per l'infanzia. Paola Vassalli nasce in quel contesto, ma potremmo anche dire che con lei nasce e si istituzionalizza un vero e proprio mestiere, quello della progettazione culturale, educativa, legata al libro per bambini. La fondazione della Biblioteca Centrale Ragazzi a San Paolo alla Regola fu uno dei traguardi più alti di questo lungo e tenace impegno, che ubbidiva non solo a una visione più democratica e inclusiva del rapporto delle cittadine e dei cittadini con la cultura, ma anche al sogno di una città amica dei bambini e che sapesse educarli al bello e al pensiero critico. Forte di questo prestigioso *cursus honorum*, che l'ha vista per anni instancabile curatrice di mostre di illustratori che da Roma sono andate nel mondo e dal mondo sono giunte a Roma, Paola non poteva far altro che approdare alla fondazione e direzione del glorioso

Dipartimento Educazione del Palazzo delle Esposizioni e di quel raffinato spazio di conoscenza visiva che ancora oggi è per tutti noi lo Scaffale d'arte, una biblioteca specializzata in editoria internazionale di qualità per ragazzi.

Nel corso di tanto lavoro, portato avanti sempre con una fede nell'oggetto-libro illustrato che potremmo definire incrollabile e pionieristica (combattendo molti pregiudizi che ci sono sempre stati e che tuttora persistono sul valore artistico e conoscitivo della scrittura e dell'illustrazione per l'infanzia), Paola ha prodotto numerosi scritti: presentazioni, riflessioni teoriche, recensioni, conferenze, interviste, conversazioni, schede. In questo libro-abecedario sono raccolti, fra l'altro, aggiornati e con nuove integrazioni, i pezzi più significativi che ripercorrono l'impegno critico dell'autrice e che, in qualche modo, propongono al lettore di oggi un canone degli illustratori o, meglio, degli albi illustrati che fra secondo Novecento e inizio del XXI secolo hanno rappresentato svolte culturali importanti e definitive. Ecco un ulteriore motivo per gioire di questa pubblicazione: la possibilità di accedere, con strumenti critici sofisticati ma discreti e mai soverchianti la libertà del lettore, a una galleria di autori e immagini fondamentali della più recente storia dell'illustrazione e oramai attribuibili all'Olimpo dei classici.

Ma c'è un ulteriore aspetto che affiora con elegante *understatement* da queste pagine. Si tratta della componente autobiografica di chi, uscendo dall'adolescenza fra i sessanta e i settanta, si è lasciata educare dal rinnovamento del gusto determinato dalle opere di Seymour Chwast, di Milton Glaser e dei Push Pin Studios, di Heinz Edelmann e da quel simbolo epocale che fu il film d'animazione *Yellow Submarine*. Come dire che qui dentro c'è anche l'autobiografia di una generazione cresciuta «quando Gaber cantava "libertà è partecipazione" […] anni difficili, senza dubbio, ma con guizzi prolifici e felici. Anni in cui si poteva sognare di cambiare il mondo con la musica e le filastrocche, persino con i libri per bambini, una manciata di anni in cui quel sogno sembrava proprio non essere solo una magnifica utopia».

Forte di questo appassionato background, Paola Vassalli costruisce i suoi micro-saggi su una prospettiva metodologica che è di taglio comparativo: attenta ora alle tecniche, ora agli stili (il contributo determinante che tecniche e stili portano alla costruzione del significato di un picturebook è uno dei più felici assunti teorici di questo libro), ora alle categorie delle illustrazioni (albi, fumetti) e alle contaminazioni con altri linguaggi (musica, cinema, fotografia, teatro, moda), ora a quello straordinario fenomeno culturale per cui le grandi opere di letteratura per l'infanzia possono essere considerate perennemente postume. Ciò accade grazie al potere, tipico degli illustratori, di rivitalizzare e, in un certo senso, rimettere in discussione e in circolazione il valore morale, culturale, educativo dei grandi classici del passato. Paola conosce bene questo fenomeno e ne sonda le caratteristiche indagando, per esempio, il destino visivo dell'Alice di Carroll nelle tavole di Claveloux e Carrer, oppure quelli di Cappuccetto

Rosso e Cenerentola riscritte dalle immagini di Lavater, Guarnaccia, Moon e Negrin, ma anche il Don Chisciotte di Radunsky o i Pinocchi di Mazzanti, Chiostri e Mussino che, con Tenniel e McCay, sono gli illustratori più *antichi* che percorrono queste pagine. Arrivare a definire l'«illustrazione come riscrittura» vuole dire aver toccato e ben compreso uno dei punti nevralgici che spiegano la centralità del lavoro dell'illustratore nella tradizione di un testo e, più in generale, nel determinare l'approccio del lettore (tanto più se bambino) a una storia e a un personaggio. In questo senso l'illustratore è sempre un riscrittore (anche quando illustra una storia concepita e scritta da lui stesso) e, in definitiva, un critico: orienta l'interpretazione di un'opera e, di conseguenza, segna il giudizio su di essa, penetrando, talvolta in maniera irreversibile, nella trama dell'immaginario collettivo. Dal punto di vista della critica e della didattica della letteratura per l'infanzia, questo tipo di approccio richiede grande agilità nello scandaglio dei documenti verbo-visivi, sia diacronicamente che diatopicamente. È quanto Paola Vassalli riesce a fare – pur negli spazi ridotti che si è imposta, ubbidendo a quell'auto-disciplina che la caratterizza nel profondo – trasformando ogni testo in un pre-testo (è tale, in fondo, lo stesso schema dell'abecedario) per indicare al lettore infiniti percorsi critici lungo traiettorie non scontate, una struttura ad albero dove si incrociano opere, personaggi, illustratori, editori, grafici, film-makers, musicisti, scenografi, costumisti, città, gallerie d'arte, redazioni di giornali e di editori, studi d'artista, storie d'amore e d'amicizia, e quant'altro si possa immaginare in un contesto meticcio per antonomasia, che sembra un cafarnao ma è invece l'incontro rigoroso, esigente e selettivo di linguaggi, tecniche, stili e persone. Infatti, insieme agli illustratori, le persone che affiorano in filigrana dall'abecedario di Paola sono tutti coloro che hanno compreso per primi l'innovatività e la qualità di certe ricerche e sperimentazioni artistiche. Anzi, quando ci imbattiamo in uomini e donne come François Ruy-Vidal, Christian Bruel, Klaus Flugge, e ancora Adrien Maeght, Ursula Nordstrom, Julia MacRae, Mario Vigiak o Rita Marshall comprendiamo meglio che alle spalle di un grande illustratore c'è sempre un grande editore, lungimirante, audace, visionario, capace di rischiare, innamorato di ciò che pubblica. Uno degli indiscutibili meriti di questo libro è proprio quello di restituire al lettore di oggi l'atmosfera culturale di ambienti e contesti, prevalentemente fra Europa e Usa, nei quali sono nati autentici capolavori della letteratura per l'infanzia e non solo.

Se dovessi immaginare un filo che tiene insieme, lettera per lettera, le riflessioni di Paola, indicherei soprattutto la lucida convinzione che, quando si parla di libri-pittura (come lei provocatoriamente preferisce tradurre la parola inglese picturebook, invece di «albo illustrato»), pur trattandosi di produzioni seriali, si parla pur sempre di libri d'artista e che questi sono l'ennesima prova di come «tutta la storia dell'arte sia storia di incontri, contaminazioni, avanguardie». Con le parole di Květa Pacovská, occorre avere coscienza e sentire la responsabilità del fatto che «un libro illustrato è la prima galleria d'arte che un bambino può visitare». Partendo da tale convinzione, prendono corpo i capitoli che si presentano come vere e proprie piccole monografie, dedicati interamente agli autori che rappresentano uno spartiacque nella storia dell'illustrazione, per i quali si può parlare di un prima e di un dopo di loro. Questo è il canone di Paola, e non solo il suo. Inutile fare nomi e classifiche, oppure stilare la lista degli assenti, il criterio di selezione è molto chiaro: avanguardia e sperimentazione tecnica, stilistica e pedagogica ma, soprattutto, distinzione chiara e severa fra «realistico» e «figurativo». Maurice Sendak ne è un esempio principe. Per lui l'autrice ci offre questa magistrale interpretazione storico-culturale e simbolica: «La passeggiata notturna oltre i confini della camera, alla maniera di Chagall, costituisce il tema ricorrente della "trilogia del sogno" e accompagna questa genia di eroi della luna nel viaggio verso l'età adulta. Scena ideale aperta sul mondo esterno, la finestra, non a caso fra i motivi preferiti della pittura romantica, diventa una quinta teatrale e rappresenta il momento di incontro fra il dentro e il fuori. La luna, astro guida della tradizione ebraica, fa invece da ponte fra il mondo di sotto e l'universo». Una lettura profonda, che fa i conti con un altro tratto caratteristico dell'approccio di Paola: restituire autorialità agli illustratori, svelarne l'avantesto umano, psicologico e culturale, educativo direi, a cominciare dalle loro storie d'infanzia, dai rapporti con i genitori, dagli scenari domestico-familiari che hanno segnato le loro vite determinando la scelta di rimanere bambini per sempre.

C'è un aggettivo che Paola Vassalli utilizza molto spesso per sottolineare sia il suo entusiasmo emotivo sia l'autorevolezza critica del suo canone, questo aggettivo è «imperdibile», proprio come è imperdibile questa galleria di uomini, donne e libri che hanno fatto e continuano a fare la storia della letteratura per l'infanzia internazionale.

Indice delle illustrazioni

p. 2 L. Carroll - C. Carrer, *Alice racontée aux petits enfants*, La Joie de lire, Genève 2006. © La Joie de lire, 2006.

Alice e le altre

p. 4 L. Carroll, *Alice's Adventures in Wonderland*, ill. by J. Tenniel, MacMillan, 1865, p. 5. Mary Evans Picture Library, Londra, Gran Bretagna. © Mary Evans/Scala, Firenze.

7 L. Carroll, *Alice's Adventures under Ground*, ill. by L. Carroll, 1862 (manoscritto in anastatica).

8, 9, 11 L. Carroll, *Les aventures d'Alices au Pays des Merveilles*, ill. de N. Claveloux, Grasset-Jeunesse, 1974. © Editions Grasset & Fasquelle, 2013.

12, 13, 15 L. Carroll - C. Carrer, *Alice racontée aux petits enfants*, La Joie de lire, Genève 2006. © La Joie de lire, 2006.

16, 17 C. Carrer, *Progetto Alice*, Palazzo delle Esposizioni, Roma 2008. © Foto: Alfredo Cacciari per PdE.

Brema dei suoi musicanti

p. 18 G. Marcks, *Die Bremer Stadtmusikanten*, Bremen 1953. © Oliver Hoffmann/Alamy Foto Stock.

20 P. Hacks, *Jules Ratte*, ill. von K. Ensikat, Der Kinderbuchverlag, Berlin 1981.

21, 22 Brüder Grimm, *Die Bremer Stadtmusikanten*, ill. von K. Ensikat, Altberliner Verlag, Berlin-München 1994.

23, 25 Brüder Grimm, *Die Bremer Stadtmusikanten*, ill. von L. Zwerger, minedition, 2007. © Lisbeth Zwerger, 2007.

26 O. Wilde, *The Canterville Ghost*, ill. by L. Zwerger, Picture Book Studio 1986. © Lisbeth Zwerger, 1986.

Cenerentola e Cappuccetto, per esempio

p. 28 B. Munari, *Cappuccetto Giallo*, Einaudi, Torino 1981. © 1972 Bruno Munari. Tutti i diritti riservati alla Maurizio Corraini S.r.l.

30 C. Perrault - W. Lavater, *Le Petit Chaperon rouge*, Adrien Maeght («Imageries», 3), Paris 1965.

32, 33 S. Guarnaccia, *Cenerentola, una favola alla moda*, Corraini, Mantova 2013. © 2013 Steven Guarnaccia. Tutti i diritti riservati alla Maurizio Corraini S.r.l.

34, 35 C. Perrault, *Le Petit Chaperon rouge*, ill. de S. Moon, Grasset «Monsieur Chat», Paris 1983; The Creative Company, Mankato (MN) 1983 (coprod.). © Sarah Moon, 1983.

36 F. Negrin, *In bocca al lupo*, Orecchio Acerbo, Roma 2003. © Orecchio Acerbo, 2003.

Don Chisciotte e i mulini a vento

p. 38 V. Radunsky, *Don Quixote – Set and Costumes*, Teatro dell'Opera, Roma 2017; sipario. © Courtesy Vladimir Radunsky Estate.

39 V. Radunsky, *Don Quixote – Set and Costumes*, Teatro dell'Opera, Roma 2017; bozzetto per il personaggio. © Courtesy Vladimir Radunsky Estate.

40 V. Radunsky, *The Mighty Asparagus*, Harcourt, Inc./Silver Whistle, San Diego 2004. © Courtesy Vladimir Radunsky Estate.

42 I. Brodskij, *Discovery* (copertina), ill. da V. Radunsky, Mondadori, Milano 1999. © Courtesy Vladimir Radunsky Estate.

43 M. Twain, *Consigli alle bambine*, ill. da V. Radunsky, Donzelli, Roma 2010.

44 C. Raschka - V. Radunsky, *Mother Goose of Pudding Lane. A Small Tall Tale*, Candlewick Press, Somerville (MA) 2019. © Courtesy Vladimir Radunsky Estate.

46, 47 V. Radunsky, *Vestiario/Bestiario*, installazione al Palazzo delle Esposizioni, Roma 2011. © Foto: Stefano D'Amadio, 2012.

Elmer e il leone: animali come noi?

p. 48 B. Alemagna, *Un lion à Paris*, Autrement, Paris 2006.

49 D. McKee, *Elmer* (dettaglio di copertina), HaperCollins, New York 1989. © 1989 David McKee, published by Andersen Press Ltd.

50 D. McKee, *Mr. Benn Gladiator*, Andersen Press, London 2001. © 2001 David McKee, published by Andersen Press Ltd.

51 D. McKee, *Not now, Bernard*, Andersen Press, London 1980. © 1989 David McKee, published by Andersen Press Ltd.

52 D. McKee, *Tusk Tusk*, Andersen Press, London 1978. © 1978 David McKee, published by Andersen Press Ltd.

53 B. Alemagna, *Un lion à Paris*, Autrement, Paris 2006.

54 B. Alemagna, *Gisèle de verre*, Seuil Jeunesse, Paris 2002. © Topipittori, 2002. https://www.topipittori.it/it.

56 B. Alemagna, *Adieu Blanche-Neige*, La Partie, Paris 2021. © La Partie, 2021.

58 B. Alemagna, *Che cos'è un bambino?*, Topipittori, Milano 2008. © Topipittori, 2008. https://www.topipittori.it/it.

Federico il poeta

p. 60 In alto a sinistra, L. Lionni, *Frederick* (particolare), Pantheon, New York 1967. © 1967 by Leo Lionni, © renewed 1995.
In alto a destra, L. Lionni, *Swimmy* (particolare), Pantheon, New York 1963. © 1963 by Leo Lionni, © renewed 1991 by Leo Lionni.
In basso a sinistra, L. Lionni, *The Biggest House in the World* (particolare), Pantheon, New York 1968. © 1968 by Leo Lionni, © renewed 1996 by Leo Lionni.
In basso a destra, L. Lionni, *Pezzettino* (particolare), Pantheon, New York 1975. © 1975 by Leo Lionni, © renewed 2003 by Nora Lionni and Louis Mannie Lionni.

p. 62, 63 L. Lionni, *Little Blue and Little Yellow*, McDowell-Ivan Obolensky, New York 1959. © 1959, © renewed 1987 by Leo Lionni.

65 L. Lionni, *Designs for the printed page* (copertina), 1957.

66 L. Lionni, *The Family of Man* (copertina), 1955.

67 L. Lionni, *Profili*, 1966, fotografia di U. Mulas. © Eredi Ugo Mulas. Tutti i diritti riservati.

68 *Leo Lionni. Art as a Celebration* (copertina), catalogo della mostra a cura di P. Vassalli e A. Rauch, Itabashi Art Museum, Tokyo 1996.

70, 71 *Piccolo blu e Piccolo giallo*, Laboratorio d'arte al Palazzo delle Esposizioni, Roma 2009. © Foto: Alfredo Cacciari per PdE, 2009.

Gorilla, fedele guardia del corpo

p. 72 A. Browne, *Here's looking at you*, biglietto di auguri per Gordon Fraser, 1979. © Anthony Browne, 1979.

74, 75 A. Browne, *Gorilla*, Julia MacRae Books, London 1983. © Anthony Browne, 1983.

76 A. Browne, *King Kong*, from the story conceived by M. C. Cooper and E. Wallace, Julia MacRae Books, London 1994. © Anthony Browne, 1994.

77 A. Browne, *Through the Magic Mirror* (particolare), Julia MacRae Books, London 1976. © Anthony Browne, 1976.

78 A. Browne, *Voices in the Park*, Random House, London 1998. © Anthony Browne, 1998.

79 Brüder Grimm, *Hansel and Gretel*, ill. by A. Browne, Julia MacRae Books, London 1981. © Anthony Browne, 1981.

80 A. Browne, in *Annual 2001. Bologna Illustrators of Children's Books* (copertina), Nord-Sud, Bologna 2001. © Anthony Browne, 2001.

82 A. Browne, *Willy and the Cloud*, Walker Books, London 2017. © Anthony Browne, 2017.

Huckleberry Finn e la frontiera del colore

p. 84 L. Mattotti - A. Tettamanti, *Huckleberry Finn* (dall'omonimo romanzo di M. Twain), Ottaviano, Milano 1978. © Orecchio Acerbo 2012, © Lorenzo Mattotti e Antonio Tettamanti.

87 L. Mattotti, *Incidents* (particolare), Artefact, Enghien 1984. © Periferica Rizzoli Lizard, 2021, © Lorenzo Mattotti.

88, 89 L. Mattotti, *Feux*, Albin Michel, Paris 1986. © *Fuochi*, Einaudi 2009, © Lorenzo Mattotti.

90 L. Ambrosi - L. Mattotti, *L'uomo alla finestra* (particolare), Feltrinelli, Milano 1992. © Logos Edizioni, © Lilia Ambrosi e Lorenzo Mattotti.

91 N. Gaiman - L. Mattotti, *Hansel e Gretel*, Orecchio Acerbo, Roma 2018. © illustrazioni: Lorenzo Mattotti, © testi: Neil Gaiman.

93 L. Mattotti, *Manhattan Rising*, copertina per «The New Yorker», 21 giugno 1993. © Lorenzo Mattotti, 1993.

94 *Mattotti. Altre forme lo distraevano continuamente* (copertina), catalogo della mostra a cura di P. Vassalli al Palazzo delle Esposizioni, Arti Grafiche Friulane, Tavagnacco (UD) 1995. © Lorenzo Mattotti.

96 L. Mattotti, *La famosa invasione degli orsi in Sicilia*, lungometraggio in animazione tratto dall'omonimo romanzo di D. Buzzati, IndigoFilm 2019. © disegni: Lorenzo Mattotti.

Ionesco e Yok-Yok, l'omino dal grande cappello

p. 98-101 E. Delessert - E. Ionesco, *Contes 1-2-3-4*, Gallimard («Jeunesse»), Paris 2009. © Etienne Delessert, 2009.

102, 103 E. Delessert, *Yok-Yok*, Gallimard, Paris 2011. © Etienne Delessert, 2011.

104 E. Delessert, *Comment la souris reçoit une pierre sur la tête et découvre le monde*, préf. de J. Piaget, l'école des loisirs, Paris 1971. © Etienne Delessert, 1971.

106, 107 Madame de Villeneuve, *La Belle et la Bête*, ill. de E. Delessert, Grasset «Monsieur Chat», Paris 1984; The Creative Company, Mankato (MN) 1984 (coprod.). © Etienne Delessert, 1984.

108 E. Delessert, *Realism or Fantasy?*, brochure per il Centro di letteratura per l'infanzia nella Library of Congress, Washington D.C. 1994. © Etienne Delessert, 1994.

Julie, l'ombra e le grandi domande

p. 110-3 C. Bruel, *Histoire de Julie qui avait une ombre de garçon* (particolare), ill. de A. Bozellec, Le Sourire qui mord, Paris 1976.

114 C. Bruel - B. Bonhomme, *Nicole Claveloux & Compagnie*, Le Sourire qui mord, Paris 1995; illustrazione di copertina di Nicole Claveloux.

116-8 W. Erlbruch, *La grande question*, Éditions Être, Paris 2003. © Thierry Magnier, 2003.

Kika e Kamillo Kromo, ovvero l'arte di mimetizzarsi

p. 120 Altan, *Pimpa e la luna*, «Corriere dei Piccoli», Rizzoli, Milano 13 luglio 1975, 28. © Altan/Quipos.

121 Altan, *Kamillo Kromo* (dettaglio di copertina), *EL*, Trieste 1978. © Altan/Quipos.

122 Altan, *Cipputi*, «la Repubblica», Gedi, Roma 1983. © Altan/Quipos.

123 Altan, *L'ultima parola*, «Panorama», Mondadori, Milano 1981. © Altan/Quipos.

124 G. Rodari, *La torta in cielo*, ill. da Altan, Einaudi, Torino 1993. © Altan/Quipos.

125 R. Piumini - Altan, *Mi leggi un'altra storia*, EL, Trieste 1998. © Altan/Quipos.

126 A. Porta, *Emilio*, ill. da Altan, Emme Edizioni, Milano 1982. © Altan/Quipos.

Little Nemo, Little Lou e la musica dei grandi

p. 128 W. McCay, *Little Nemo in Slumberland*, «New York Herald», 15 ottobre 1905.

130 *Gertie the Dinosaur*, written and animated by W. McCay, Fox Studios, New Jersey (Usa), 18 febbraio 1914 (frame).

130, 131 W. McCay, *Little Nemo in Slumberland*, «New York Herald», 29 luglio 1906.

132, 133 J. Claverie, *Little Lou*, The Creative Company, Mankato (MN) 1990.

134 J. Havemeyer - J. Claverie, *Bessie, the Motorcycle Queen*, The Creative Company, Mankato (MN), in uscita.

Max e i bambini smarriti di Maurice

p. 136, 138 M. Sendak, *Where the Wild Things Are*, Haper & Row, New York 1963. © 1963 by Maurice Sendak. © renewed 1991 by Maurice Sendak. Used by permission of HarperCollins Publishers.

140 M. Sendak, *Mickey and Me*, self-portrait for *Television Guide* (1978), Harmony Books 1986. *Posters* © 1986, Maurice Sendak. Used by permission of The Maurice Sendak Foundation

142 M. Sendak, *The Sign on Rosie's Door* (particolare), Harper & Row, New York 1960. © 1960 by Maurice Sendak. © renewed 1988 by Maurice Sendak. Used by permission of HarperCollins Publishers.

143 M. Sendak, *In the Night Kitchen*, Harper & Row, New York 1970. © 1970 by Maurice Sendak. Used by permission of HarperCollins Publishers.

145 M. Sendak, *Outside Over There* (copertina), Harper & Row, New York 1981. © 1981 by Maurice Sendak. Used by permission of The Maurice Sendak Foundation.

146 M. Sendak, *The Magic Flute*, illustration for Houston Grand Opera (Texas, 1986), Harmony Books 1986. *Posters* © 1986, Maurice Sendak. Used by permission of The Maurice Sendak Foundation.

Non fiction, per vedere l'invisibile

p. 148 C. Darwin, *The Riverbank* (copertina), ill. by F. Negrin, The Creative Company, Mankato (MN) 2009. © The Creative Company 2009.

311

150, 151 K. Couprie, *Dizionario folle del corpo* (copertina), Palazzo delle Esposizioni-Fatatrac, Roma-Casalecchio di Reno (BO) (coprod.) 2019. © Fatatrac edizioni 2019.

152 D. Macaulay, *Cathedral: The Story of Its Construction*, Mifflin Co., Boston 1973. © illustration: D. Macaulay, 2023.

155 P. Ventura, *I grandi pittori* (copertina), Mondadori, Milano 1983. © Courtesy Marco Ventura e Marisa Murgo.

156, 157 P. Ventura, *Album di Famiglia*, con testi di L. Tornabuoni, G. P. Ceserani, T. Sclavi, G. Vergani, Rizzoli, Milano 1992. © Courtesy Marco Ventura e Marisa Murgo.

158 J.-L. Besson, *Le Livre de l'Histoire de France*, Gallimard Jeunesse («Découverte Cadet»), Paris 1986. © Courtesy Françoise Mona Besson e François Besson.

Otto, un orso nella storia

p. 160 T. Ungerer, *Otto. Autobiographie eines Teddybären*, Diogenes, Zürich 1999. © 1999 Diogenes Verlag AG Zürich, Switzerland. All rights reserved.

162 T. Ungerer, *Black Power/White Power*, 1994. *Poster* © 1994 Diogenes Verlag AG Zürich, Switzerland. All rights reserved.

163 T. Ungerer, *The Party*, Paragraphic Books, Grossman, New York 1966. © 1969 Diogenes Verlag AG Zürich, Switzerland. All rights reserved.

165 T. Ungerer, *The Mellops Go Flying*, Harper & Brothers, New York 1957. © 1978 Diogenes Verlag AG Zürich, Switzerland. All rights reserved.

166 T. Ungerer, *Die drei Räuber*, Georg Lentz, München 1961. © 1963, 1967 Diogenes Verlag AG Zürich, Switzerland. All rights reserved.

167 T. Ungerer, *Zeralda's Ogre*, Harper & Brothers, New York 1967. © 1970 Diogenes Verlag AG Zürich, Switzerland. All rights reserved.

168 T. Ungerer, *Slow Agony*, Diogenes, Zürich 1983. © 1983 Diogenes Verlag AG Zürich, Switzerland. All rights reserved.

169 T. Ungerer, *Allumette*, Diogenes, Zürich 1974. © 1974 Diogenes Verlag AG Zürich, Switzerland. All rights reserved.

170 T. Ungerer, *Das Große Liederbuch*, Diogenes, Zürich 1975. © 1975 Diogenes Verlag AG Zürich, Switzerland. All rights reserved.

172 T. Ungerer, *Der Mondmann*, Diogenes, Zürich 1966. © 1966 Diogenes Verlag AG Zürich, Switzerland. All rights reserved.

174 T. Ungerer, *Non-stop*, Diogenes, Zürich 2019. © 2019 Diogenes Verlag AG Zürich, Switzerland. All rights reserved.

Pinocchio e la sua immagine

p. 176 C. Collodi, *Le Avventure di Pinocchio. Storia di un burattino*, ill. da A. Mussino, Bemporad, Firenze 1911.

178 C. Collodi, *The Adventures of Pinocchio*, ill. by R. Innocenti, The Creative Company, Mankato (MN) 1988. © The Creative Company, 2004.

179 C. Collodi, *Pinocchio*, ill. de L. Mattotti, Albin Michel, Paris 1990. © Lorenzo Mattotti, 1990.

180 C. Collodi, *The Adventures of Pinocchio*, ill. by R. Innocenti, The Creative Company, Mankato (MN) 1988. © The Creative Company, 2004.

182 C. Collodi, *Pinocchio*, ill. de L. Mattotti, Albin Michel, Paris 1990. © Lorenzo Mattotti, 1990.

184 C. Collodi, *Le Avventure di Pinocchio. Carlo Collodi visto da Lorenzo Mattotti*, ill. da L. Mattotti, postfazione di G. Gotti, Bompiani, Milano 2019. © Lorenzo Mattotti, 2019.

186 A. Rauch, *Pinocchio. Le mie avventure*, ill. da G. Scarabottolo, Gallucci, Firenze 2016. © Guido Scarabottolo, 2016.

Quadragono di libri e figure

p. 188, 190 Š. Zavřel, *Un sogno a Venezia*, Quadragono Libri, Conegliano (TV) 1977. © Bohem Press.

193 B. Stone - R. Steadman, *Emergency Mouse*, text: Bernard Stone © 1978, illustrations: Ralph Steadman © 1978.

194, 196 O. Bin, *1905: Bagliori a Oriente*, ill. da R. Innocenti, Quadragono («I Papermint», 5), Conegliano (TV) 1979. © Courtesy Roberto Innocenti.

Rose Blanche e le prigioni della storia

p. 198 R. Innocenti, *Rose Blanche*, The Creative Company, Mankato (MN) 1985. © The Creative Company, 1985.

200 C. Perrault, *Cendrillon*, ill. de R. Innocenti, Grasset «Monsieur Chat», Paris 1983; *Cinderella*, The Creative Company, Mankato (MN) 1983 (coprod.). © The Creative Company, 1985.

202 R. Innocenti, *Rose Blanche*, The Creative Company, Mankato (MN) 1985. © The Creative Company, 1985.

203 *Roberto Innocenti. Le prigioni della storia*, a cura di P. Vassalli e M. Cochet, Grafis, Casalecchio di Reno (BO) 1989 (copertina).

204 E. T. A. Hoffmann, *Nutcracker*, ill. by Roberto Innocenti, The Creative Company, Mankato (MN) 1996.

206 R. Innocenti, *The Last Resort*, The Creative Company, Mankato (MN) 2002. © The Creative Company, 2002.

208 R. Innocenti, *The Girl in Red*, The Creative Company, Mankato (MN) 2012. © The Creative Company, 2012.

Silentbook: la voce dei libri senza parole

p. 210 A. Ballester, *No Tinc Paraules* (copertina), Media Vaca («Libros para Niños»), València 1998. © Arnal Ballester 1998.

212, 213 I. Mari, *Il palloncino rosso*, Emme Edizioni, Milano 1967. © Eredi Iela Mari. Tutti i diritti riservati.

214 M. Anno, *Il viaggio incantato*, Emme Edizioni, Milano 1978.

216 D. Wiesner, *Flotsam*, Clarion Books, New York 2006. © HarperCollins, 2006.

218 S. Lee, *Wave*, Chronicle Books, San Francisco 2008; *L'onda*, Corraini, Mantova 2008. © 2008 Suzy Lee.

220 *Libri senza parole. Destinazione Lampedusa* (copertina), a cura di Ibby Italia e Palazzo delle Esposizioni, Roma 2013. Illustrazione di C. Carrer, 2013.

222 S. Tan, *The Arrival*, Lothian, Melbourne 2006. © Hachette, Australia 2007.

Teatro, che passione!

p. 224 In alto, *Opera buffa*, di G. Gianini e E. Luzzati, inedito per film in animazione, 1984. © Courtesy Fondazione Luzzati.

224 In basso, K. Pacovská, *Alphabet* (partitura), Ravensburger, Ravensburg 1996. © Courtesy Michael Neugebauer.

226 E. Luzzati, *Ubu incatenato*, locandina per il Teatro della Tosse, Genova 1978. © Courtesy Fondazione Luzzati Teatro della Tosse.

227 W. A. Mozart, *The Magic Flute*, ill. by E. Luzzati, Blackwell, Oxford 1971. © Courtesy Carla Rezza Gianini.

228 *Il flauto magico*, di G. Gianini e E. Luzzati, Italia 1978; scena dal film in animazione. © Courtesy Fondazione Luzzati, Teatro della Tosse.

230 *La storia di tutte le storie*, da G. Rodari, adattamento e regia di G. Fenzi, locandina di E. Luzzati, La Spezia 1974. © Courtesy Fondazione Luzzati.

232 K. Pacovská, *Mitternachtsspiel*, Michael Neugebauer, Gossau (ZH) 1992. © Courtesy Michael Neugebauer.

233 K. Pacovská, *Grün, rot, alle,* Ravensburger Buchverlag, Ravensburg 1992. © Courtesy Michael Neugebauer.

234 K. Pacovská, *Ponctuation*, Seuil («Jeunesse»), Paris 2004.

236 K. Pacovská, *Der kleine Blumenkönig*, Nord-Süd Verlag, Zürich 1991. © Courtesy Michael Neugebauer.

Ursula, gli amici e i racconti d'infanzia

p. 238 N. Heidelbach, *In die Bibliothek* (copertina), catalogo della mostra a Ville de Bagnolet, Seine-Saint-Denis, 1997.

240 N. Heidelbach, *Was machen die Mädchen?*, Beltz & Gelberg, Weinheim 1993.

241 N. Heidelbach, *Was machen die Jungs?*, Beltz & Gelberg, Weinheim 1993.

242 N. Heidelbach, *Was machen die Mädchen?*, Beltz & Gelberg, Weinheim 1993.

244-6 E. Carle, *The Very Hungry Caterpillar*, Penguin, New York 1969. © 1969, 1987, and 2018 by Penguin Random House LLC. Used by permission of Philomel, an imprint of Penguin Young Readers Group, a division of Penguin Random House LLC. All rights reserved.

Valentina Mela Verde, Trollina e Perla

p. 248 G. Nidasio, *Valentina Mela Verde. Il club delle mele verdi* (dettaglio della copertina), Salani, Milano 1996, 2.

249 G. Nidasio, *La Stefi*, «Corriere della Sera», Rizzoli, Milano, 13 gennaio 2014.

250, 253 D. Ziliotto, *Trollina e Perla*, ill. da G. Nidasio, E*L* («Un libro in tasca»), Trieste 1984.

254 D. Ziliotto, *Le bambine non le sopporto* (particolare), ill. da G. Nidasio, E*L* («Un libro in tasca»), Trieste 1997.

Wendy e Peter, o della leggerezza

p. 256 J. M. Barrie, *Peter Pan*, ill. da T. Ross, Salani, Milano 2004 © 2023, Salani.

258, 259 T. Ross, *I Want my Potty*, Andersen Press, London 1986. © 1986 Tony Ross, published by Andersen Press Ltd.

261 J. Willis, *Susan Laughs*, ill. by T. Ross, Andersen Press 1999. © 1999 Tony Ross, published by Andersen Press Ltd.

263 R. Hoban, *Monsters* (copertina), ill. by Q. Blake, Walker Books, London 1989.

264, 265 Q. Blake, *Clown*, Jonathan Cape, London 1995.

266 R. Dahl, *Matilda* (copertina), ill. by Q. Blake, Jonathan Cape, London 1988.

X è l'ora di Mister Munari

p. 268 B. Munari, *Nella nebbia di Milano*, Emme Edizioni, Milano 1968; Corraini Edizioni 1996. © Bruno Munari. Tutti i diritti riservati alla Maurizio Corraini S.r.l.

270, 271 B. Munari, *Libro illeggibile («MN 1»)*, Corraini, Mantova 1984. © Bruno Munari. Tutti i diritti riservati alla Maurizio Corraini S.r.l.

272, 273 B. Munari, *Nella notte buia*, Muggiani, Milano 1956; Corraini Edizioni 1996. © Bruno Munari. Tutti i diritti riservati alla Maurizio Corraini S.r.l.

274 G. Rodari, *Filastrocche in cielo e in terra*, ill. di B. Munari, Einaudi, Torino 1960. © Bruno Munari. Tutti i diritti riservati alla Maurizio Corraini S.r.l.

275 «Tanti bambini», collana a cura di B. Munari, Einaudi, Torino 1972-78.

276 B. Munari, *I Prelibri*, Danese («Edizioni per Bambini»), Milano 1980; Corraini Edizioni 2002. © Bruno Munari. Tutti i diritti riservati alla Maurizio Corraini S.r.l.

278 M. Ferreri - B. Munari, *Libro Letto*, Interflex, 1993. © Foto: Gionata Xerra. © Bruno Munari. Tutti i diritti riservati alla Maurizio Corraini S.r.l.

280 *1, 2, 3 Komagata. Dedicato a Munari*, Palazzo delle Esposizioni, Roma 2007. © Foto: Filippo Trojano per PdE.

Yellow Submarine, una rivoluzione in musica

p. 282 *Yellow Submarine*, by G. Dunning Animation, art director H. Edelmann, Usa 1968. *Poster* © Photo 12 / Alamy Stock Photo.

284 *Le sous-marin jaune*, in *Yellow Submarine*, by G. Dunning Animation, art director H. Edelmann, Usa 1968. © Photo 12 / Alamy Stock Photo.

285 M. Ripkens - H. Stempel, *Andromedar SR1*, ill. von H. Edelmann, Middelhauve, Köln 1970. © Illustration by Heinz Edelmann.

286 H. Edelmann, *Bad Bunny* (1977), in *Direct Access. One Hundred and Sixty-five Ideas and Fifty-five Posters for the Westdeutscher Rundfunk Köln by Heinz Edelmann*, H. Schmidt, Mainz 1993. © Illustration by Heinz Edelmann.

288 S. Chwast, *La Divina Commedia di Dante* (copertina), Quodlibet, Macerata 2019. © 2019 Seymour Chwast/Quodlibet S.r.l.

289 S. Chwast, *End Bad Breath*, manifesto 1968. © Seymour Chwast/The Push Pin Group.

290 S. Chwast, *L'uomo sulla Luna* (copertina), Corraini, Mantova 2019. © 2019 Seymour Chwast. Tutti i diritti riservati alla Maurizio Corraini S.r.l.

Zz, la zanzara senza zeta

p. 292-6 T. Scialoja, *La zanzara senza zeta*, Einaudi, Torino 1974. © Courtesy Fondazione Toti Scialoja, Roma.

298 G. Lussu, Laboratorio di poesia disegnata, scuola elementare Luigi Settembrini, Roma 1982. © Giovanni Lussu.

300 T. Scialoja, *La zanzara senza zeta*, Einaudi, Torino 1974. © Courtesy Fondazione Toti Scialoja, Roma.

p. 302 C. Carrer, *Progetto Alice*, Palazzo delle Esposizioni, Roma 2008. © Foto: Alfredo Cacciari per PdE.

Indice dei nomi

Abbatiello, Antonella, 227, 235, 299
Abeni, Damiano, 95
Addams, Charles, IX
Agostinelli, Maria Enrica, 29, 37
Akutagawa, Ryūnosuke, 81
Albers, Josef, 232
Alcorn, John, 195, 201
Alemagna, Beatrice (Italia 1973), 52-5, 59, 235
Altan (Francesco Tullio-Altan) (Italia 1942), 59, 86, 121-5, 127, 235
Ambrosi, Lilia, 91, 95
Andersen, Hans Christian, 25, 37, 168
Angoletta, Bruno, 294
Anno, Mitsumasa (Giappone 1926-2020), 155, 159, 214, 221
Antoniazzi, Anna, 221, 281
Antonioni, Michelangelo, 92
Archinto, Rosellina, 64, 147, 212, 221, 227, 291, 296
Ardley, Neil, 159
Argan, Giulio Carlo, 303
Armando, Gabriella, 154, 159, 297
Assante, Ernesto, 283, 291
Aulnoy, Marie-Catherine Le Jumel de Barneville contessa d', 109
Auster, Paul, 133
Aymé, Marcel, 141

Baglioni, Claudio, 249
Baldacci, Valentino, 178, 187
Baliani, Marco, 297
Ballester, Arnal (Spagna 1955), 215, 221

Balzaretti, Erik, 95, 291
Barrie, James Matthew, 257, 267
Barsotti, Susanna, 37
Baryšnikov, Michail Nikolaevič, 39
Battaglia, Dino, 192
Battisti, Lucio, 249
Baum, Lyman Frank, 27
Beatles, 6, 101, 249, 283, 284
Beato Angelico, Giovanni da Fiesole detto il, 41
Bechestein, Ludwig, 133
Beckett, Sandra L., 119
Bellot, Gina, 299
Bernardi, Marcello, 192
Berne, Jennifer, 45
Berni, Bruno, 37
Beseghi, Emma, X
Besson, Jean-Louis (Francia 1932-2003), 156, 157, 159
Bettelheim, Bruno, 62, 69
Beuys, Joseph, 286
Bin, Olivo, 197
Binsztok, Jacques, 183
Björk, Christina, 14
Blake, Quentin (Regno Unito 1932), 261, 262, 267
Blake, William, 144
Boero, Pino, 235
Bompiani, Emanuela, 294
Bonhomme, Bernard, 14, 119
Bosnia, Nella, 115, 119
Botero, Fernando, 34
Botticelli, Sandro, 105

Bouchet, Francine, 10
Boulaire, Cécile, 109
Boyer, Loïc, X, 291
Bowie, David (David Jones), 32
Bozellec, Anne (Francia 1943), 112, 119
Breccia, Alberto, 86, 92
Breccia, Enrique, 86
Brentano, Clemens, 25
Brodskij, Iosif Aleksandrovič, 42, 45
Brolli, Daniele, 86, 95
Browne, Anthony (Regno Unito 1946), 73, 76-9, 81
Browne, Joseph, 79
Bruegel, Pieter il Vecchio, 99
Bruel, Christian (Francia 1948), 14, 81, 112, 113, 115, 116, 119, 305
Brunhoff, Jean de, 42, 144, 165
Buongiorno, Teresa, 14, 255, 295, 299
Burns, Charles, 95
Bush, Wilhelm, 241, 246
Buzzati, Dino, 92

Cage, John, 279
Calabrese, Omar, 95
Caldecott, Randolph, 144
Calder, Alexander (Sandy), 64, 66, 232
Calvino, Giovanna, 294
Calvino, Italo, 25, 27, 37, 54, 231, 294
Cantatore, Lorenzo, 37, 235, 269, 281
Caparezza (Michele Salvemini), 19, 27
Capossela, Vinicio, 19, 27
Cappa, Francesco, 69
Carandini, Silvia, 235
Carle, Eric (Usa 1929-2021), 213, 244, 245, 247
Carpi, Aldo, 214
Carpinteri, Giorgio, 86, 95
Carr, Susan, IX
Carrer, Chiara (Italia 1958), 10, 12, 14, 304
Carroll, Lewis (Charles Lutwidge Dodgson), 5-7, 10, 14, 19, 76, 81, 197, 257, 294, 304
Cascone, Sarah, 247
Castagnoli, Pier Giovanni, 69
Cavandoli, Osvaldo, 127

Cerritelli, Claudio, 281
Cervantes Saavedra, Miguel de, 39, 45
Ceserani, Gian Paolo, 156, 159
Chagall, Marc, 142, 144
Charlip, Remy, 279
Chermayeff, Ivan, 105
Chieregato, Edo, 187
Chiostri, Carlo, 177, 178, 305
Chwast, Seymour (Usa 1931), 6, 105, 287, 288, 291, 304
Ciampi, Carlo Azeglio, 231
Claveloux, Nicole (Francia 1940), 6, 7, 10, 11, 14, 115, 304
Claverie, Jean (Francia 1946), 131-3, 135
Clerc, Christiane, 14
Cochet, Michèle, X, 147, 187, 209
Collodi, Carlo (Carlo Lorenzini), 29, 37, 177, 179, 187
Colombo, Cristoforo, 156
Colonnetti, Aldo, 197
Conrad, Joseph, 90
Conte, Fiorenza, 291
Conte, Tonino, 225
Coppola, Francis Ford, 91
Cooper, Merian C., 74, 81
Costantini, Flavio, 192
Couprie, Katie (Francia 1966), 151, 159
Crepax, Guido, 192

Dahl, Felicity, 262
Dahl, Roald, 253, 262
Dalò, Enzo, 183
Danese, Bruno, 279
Darwin, Charles Robert, 149, 159
David, Dennis M. V., 147
Davoli, Susi, 235
De Giusti, Luciano, 197
Del Buono, Oreste, 86, 130, 131, 135
Delessert, Etienne (Svizzera 1941), VIII-X, 99, 101, 102, 104-7, 109, 133, 201, 288, 291
Delpire, Robert, IX, 34, 157
De Mauro, Tullio, 299
Demby, James, 293
Denti, Roberto, 299

Depero, Fortunato, 87
Depp, Johnny, 267
Despinette, Janine, 10, 14
Dickens, Charles, 24, 25
Disney, Walt, IX, 19, 27
Donzelli, Elisa, 299
Doré, Gustave, 37, 294
Doyle, Conan, 24
Drudi, Alice, 293
Drudi, Barbara, 293, 295
Dulac, Edmund, 24
Dunning, George, 14, 283

Eco, Umberto, 192
Edelmann, Heinz (Repubblica Ceca 1934-2009), 6, 101, 105, 284, 286-8, 291, 304
Eidrigevičius, Stasys, 105
Einaudi, Giulio, VIII, 274
Ejzenštejn, Sergej Michajlovič, 195
Elisabetta II, regina d'Inghilterra, 262
Elzbieta, X
Eno, Brian, 86
Ensikat, Klaus (Germania 1937), 21, 22, 24, 27
Eriksson, Inga-Karin, 14
Erlbruch, Wolf (Germania 1948-2022), 115, 119
Esopo, 25
Essler, Alice, 163

Fabri, Stefania, 69, 299
Faeti, Antonio, VIII, X, 27, 45, 59, 77, 81, 171, 173, 177, 187, 203, 206, 291, 303
Farina, Loredana, 221, 281, 291
Fatucci, Orietta, 124, 127, 159, 251
Fazio, Mara, 235
Feininger, Lyonel, 86
Félix, Monique, 105
Ferrazza, Franca, 135
Ferreri, Marco, 281
Fersen, Alessandro, 225
Finessi, Beppe, 281
Finkestaedt, Isabel, 81
Fiori, Simonetta, 127
Flugge, Klaus, 51, 52, 59, 260, 305

Fochesato, Walter, 255
Fontana, Lucio, 231
Foreman, Michael, X
Forster, Marc, 267
Forti, Martina, X
Foschi, Patrizia, 127
Franchi, Giulia, 221
François, André, 6, 105
Francucci, Cristina, 281
Frank, Robert, 34, 107
Fraser, Gordon, 73
Freud, Sigmund, 130, 131
Friot, Bernard, 299
Frisch, Aaron, 209
Fröbel, Friedrich, 64

Gaeta, Maria Ida, 69
Gaber, Giorgio, 288, 304
Gaffé, René, 64
Gaiman, Neil, 95
Galland, Anne, 119
Gallaz, Christophe, 209
Gallimard, Christian, 106
Gandini, Giovanni, 86, 135
Garrett, Jeffrey, 119
Garzanti, Orietta, 135
Gazzotti, Melania, 95
Gelman, Woodrow, 135
Gianini, Giulio, 192, 226, 227, 235
Gianini Belotti, Elena, 119
Giromini, Ferruccio, 189, 197
Giugliano, Nello, 81
Glaser, Milton, 287, 304
Godard, Jean-Luc, 107
Gogol', Nikolaj Vasil'evič, 124, 127
Goodeson, John, 131
Gotti, Grazia, 59, 127, 157, 159, 183, 187, 235, 281
Grandville (Jean-Ignace-Isidore Gérard), 42, 294
Gregorietti, Salvatore, 135
Grilli, Giorgia, 119, 159, 267
Grimm, Fratelli (Jacob e Wilhelm), IX, 19, 22, 25, 27, 29, 37, 55, 81, 209, 144, 231, 267
Grossouw, Piet, 64

Guarnaccia, Steven (Usa 1953), 32, 33, 37, 305
Guevara de la Serna, Ernesto (Che Guevara), 73
Guthrie, Woody, 42

Hanks, Peter, 27
Hardy, Oliver Norvell, 142
Havemeyer, Janie, 135
Heidelbach, Karl, 241
Heidelbach, Nikolaus (Germania 1955), 239, 241, 246, 247
Heller, Steven, 287, 291
Hemingway, Ernest, 85
Héron, Jean-Oliver, 106
Herzog, Werner, 91
Hilaire, Laurent, 45
Hoban, Russell, 262
Hoffman, Dustin, 267
Hoffmann, Ernst Theodor Amadeus, 24, 25, 27, 144, 206, 209, 233
Hoffmann von Fallersleben, August Heinrich, 27
Homer, Winslow, 144
Honegger, Gottfried, 32

Innocenti, Roberto (Italia 1940), 105, 135, 178, 179, 185, 187, 195, 197, 199, 201, 203, 206, 207, 209, 235
Ionesco, Eugène, 99, 101, 109
Ionesco, Marie-France, 99

Jeker, Werner, 291
Johnson, Crockett, 33, 141
Jonze, Spike, 145
Jori, Marcello, 86, 95

Kalman, Maira, 40, 45
Kalmus, Herbert T., 157
Kandinskij, Vasilij Vasil'evič, 64, 232
Karp, Leon, IX
Kezich, Tullio, 192
King, Carol, 147
Klee, Paul, 49, 64, 232, 245
Komagata, Katsumi, 279

Kotwica, Janine, 109
Kramsky, Jerry (Fabrizio Ostani), 86, 95
Krauss, Ruth, 141, 147
Kurosawa, Akira, 81
Kushner, Tony, 145, 147

La Fontaine, Jean de, 42
Lai, Maria, 281
Laloux, René, 246
Lambours, Xavier, 119
Lanes, Selma G., 147
Languereau, Maurice, 135
Lavater, Warja (Svizzera 1913-2007), 32, 37, 305
Lazzarato, Francesca, 253, 297, 299
Lazzaro, Bianca, 37, 45
Lear, Edward, 294
Lee, Suzy (Corea del Sud 1974), 218, 219, 221
Lemoine, Georges, 105, 133
Leonardo da Vinci, 149
Lepman, Jella, VII, X, 27
Lewis, J. Patrick, 209
Liberati, Stefano, 135
Liddell, famiglia, 5
Liddell, Alice Pleasance, 5
Liddell, Edith, 5
Liddell, Lorina, 5
Lindgren, Astrid, 253
Lionni, Annie, 63
Lionni, Leo (Olanda 1910-1999), VIII, IX, 61-4, 66, 67, 69, 213, 235, 244
Lionni, Pippo, 62
Lipperini, Loredana, 119
Livingstone, David, 156
Locatelli, Nicola, 37
Lortic, Elisabeth, 281
Lupi, Italo, 269
Lussu, Giovanni, 297, 299
Lutero, Martin, 24, 27
Luzzati, Emanuele (Lele) (Italia 1921-2007), 192, 213, 225-7, 231, 235, 281

Macaulay, David (Regno Unito 1946), 154, 159
MacRae, Julia, 76, 305

Maeght, Adrien, 32, 37, 305
Maffei, Giorgio, 281
Maffi, Fabrizio, 64
Maffi, Mario, 69
Maffi, Nora, IX, 64
Magellano, Ferdinando, 156
Magritte, René, 76
Maltini, Selene, 147
Marchand, Pierre, 106, 157
Marcus, Leonard S., 147, 247, 262, 267
Mari, Enzo, 213
Mari, Iela (Gabriela Ferrario) (Italia 1931-2014), 213, 221, 244
Marinetti, Filippo Tommaso, 64
Mariniello, Cecco, 299
Marshall, Rita, 105, 109, 135, 159, 201, 305
Marzot, Livio, 135
Masefield, John, 262
Massi, Elena, 14, 119, 209
Matisse, Henri, 245
Matsuoka, Kiyoko, 69, 281
Mattotti, Lorenzo (Italia 1954), 85-7, 90-2, 95, 179, 183, 187
Mazzanti, Enrico, 177, 178, 187, 305
McCartney, Paul, 283
McCay, Winsor (Usa 1871-1934), 129-31, 135, 178, 305
McEwan, Ian, 209
McKee, David (Regno Unito 1935-2022), 50-2, 55, 59, 261, 262, 267
Melville, Herman, 24, 27
Mendini, Alessandro, 269, 281
Meyer, Ilona, 45
Michaux, Henri, 90
Michel, Peter, 27
Miglio, Camilla, 37
Miller, Arthur, 75
Milne, Alan Alexander, 267
Minkus, Ludwig Aloisius, 39
Miró, Joan, 232
Miyake, Issey, 33
Moebius (Jean Giraud), 86
Molesini, Andrea, 45
Molina, Oreste, 274
Mollica, Vincenzo, 122, 127

Monroe, Marilyn, 75
Moon, Sarah (Marielle Warin) (Francia 1941), 33, 37, 105, 305
Montessori, Maria, 64, 244
Morrison, Barbara (Bobbie), 245
Motherwell, Robert Burns, 232
Mozart, Wolfgang Amadeus, 144, 227, 235
Muggiani, Giuseppe, 273
Mulas, Ugo, 67
Munari, Alberto, 272
Munari, Bruno (Italia 1907-1998), VIII, 29, 37, 59, 213, 244, 269-71, 273, 274, 279, 281, 294
Muñoz, José, 86, 92, 95
Muñoz, Pili, 187
Mussino, Attilio, 144, 178, 179, 294, 305

Negri, Martino, 69, 221
Negrin, Fabian (Argentina 1963), 34, 35, 37, 149, 159, 305
Nesbit, Edith, 25
Neugebauer, Friedrich, 24, 25
Neugebauer, Michael, 25
Nicolini, Giusi, 219, 221
Nicolini, Renato, 296, 303
Nidasio, Grazia (Italia 1931-2019), 251-3, 255
Nikly, Michelle, 135
Noël, Bernard, 235
Nordstrom, Ursula, IX, 141, 164, 305
Nöstlinger, Christine, 241, 246
Nucci, Giovanni, 119
Nutini, Giulia, 135, 221

Obama, Barack, 137
Offenbach, Jacques, 233
Orecchio, Fausta, 35, 187
Osborn, Bob, 66

Pacovská, Květa (Repubblica Ceca 1928-2023), 225, 231-3, 235, 305
Paillard, Anne, 135, 173
Pallottino, Paola, VIII, X, 69, 209, 235, 255
Palopoli, Anne, 127

Parisot, Henri, 14
Parmegiani, Claude-Anne, 187
Pasoli, Elena, X
Patregnani, Valeria, 14, 119, 209
Patrucco Becchi, Anna, X
Perrault, Charles, 24, 29, 34, 37, 42, 133, 209
Perrot, Jean, 10, 14, 27
Perugino, Pietro Vannucci detto il, 41
Peterson, George, 109
Peterson, Tom, 109, 132, 207, 209
Petipa, Marius, 39
Petre, Dominique, 247
Pfeiffer, Walt, 27
Piaget, Jean, 104, 109
Picasso, Pablo, 245
Pierini, Francesco, 27
Piero della Francesca, 41
Pievani, Telmo, 159
Pincheon, Émile Joseph, 135
Pinochi, Enrico, 296
Piperno, Ilaria, 159
Pitrè, Giuseppe, 37
Pitzorno, Bianca, 262
Piumini, Roberto, 124, 127, 297, 299
Poesio, Carla, 232, 235
Polo, Marco, 156
Pontiggia, Giuseppe, 37
Porta, Antonio, 124, 125, 127, 147, 297, 299
Potter, Beatrix, 24, 42
Prada, Miuccia, 33
Pratt, Hugo, 85, 86
Prèvert, Jacques, 168
Push Pin Studios, 6, 287, 304
Puthier, Céline, 95

Quesada, Mario, 69, 235
Quist, Harlin, 10, 106

Raboni, Giovanni, 297, 299
Rackham, Arthur, 10, 24, 267
Radunsky, Vladimir (Russia 1954-2018), 39-43, 45, 305
Raffaelli, Luca, 127

Rand, Paul, 244
Raschka, Chris (Usa 1959), 41, 43, 45, 235
Rauch, Andrea, X, 14, 69, 109, 147, 178, 185, 187, 197, 209, 267, 281, 288, 291, 299
Ravoni, Marcelo, 86, 122
Rioli, Maria Chiara, 119
Ricci, Franco Maria, 221
Ripkens, Martin, 291
Roberts, Julia, 267
Robinson, Heath, 24
Rodari, Gianni, VIII, 32, 34, 35, 37, 54, 59, 124, 145, 209, 231, 274, 281, 297, 299
Rolling Stones, 249
Rosen, Michael, 262
Rosenbach, Abraham Simon Wolf, 5
Ross, Tony (Regno Unito 1938), 260-2, 267
Roth-Beck, Meike, 27
Rousseau, Jean-Jacques, 125
Roversi, Tiziana, 37, 127
Rubino, Antonio, 294
Runge, Philipp Otto, 144
Ruy-Vidal, François, 7, 10, 14, 106, 305
Ruzzier, Sergio, 135

Salisbury, Martin, 267
Samivel, 133
Sampayo, Carlos, 86
Sand, George (Amandine-Lucie-Aurore Dupin), 24
Saorin, Sara, 87
Scarabottolo, Guido (Italia 1947), 183, 185, 187, 251
Scarpati, Irene, 95
Scharioth, Barbara, 235
Schikaneder, Emanuel, 235
Schiller, Friedrich, 32
Schiller, Justin G., 147
Schreiter, Rick, 133
Scialoja, Barbara, 295
Scialoja, Toti (Italia 1914-1998), 227, 288, 293-5, 297, 299
Sclavi, Tiziano, 159
Segal, Erich, 283
Sendak, Maurice (Usa 1928-2012), VIII- X, 33, 106, 109, 115, 119, 130, 135, 137,

141, 142, 144, 145, 147, 207, 209, 212, 213, 221, 288, 291, 306
Serra, Fulvia, 95
Serrand, Charlot, 95
Shahn, Ben, 66
Shepard, Ernest Howard, 24, 260, 267
Schikaneder, Emanuel, 235
Silverstein, Shel, 33
Singer, Isaac Bashevis, 209, 231
Sinner, Alack, 86
Slim, Memphis (John Len Chatman), 132
Snyder, Jerome, 149
Sola, Silvana, X, 59, 159, 197, 235, 255
Sorel, Edward, 287
Sossi, Livio, 197
Sottsass, Ettore Jr., 192
Spiegelman, Art, 86, 95
Spielberg, Steven, 257, 267
Starnonc, Viola, 246
Stavro, Hélène, 159
Stavro, Sabina, 159
Steadman, Ralph (Regno Unito 1936), 76, 192, 197
Steinberg, Saul, IX, 165, 260
Stempel, Hans, 291
Stevenson, Robert Louis, 24
Stone, Bernard, 197
Stoppa, Alfredo, 25, 207
Swift, Jonathan, 124, 127

Tan, Shaun (Western Australia 1974), 215, 218, 221
Tarkovskij, Andrej Arsen'evič, 91
Tenniel, John, 6, 305
Terrusi, Marcella, 59, 211, 221
Testa, Fulvio, 235
Tettamanti, Antonio, 85-6, 95
Thole, Karel, 192
Thurber, James, IX
Tofano, Sergio, 86
Tontardini, Ilaria, 221
Topi, Lisa, 147
Topor, Roland, 105, 241, 246
Toppi, Sergio, 85, 192
Tornabuoni, Lietta, 127, 159
Tortorelli, Gianfranco, 197

Tournier, Michel, 133
Trionfo, Aldo, 225
Truffaut, François, 92
Tullio-Altan, Carlo, 122
Tullio-Altan, Francesca, 121, 122
Tullio-Altan, Mara, 122
Turin, Adela, 115, 119
Tuveri, Igor (Igort), 86, 95
Twain, Mark, 24, 42, 45, 85, 95, 207

Uglow, Jenny, 267
Ungerer, Aria, 173
Ungerer, Théodore, 163
Ungerer, Tomi (Francia 1931-2019), VIII-X, 33, 141, 147, 161, 163, 164, 168, 171, 173, 213
Ungerer, Yvonne, 168

Valtieri, Alessandra, 59, 147
Van der Essen, Anne, 101, 109
Van der Linden, Sophie, 209, 246
Varrà, Emilio, 14
Vassalli, Paola, X, 45, 59, 69, 95, 109, 147, 159, 173, 187, 197, 209, 235, 255, 267, 281, 299, 303, 304-6
Ventura, Piero (Italia 1937-2015), 154, 156, 159
Verdone, Sara, X
Vergani, Guido, 159
Vergerio, Pier Paolo, 192
Verne, Jules, 24
Vezzali, Sergio, 197
Vidali, Valerio, 59
Vigiak, Mario, 189, 192, 195, 197, 305
Villeneuve, Gabrielle-Suzanne Barbot de, 105
Vinci, Vanna, X
Vitali, Gianna, 299
Vodoz, Jacqueline, 279
Voltaire, François-Marie Arouet detto, 231

Wallace, Edgar, 74, 81
Weissbard, A. J., 45
Wenders, Wim, 86
Wiesner, David (Usa 1956), 215, 221
Wilde, Oscar, 25, 133

Willer, Thérèse, 163, 173
Williams, Robbie, 267
Willis, Jeanne, 260, 267

Yamamoto, Kansai, 32
Yeoman, John, 262

Zagdansky, Andrei, 45
Zanetti, Uliana, 69

Zavřel, Štěpán (Repubblica Ceca 1932 - 1999), 192, 197
Ziliotto, Donatella (Italia 1932), VII, 251-3, 255, 257, 260, 267
Zipes, Jack, 37
Zizioli, Elena, 221
Zoughebi, Henriette, 27, 240, 246
Zwerger, Lizbeth (Austria 1954), 23, 24, 27

Finito di stampare il 12 marzo 2024
per conto di Donzelli editore s.r.l.
presso EBS s.r.l. Verona